高职高专旅游与酒店管理专业"十三五"规划教材

餐饮服务与管理

高职高专旅游与酒店管理专业教材编写组 编

主 编 宋莎莎
副主编 赵慧娟

河南大学出版社
HENAN UNIVERSITY PRESS
·郑州·

图书在版编目(CIP)数据

餐饮服务与管理/高职高专旅游与酒店管理专业教材编写组编. --郑州:河南大学出版社,2017.6(2025.7重印)
ISBN 978-7-5649-2919-0

Ⅰ.①餐… Ⅱ.①高… Ⅲ.①饮食业-商业服务-高等职业教育-教材②饮食业-商业管理-高等职业教育-教材 Ⅳ.①F719.3

中国版本图书馆 CIP 数据核字(2017)第 148611 号

责任编辑 刘利晓
责任校对 郑华峰
封面设计 郭　灿

出版发行	河南大学出版社
	地址:郑州市郑东新区商务外环中华大厦2401号　邮编:450046
	电话:0371-86059715(高等教育与职业教育出版中心)
	0371-86059701(营销部)
	网址:hupress.henu.edu.cn
排　版	郑州市金点图文设计有限公司
印　刷	河北虎彩印刷有限公司
版　次	2017年8月第1版　　　　印　次　2025年7月第4次印刷
开　本	787 mm × 1092 mm　1/16　印　张　13.75
字　数	352千字　　　　　　　　　定　价　35.00元

(本书如有印装质量问题,请与河南大学出版社营销部联系调换。)

前　言

《餐饮服务与管理》是酒店管理专业课程规划教材之一，本教材在编写前广泛征求了酒店职业经理人、在校教师及酒店管理专业的学生的建议，在编写上采用"项目教学""工作任务单"的方式进行教材内容的整合及优化，凸显高职高专的教学特点。

本教材依据酒店餐饮服务与经营管理的客观规律，以当前最新、最实用的管理方法与操作技能为主要内容，全面系统地阐述了餐饮服务与经营管理的各种要素及服务的程序，力求做到基础理论简明扼要，服务技能操作标准。本教材从高职高专学生的实际水平出发，以强化应用为教学重点，以大量的图表和案例为辅助，以项目形式进行编写，突出专业技能的操作实训，具有"实用性"和"实践性"的特点，有利于学生学以致用。

本教材共分九个项目，主要内容包括餐饮管理导论、餐饮服务基本技能、中餐服务技能、西餐服务技能、菜单设计与制作、厨政管理、餐饮营销管理、餐饮服务质量管理、餐饮服务投诉及其他问题的处理。

本教材在编写过程中，曾多次听取企业行家、教学专家的意见，并得到诸多酒店的支持和帮助，在此一并表示感谢。

本教材的编者都来自高职高专院校教学一线，他们具有深厚的理论基础和丰富的实践教学经验。他们在教学过程中深感一本好的教材对老师和学生的影响。因此在编写过程中，编者们都尽量根据高职高专学生的特点，融合酒店餐饮服务岗位的实际需求，力争向大家推荐一本好的教材。但由于编者水平有限，本教材难免有不足之处，恳请各位老师及企业行家提出宝贵意见，以便修改和完善。

编者

2017 年 7 月

目　录

项目一　餐饮管理导论　1
　任务一　餐饮业发展概况　1
　任务二　餐饮部组织结构与部门职能　5
　任务三　餐饮部经营的特点　11
　任务四　餐饮服务人员素质要求　13

项目二　餐饮服务基本技能　20
　任务一　托盘服务技能　21
　任务二　餐巾折花技能　25
　任务三　摆台服务技能　30
　任务四　斟酒服务技能　39
　任务五　上菜与分菜服务技能　43
　任务六　餐台插花技能　47

项目三　中餐服务技能　63
　任务一　中餐简介　63
　任务二　中餐零点服务及团体餐服务技能　68
　任务三　中餐宴会服务技能　76

项目四　西餐服务技能　83
　任务一　西餐简介　84
　任务二　早餐服务技能　89
　任务三　西餐正餐服务技能　93
　任务四　送餐服务　96

项目五　菜单设计与制作　105
　任务一　菜单的作用和种类　105
　任务二　菜单的设计与制作　111

项目六　厨政管理	121
任务一　厨房组织结构及分工	121
任务二　餐厅前台与后厨沟通技巧	130

项目七　餐饮营销管理	135
任务一　认识餐饮市场营销	136
任务二　餐饮市场营销策略	139
任务三　餐饮市场营销理念发展	150

项目八　餐饮服务质量管理	157
任务一　餐饮服务质量概述	158
任务二　餐饮服务质量控制	162
任务三　餐饮服务质量的监督、检查	171
任务四　餐饮业员工的培训	175

项目九　餐饮服务投诉及其他问题的处理	182
任务一　餐饮服务投诉的处理	183
任务二　餐饮服务其他常见问题的处理	187

附录一　一体化课程工作任务单	193
附录二　中级餐厅服务员职业资格鉴定考核要求	202

参考文献	214

项目一 餐饮管理导论

学习目标

★ 了解中外餐饮业的发展概况，知晓中外餐饮业发展进程中形成的习俗、文化，掌握餐饮服务的含义、理念

★ 熟悉餐饮机构岗位设置及工作职责，了解餐饮企业的经营特点，了解餐饮服务人员的素质要求

★ 能够在日后的职业生涯中运用餐饮业发展脉络分析现代餐饮业发展趋势，懂得尊重不同国度、不同民族的饮食文化与习俗，具有良好的职业道德与服务意识，具有良好的人际沟通能力

★ 具备良好的餐饮职业素养与服务意识

案例导入

中国餐饮业的发展现状

随着我国经济的发展，社会经济交往的频繁及商务会展活动的增多，加快了餐饮业发展的步伐。中国加入世界贸易组织后，国内外社会经济交往活动急剧增加，商务、旅游、会展活动逐步增多，推动了餐饮业快速发展。

根据中国饭店协会发布的消息，2016 年，全国餐饮收入约 3.6 亿元，同比增长约 10%，高于同期社会消费品零售总额增速。目前，餐饮业高端消费比例下降，百姓消费成为主流。餐饮企业逐渐走出同质化竞争，推出更多优化和更新换代的产品，餐饮业与互联网不断融合。

餐饮业作为我国第三产业中的一个支柱行业，被视为永不落幕的行业，在拉动消费、繁荣市场、安置就业和带动产业经济发展方面效果显著，在国民经济中的地位明显提升。

任务一 餐饮业发展概况

一、餐饮业发展概况

俗话说，民以食为天。虽然人活着不是为了吃，可人要活着，就一天也离不开吃。也就是说，饮食（餐饮）是我们人类生存与发展的基础，人类生活中最基本的活动是饮食。

饮食是一种文化，它能反映出人类的智慧和文明。中国的饮食文化源远流长，各地不同的饮食风格、风格迥异的特色菜点，以及由来已久的饮食礼仪等，交织成多姿多彩的饮食文化。

随着饮食文化的不断发展，餐饮业也应运而生。

（一）中国餐饮业发展概况

中国餐饮业的背后秉承了几千年的文化底蕴。发现中国古代饮食文化踪迹，追溯中国饮食文化的渊源，寻觅其形成与发展的轨迹，对认真思考、审慎分析当今饮食文化具有特殊的意义。

1. 饮食活动的考古发现

考古工作者经过考古发掘，揭示了在原始社会，生活在中国这块土地上的人类祖先已经开始有意识地利用火来加工、烧烤食物，并用其来取暖、驱寒。长江中下游地区的考古发现进一步显示，在六七千年之前，生活在今日浙江省余姚市河姆渡地区的先人已经开始大面积地种植水稻并饲养牲畜，改善了人们的物质生活，并为餐饮业的形成奠定了物质基础。

2. 最早的聚餐形式——筵席

何为筵席？唐朝以前的古人席地而坐，"筵"和"席"都是铺在地上的坐具。《周礼·春官·司几筵》的注疏说："铺陈曰筵，藉之曰席。"其意为，铺在地上的叫作"筵"，铺在筵上供人坐的叫作"席"。所以"筵席"两个字是坐具的总称，菜肴置于筵席之前。记述战国、秦汉之间礼制的《礼记》记载"铺筵席，陈尊俎，列笾豆"，其中的"尊""俎""笾""豆"都是古代用于祭祀和宴会的礼器，分别用来盛放酒、牛羊肉、果脯、腌菜。这样的筵席含有隆重、正规的宴饮意思。"筵席"这个名词正是在这个意义上沿用至今的，后来专指酒席。

3. 夏、商、周三代——形成独立行业

历史的车轮驶入夏、商、周三代之后，餐饮业逐渐成为一个独立的行业。菜肴的丰盛与精致程度足以使现代人叹服。从周代起，中国出现了烹调食谱，《周礼》中记录了我国最早的名菜——八珍。从《楚辞》中，我们可以看到酒类和食品已相当丰富，如《招魂》篇中所列的一份菜单，记有红烧甲鱼、挂炉羊羔、红焖野鸭、铁扒肥雁和大鹤、卤汁油鸡、清炖大鱼等。

用现代人的眼光看，周代的就餐礼仪与程式是极其讲究的。这从就餐垫座的筵席数量和动用的鼎的数目就可以看出来。就垫座的筵席的数量而言，规定天子之席五重，诸侯之席三重，大夫之席两重；就盛装菜肴等的鼎的数目而言，天子九鼎，诸侯七鼎，大夫五鼎。后来，鼎不仅是盛装食物的用具，亦成了王权的象征，故有"问鼎"一说。

商周时期，音乐助餐已经出现。《周礼》云："以乐侑食，膳夫受祭，品尝食，王乃食。卒食，以乐彻于造。"连餐后将剩余的食物撤入厨房这一过程也是在音乐伴奏下完成的。

宫廷中专职服务人员及服务机构的出现，在周代已有相当大的规模。宫廷宴会由尚食、尚酒等内侍人员担任服务人员，为防止下毒，其先尝食而后献食。据文献统计，周朝王室管理饮食的机构有二十多个，服务人员有两千多人。

4. 汉代与西域的交往促进了餐饮业的发展

自汉代以来，餐饮业有了很大发展，"熟食遍地，肴旅成市"。汉朝与西域的通商贸易使西部的饮食习俗传入中原，又将中原的饮食文化带至西部。长安市内少数民族客商所建的高档客栈附近出现了大批的饮食店。

5. 唐宋尤其是南宋时期餐饮业已有相当大的规模

唐朝以后，人们从席地而坐发展为坐椅而餐。北宋著名画家张择端的《清明上河图》以不朽的画卷向后人展示了当时汴梁人的市井生活，酒楼、茶馆成为画面的重要组成部分。当时的酒店可将三五百人的酒席立即办妥，可见规模之大、分工之细、组织之全。在今天的西湖上还出现了提供餐饮的游船，其中最大的游船可同时容纳百十人聚餐。

6. 晚清以后的五口通商使沿海城市出现了西菜馆

西方列强用坚船利炮冲开了中国的国门之后，西方的经济、文化、生活习惯随之而来，西菜在中国的沿海城市（如广州、福州、厦门、宁波、上海）以及天津、北京等地纷纷登场。

（二）国外餐饮业发展概况

1. 古埃及

古埃及人崇尚节制和俭朴，吃得较简单，但十分好客。古埃及的等级观念在餐厅的装修和家具上得以充分反映。农夫和普通艺人只使用简单的陶器，坐在未经修饰的长条凳上，在低矮的泥屋中进餐。而富人的餐厅如同宫殿，室内富丽堂皇，餐桌上用绣花织物，家具中有镶嵌着黄金或大理石的软垫扶手椅，餐具中有精美的雕花木勺或象牙勺，盛器中有玻璃杯和用金银或最珍贵的铜制成的碗。

2. 古希腊

古希腊人对餐饮业的主要贡献体现在两个方面：为了使上餐桌的鹅足够肥硕，喂养时用浸湿的谷物进行填食，与我们今天北京的填鸭极其相似；约在公元前3世纪，雅典人发明了冷盘手推车，厨师将大蒜、海胆、用甜葡萄酒浸过的面包片、海扇贝和鲟鱼装在盘子里放在车上推入餐厅供人们选择、享用。这些对今天的餐饮业仍有影响。

3. 古罗马

古罗马人对当今餐饮文明的最大贡献应是创造了西餐的雏形，最早的西餐起源于今日的意大利。使用餐巾、餐桌上放置玫瑰花、举行重大宴会时叫报每道菜的菜名等做法，均由古罗马人最早在餐厅中采用。

知识链接

古罗马最初是客人自己携带餐巾的，后演变成餐厅配备。玫瑰花使用源于一种暗示语：宴会中人们在餐桌边闲谈，如果主人在餐桌上放一朵玫瑰花，则表明闲谈内容不得重复和扩散。这后来成为一种习俗，餐桌上放一朵玫瑰花，以示谈话是"秘密的""推心置腹"的。

4. 中世纪时期及之后的法国

中世纪时期及之后的法国对世界餐饮业发展的贡献主要表现在如下两个方面。

（1）法国人使得西餐的发展达到顶级程度，当今法式西餐的选料、烹饪、服务在全世界都是举世无双的。

（2）由于法国历史上路易王朝中好几位国王对西餐烹饪、服务的重视与讲究，使得法式西餐带有王宫的华贵与高雅。

5. 美国

美国是移民国家，也是种族背景多样化的民族。从19世纪中期到20世纪，每一次移民浪潮都给美国文化增添了新的食物、新的风味和制作食物的新方式。在美洲大陆上的每座城市里，这种各民族融合的现象随处可见，中国餐馆也许紧挨着古典法式小酒馆，法式小酒馆隔壁也许就是意大利餐馆。

对中国餐饮业发展影响较大的应该说是美国快餐业，如麦当劳、肯德基、必胜客等在中国遍地开花，家喻户晓。

二、当代人对餐饮的要求

随着生活水平的日益提高，人们对餐饮的要求也不断地变化，反映出当代人的生活追求、生活习惯和生活质量。这些要求大致体现在如下五个方面。

（一）营养全面、平衡

经济收入的提高，使得人们在一段时间内，片面地大量摄入富含蛋白质、脂肪和高热量的动物类原料，造成肥胖症、心血管疾病患者数量的增加。目前人们已逐渐意识到其危害性，正在通过控制动物蛋白的摄入，增加植物类原料的比例来全面平衡饮食。

（二）餐饮原料的生猛、鲜活

随着餐饮原料生产能力的提高和人们生活水平的提高，餐饮对原料的鲜活程度要求也越来越高，发达地区的餐饮场所已很少用死鱼、死虾为原料进行烹饪加工。这既体现了人们对餐饮的营养要求，也反映了人们对餐饮的卫生要求。

（三）餐饮服务的规范化和个性化

目前的餐饮企业已基本能对大多数无特殊要求的就餐者提供统一规范的服务，满足用餐者对服务的基本需求。但许多用餐者又对餐饮企业提出不同的服务需求，如有的客人自带原料，要求厨房代为加工；有的客人要求厨房按照自己的口味，甚至身体状态来加工菜单上的菜肴。凡此种种都对餐饮企业做好经营管理与服务工作提出了新的要求。

（四）食品卫生安全要求

餐饮行业食品安全问题不仅直接关系到广大人民群众的身体健康及生命安全，而且也关系到整个社会的稳定与团结。这些年随着北京福寿螺事件、多宝鱼抗生素事件、安徽阜阳劣质奶粉事件、瘦肉精事件、毒大米、地沟油、染色馒头等食品安全事件的曝光，餐饮行业食品安全监管问题逐渐成为人们关注的热点和焦点，完善食品安全监管体系也逐渐成为我国食品安全监管部门的一项重要内容。

（五）餐饮经营活动对社会发展的责任心

餐饮经营的绿色、安全体现在餐饮运营的全过程中，即从菜式的确定、菜肴品种的挑选、原料的采购、产品的生产和加工、餐饮服务等诸环节，不仅要体现出经营者、消费者、监管者（政府）三者间的共赢，还要体现出整个经营活动对人类社会健康、可持续发展的贡献程度。

任务二　餐饮部组织结构与部门职能

一、社会餐饮企业的组织结构及主要岗位职责

（一）社会餐饮企业的组织结构

社会餐饮企业是指由酒店以外的其他组织所开设的餐饮机构，它是与酒店餐饮相对应的餐饮企业组织，常见的形式有酒楼、快餐店等。社会餐饮企业的规模大小相差悬殊，小到只有两个人的夫妻店，大到可同时供数千人用餐的超大型酒楼。一般而言，其组织结构由两部分组成，即负责餐饮服务的前台与负责并保障餐饮运行的后台。其组织结构如图1-1所示。

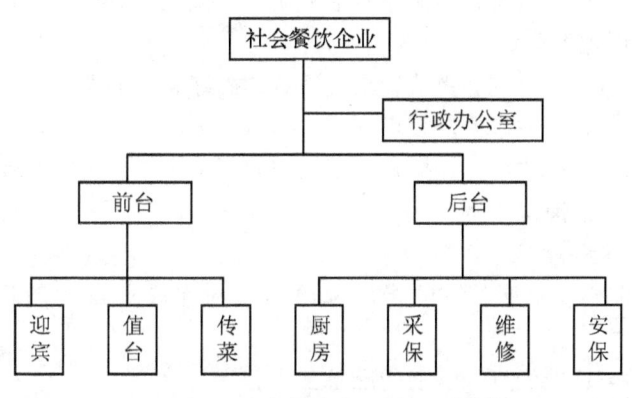

图1-1　社会餐饮企业的组织结构

（二）社会餐饮企业主要岗位职责

社会餐饮企业的主要工作岗位可以分为两大类，即直接面对用餐客人的前台服务性岗位和主要位于餐饮企业后台，制作餐饮产品，保证餐饮企业正常运营的后台生产与保障性岗位。

1. 前台服务性岗位职责

（1）迎宾员的岗位职责：

① 负责迎送、接待用餐客人。

② 掌握每天的预订信息和餐桌安排，了解当日菜点情况，准确、周到地为客人提供服务。

③ 根据餐桌安排和空位情况，以及客人的不同特点引领客人到适当的餐桌，保持和各台服务员的联系。

④ 主动征求客人意见，微笑送别客人。

⑤ 参加餐厅餐前准备工作和餐后整理清扫工作。

⑥ 参加班组例会和业务培训，不断提高服务质量。

（2）值台服务员的岗位职责：

① 按照餐厅的服务工作程序和质量要求，做好餐前准备、餐间服务和餐后整理清扫工作。

② 了解每天的客源情况、宴会预订、用餐预订和餐桌安排，及时、准确、有针对性地提供服务。

③ 掌握当日菜点的供求情况，主动向客人介绍菜肴和酒水，做好推销工作。

④ 认真听取客人对服务质量和菜点质量的意见，做好信息反馈工作。

⑤ 保持餐厅的环境整洁，确保餐具、布件清洁完好和物料、用具的完备。

⑥ 做好餐厅财产设备的使用和清洁保养工作。

⑦ 搞好员工之间的团结协作，积极参加业务培训，不断提高业务水平。

（3）传菜服务员的岗位职责：

① 按照餐厅服务规程和质量要求做好送单、传菜工作。

② 配合做好餐厅开餐前的准备工作，负责餐厅和厨房之间通道的清洁工作，做好传菜用具和各种调料备品的准备。

③ 掌握当日菜点的供应情况，熟悉餐厅台位布置，熟记台号，传递点菜单迅速正确，按点菜先后次序准确无误地上菜。

④ 协助值台服务员及时清理和更换餐具、酒具，搞好餐后整理清扫工作。

⑤ 妥善保管点菜单，以便事后复核审查。

⑥ 积极参加培训，发挥主动性，搞好员工之间的团结协作，完成上级交办的其他任务。

2. 后台生产与保障性岗位职责

（1）厨师的岗位职责：

① 按照工作程序与标准及上级的指派优质高效地完成菜点的制作，并及时供应餐厅销售。

② 按照工作程序与标准做好开餐前的准备工作。

③ 保持本岗位工作区域的环境卫生，做好本岗工具、设施的清洁、维护和保养。

④ 完成上级指派的其他任务。

（2）物品采购员的岗位职责：

① 根据采购主管分配的采购申请单具体实施择商、报价。

② 依据批准后的采购订单取得付款票据，实施购买。

③ 具体办理提货、交验、报账手续。

④ 保存采购工作的必要原始记录，做好统计，定期上报。
⑤ 随时了解市场情况，提供市场信息，努力降低采购成本。
（3）仓库保管人员的岗位职责：
① 负责填写采购申请单，注明各种物资的品名、数量，写明库存量、月用量、申购量，确认无误后交上级审批。
② 货物入库必须严格检验，根据申购的数量和规格，检查货物的保质期、数量、质量，符合要求方可入库。
③ 货物入库时，物品装卸要轻拿轻放，分类摆放整齐，杜绝不安全因素。
④ 加强对库存物品的管理，落实防火措施，保证库存物品的完好无损，存放合理，整齐美观。
⑤ 物品到货后要及时入账，准确登记。
⑥ 发货时按规章制度办事，领货手续不全不发货，如有特殊原因须得到相关领导的审批后方可出库。
⑦ 发货后要及时按发货单办理物品的出库手续，登记有关账卡。
⑧ 与用料部门保持联系，了解物品的使用情况，迅速高效地完成本职工作。
⑨ 积极配合财务部门做好每月的盘点工作，做到物卡相符、账卡相符、账账相符。
⑩ 下班时要及时检查库房有无安全隐患，关闭电源，锁好库门，根据规定放好仓库钥匙。
（4）工程设备维护保养人员的岗位职责：
① 确保水、电、气等的正常供给并控制能耗。
② 做好设备、设施的选择与评估。
③ 做好设备、设施的日常管理。
④ 负责设备、设施的安装调试或安装调试的管理工作及技术支持。
⑤ 做好设备维护、保养与修理。
⑥ 做好设备技术管理。
⑦ 做好设备备件管理。
⑧ 做好设备改造、更新工作。
⑨ 做好经营区建筑、装饰的养护与维修。
⑩ 筹划建筑的改建、扩建与新建。
（5）安保人员的岗位职责：
① 落实国家安全保卫工作的方针、政策和有关法律、法规及企业的规章制度。
② 协助有关领导对员工进行防火、防盗、防自然灾害的教育。
③ 把安全岗位责任制落实到人，保证用餐客人的人身及财产安全。
④ 配合国家有关机关对违法犯罪活动进行调查取证。
⑤ 对企业的重点部门制定安全管理制度，加强检查并加以落实。
⑥ 认真贯彻消防法规，学习宣传防火、灭火知识，并定期举行实操训练。
⑦ 维护企业的治安、营运秩序。

二、酒店餐饮部的组织结构及主要岗位职责

(一)酒店餐饮部的组织结构

酒店餐饮部作为酒店的重要营业部门,所辖面广,营业区域分散,服务环节多,管理过程长,菜肴品种多,生产环节多,工作岗位多,员工人数多且文化程度差异大。酒店行业中盛行着这样的说法:餐饮部是酒店最难管理的一个部门。因此,建立合理、科学、有效的组织网络,是做好餐饮服务和经营管理的基本前提和保证。

酒店餐饮部均有组织结构图,其主要作用在于:

(1)可以清楚地反映每个部门和个人的职责。

(2)可以防止重复工作。

(3)可以直观地反映每个员工对谁负责、向谁汇报工作,避免越级或横向指挥。

(4)使每个员工清楚自己在本部门中的位置和发展方向。

酒店餐饮部的规模不同,其组织结构也不尽相同。

(1)小型酒店餐饮部的组织结构。小型酒店餐饮部的组织结构比较简单,分工也不宜过细,其清洗主管的职能类似于大中型酒店管事部主管的职能。小型酒店餐饮部组织结构如图1-2所示。

(2)中型酒店餐饮部的组织结构。中型酒店餐饮部的组织结构相对于小型酒店的来说分工更加细致,功能也较全面。中型酒店餐饮部组织结构如图1-3所示。

(3)大型酒店餐饮部的组织结构。大型酒店餐饮部的组织结构复杂,层次多,分工明确、细致。大型酒店餐饮部组织结构如图1-4所示。

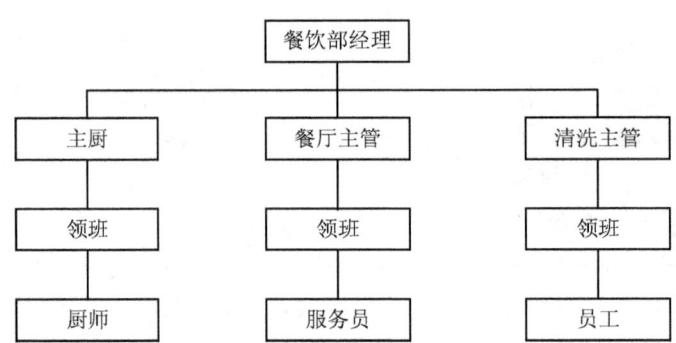

图1-2 小型酒店餐饮部组织结构

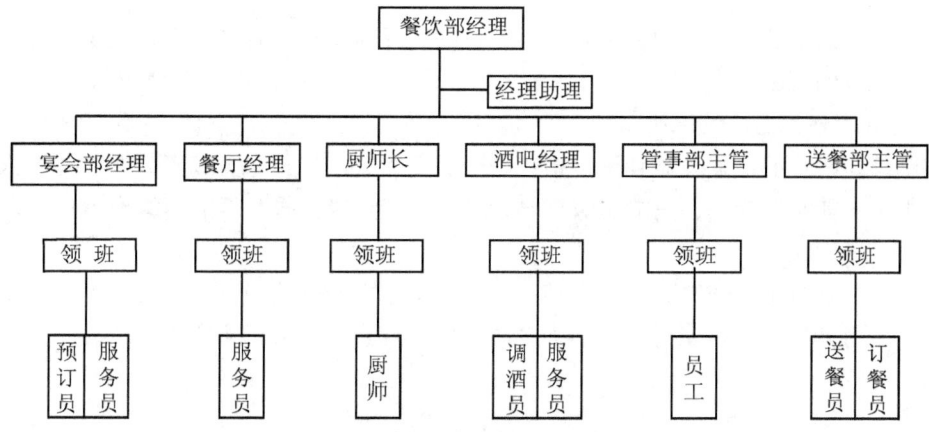

图1-3 中型酒店餐饮部组织结构

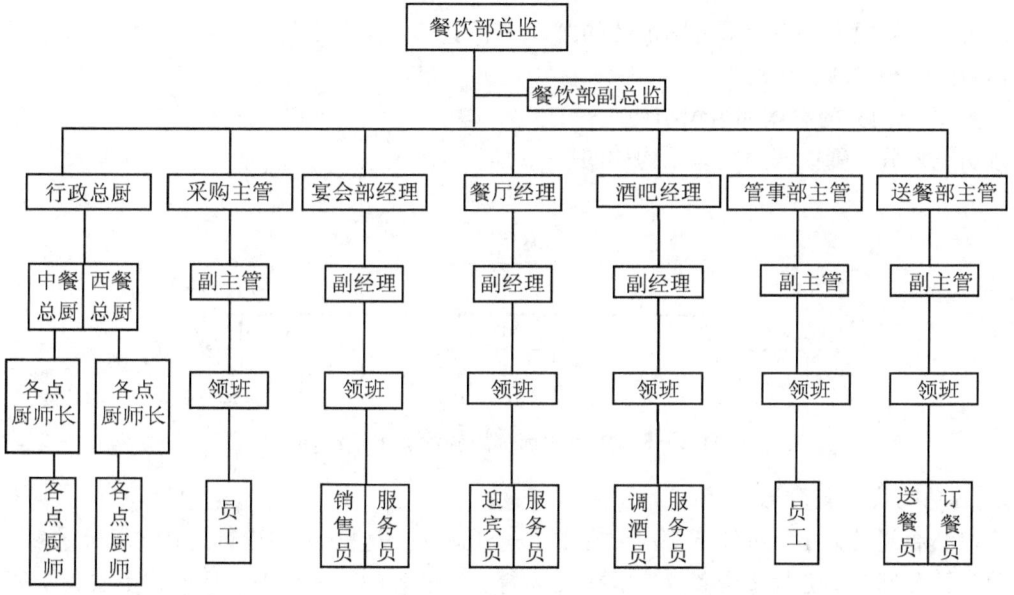

图1-4 大型酒店餐饮部组织结构

（二）餐饮部组织机构的设置原则

餐饮部的组织机构的设置根据各酒店不同情况不尽相同，但还是有规律可循的。无论机构如何设置，均须体现组织设计的基本原则和要求。

1. 精简与效率相统一的原则

餐饮部的组织机构中，不应有任何不必要或可有可无的岗位，不应因人设岗，避免机构臃肿，人浮于事。组织机构要简单，指挥幅度要适当。指挥幅度是指一名管理人员所直接有效地指挥控制下层员工数。一般中高层的指挥幅度为5~8人，基层的是10~15人。

2. 专业化和自动调节相结合的原则

任何酒店餐饮部的组织机构都必须根据各自的实际情况和需要来决定，组织中每一位置的设立必须有充分的理由。

3. 权力和责任相适应的原则

餐饮部组织机构的设置要做到统一指挥、分层负责、职权相当、权责分明。每个人只有一个上司，上级不能越级指挥，只能越级指导；员工不能越级汇报，但能越级申诉。

4. 合理分配工作

在员工定岗或分配工作时，应根据其能力、技术水平安排适当工作，也就是说，要在组织上保证员工各得其所，人尽其才，让他们充分发挥自己的能力和聪明才智，做到"有为有位，有位有为"。

（三）按功能划分餐饮部岗位职责

酒店按其规模大小不同可分为前述的大、中、小三种餐饮部组织结构。尽管规模不同，但其基本职能是相同或相似的。

1. 按功能划分的餐饮部组织结构

按功能划分，餐饮部的组织结构如图1-5所示。

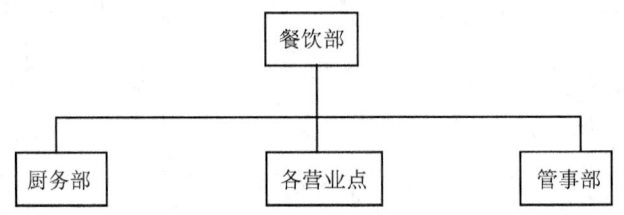

图1-5　按功能划分的餐饮部组织结构

2. 各功能块的职责与作用

无论酒店规模大小，餐饮部都主要在图1-5所示的三块功能中进行运转与相互关联。

（1）厨务部。厨务部负责餐饮产品中的菜肴、点心等的烹饪加工。从过程上看，从原料的初加工到菜肴的成菜出品，均由厨务部负责完成；从产品质量方面看，厨务部依据不同的消费档次，制定并执行不同的制作标准。

（2）各营业点。酒店餐饮部的各营业点包括各类餐厅、宴会厅、酒吧、房内用餐服务部等，是餐饮部直接对客服务部门。这些营业点服务水平的高低、经营管理状况的好坏，最终关系到餐饮产品能否变为商品。

（3）管事部。管事部是餐饮运转的后勤保障部门，担负着为前、后台运转提供物资用品、清洁餐具和厨具的重任，并负责后台卫生清洁和贵重餐具的保管和保养。

任务三 餐饮部经营的特点

一、餐饮生产的特点

（一）餐饮生产属于个别定制

餐饮部经营的特点是根据客人饮食需求进行特别定制生产。餐厅接受客人点菜后，厨房进行定制菜品的组织与生产。因此，它不能大批量、统一规格地生产，这给餐饮产品质量的稳定和统一带来了很大的困难。

（二）生产过程时间短且限一次性消费

餐饮生产基本是现点、现做、现消费，就餐者从点菜至消费的过程要求尽可能的短。一家生意兴隆的餐厅，只有依靠经验丰富的厨师，才能满足客人的即时消费需求。

（三）生产量难以预测

食品生产量由当天客情决定。客情无法确定，生产量就无法预测，导致食品原料采购困难。

（四）食品原料保质难

食品原料及成品都有保质期，尤其是中餐原料大多是鲜活货，处理不当极易腐烂变质。

（五）餐饮生产过程管理难度大

餐饮生产管理的过程要经过"计划—采购—储存—生产—销售—服务"程序，业务环节多，任何一个环节出差错都会影响产品质量，因此管理难度大。

二、餐饮销售的特点

（一）餐饮销售量受餐厅大小限制

餐厅的面积、餐位数量是限制就餐人数的主要因素。因此，在已有硬件条件下，改善就餐环境，提高服务质量，在一定程度上可提升餐饮的销售量。

（二）餐饮销售量受进餐时间限制

由于人们一天中的就餐时间、就餐餐数（如一日三餐制）等习惯大致相同，进餐时间一到，餐厅宾客盈门、高朋满座；而进餐时间一过，餐厅有时门可罗雀。

（三）餐饮经营毛利率较高，资金周转较快

餐厅收入减去原料、调料成本，所剩部分称为毛利。售价减去进价再除以进价，即为毛利率。星级酒店一般至少有45%的毛利率，高星级酒店毛利率可达70%。如果做好有关费用的管理，餐厅能获得可观的纯利润。

在餐饮的销售收入中，有相当一部分是现金结算，因此资金周转快。用现金购买的原料当天就可收回现金，很快又可投入再生产。

（四）餐饮部投资成本高

各种餐厨设备及储存、制冷设备的一次性投资成本大，经营过程中餐饮变动成本，如员工薪酬、水电、物耗、食品原材料等也非常大。因此，餐饮企业的员工必须尽量减少原材料的消耗，降低各项费用，以节支方法达到增收的目的。

三、餐饮服务的特点

餐饮服务可分为直接对客的前台服务和间接对客的后台服务。前台服务是指餐厅、酒吧等营业场所面对面为宾客提供的服务；后台服务则是指客人视线不能触及的地方，如厨房、管事部等为生产、服务而进行的保障性的服务工作。前台服务与后台服务相辅相成，后台服务是前台服务的基础，前台服务是后台服务的保障。只有高质量的菜点，没有良好服务是不行的。因此，美味佳肴要配以恰到好处的服务，才能得到客人的认可。餐饮服务大致有如下特点。

（一）无形性

无形性是服务产品的共性。尽管餐饮产品是具有实物形态的产品，但它仍具有服务的无形性特点。同其他任何服务一样，餐饮服务很难量化。餐饮服务只能通过就餐客人购买、消费、享受服务之后的亲身感受来评价服务。因此，餐饮服务效用上的无形性加大了餐饮产品的销售困难。餐饮部门要增加销售额，就要不断追求标准的服务质量，特别是提高厨师和餐厅服务人员的制作水平和服务水平，使就餐者都愿意购买有形产品和享受无形服务。

（二）一次性

餐饮服务只能一次使用，当场享受。这就是说只有当客人进入餐厅后服务才能进行，当客人离店时，服务也就自然终止。如同酒店的客房、飞机的座位，当天不能出售就会造成无法弥补的损失一样，没有客源同样也是餐厅的经济损失。所以，餐饮企业应接待好每位客人，给客人留下良好的印象，争取使客人再次光顾，最终让回头客成为常客。

（三）直接性

餐饮服务的直接性是指餐饮产品的生产、销售、消费几乎是同步进行的，即企业的生产过程就是客人的消费过程。这意味着餐厅既是餐饮产品的生产场所，也是餐饮产品的销售场所，这就要求餐饮企业既要注重服务过程，又要重视就餐环境。这同时对餐饮服务人员的素质及服务质量等提出了更高、更直接的要求。

（四）差异性

餐饮服务的差异性主要表现为两个方面：一方面，不同的服务员由于年龄、性别、性格、受教育程度及工作经历的差异，他们为客人提供的服务肯定不尽相同；另一方面，同一服务员在不同的场合、不同的时间，其服务态度、服务效果等也会有一定的差异。这就要求餐饮企业经常对员工进行职业道德教育和业务培训，使他们基本上做到服务方式的规范化、服务质量的标准化、服务过程的程序化。同时，餐饮企业在管理工作上要做到制度化。

任务四 餐饮服务人员素质要求

随着餐饮行业竞争的日趋激烈和消费者自我保护意识的增强，宾客对餐饮服务质量的要求越来越高。而餐饮服务质量的提高有赖于员工素质的提高。因此，要做一名合格的餐厅服务人员，应具备基本的思想素质、业务素质、心理素质和身体素质。

一、思想素质

思想是客观存在反映于人的意识中经过思维活动而产生的结果。餐饮服务人员的思想素质是其基本素质的根本，对提高其他基本素质具有重要的指导意义。餐饮服务人员的思想素质包括以下三个方面：① 要有高尚的职业道德；② 要有敬业乐业的精神；③ 要树立较强的纪律观念。

二、业务素质

（一）服务态度

服务态度是指餐饮服务人员在对客服务过程中体现出来的主观意向和心理状态，服务态度会直接影响宾客的心理感受。服务态度取决于员工的主动性、创造性、积极性、责任感和综合素质。服务人员要用良好的服务态度取得客人的好感和信任，以使双方一开始接触就能建立起友善的关系。良好的服务态度是进一步做好服务工作的基础，是贯彻"宾客第一"原则和增强员工服务意识的具体表现。

（二）语言艺术

语言是人类表达思想、交流感情的主要工具。餐饮服务人员为客人提供服务时，在语言艺术上应注重文明礼貌，要具有较强的表达能力，掌握说话技巧。语言基本要求有文明礼貌、简明清晰，提倡讲普通话，应答及时不推诿，语音、语速适中，语气委婉。

（三）文化知识

餐饮服务人员应具有良好的文化素养和广博的社会知识，这不仅是做好服务工作的需要，也有助于服务人员形成高雅的气质及坚韧不拔的意志，服务人员具体需掌握以下三种知识。

1. 基础知识

基础知识有员工守则、职业道德、服务礼仪、食品营养与卫生、服务心理学、外语知识等。

2. 专业知识

专业知识有岗位职责、操作技能、工作程序、工作规范、管理制度、设备及设施的使用与保养、酒店的服务项目与营业时间、烹饪知识、养生保健知识等。

3. 其他相关知识

其他相关知识有饮食文化、美术、音乐、民俗与宗教、法律、本地与周边地区的旅游景点及交通等。

（四）应变能力

应变能力是指应付事态变化的能力。餐饮服务工作有很强的可变性，服务人员如果视角狭隘，工作时循规蹈矩、按部就班，就很难适应工作的需要，因此必须具有迅速发现问题、辩证分析问题和果断解决问题的能力。

（五）推销艺术

把推销艺术运用到餐饮服务中，能使客人充分享受到餐饮服务中的物质美和情感美。从特殊意义上讲，推销艺术是餐饮服务综合素质的最终检验。它既可增加企业的经济效益，又可提高企业的社会声誉，是服务人员必须掌握的一种技能。

三、心理素质

（一）敏捷的思路

餐饮服务人员需有十分清晰、敏捷的思维能力。在餐饮服务的第一线，由于宾客的就餐需求、心理状态等各不相同，会出现各式各样的问题，如就餐投诉、寻衅闹事、醉后失态、突发疾病等，这都需要得到服务人员的及时处理。在处理这类问题的过程中，餐饮服务人员的良好思维能力是不可缺少的。

（二）健全的心理

餐饮服务人员的心理素质要求，通常包括吃苦耐劳、任劳任怨、承受委屈、处事果断等能力，以及宽容他人、敢说敢为、不畏艰难、心情开朗等品质。餐饮服务人员的绝大部分时间都在与宾客打交道，发生误解导致客人不悦而不得不忍气吞声、强作笑脸的事时有发生。服务人员必须沉得住气，以大局为重，正确对待和处理某些矛盾和误会。

四、身体素质

（一）健康的体格

无论何种岗位，都需要服务人员有一定的腿力、臂力和腰力，所以只有健康的体魄才能胜任。另外，服务人员直接接触食品，这要求服务人员要定期体检，确保没有传染性疾病。

（二）端庄的仪表

端庄的仪表能给客人留下美好的第一印象，它直接影响客人与服务人员的交往，所以仪表修饰不仅是工作的要求，还体现出对客人的礼貌，进而为服务工作奠定良好的基础。仪表包括服饰、仪容、仪态、举止等。

关键术语

餐饮服务　服务意识　岗位职责　员工素质　行业发展态势

项目小结

本项目共分四个任务：任务一主要介绍了餐饮业发展概况，以及目前中餐对西餐的借鉴、现代社会人们对餐饮业发展的要求；任务二主要介绍了餐饮部组织结构与部门职能；任务三主要从餐饮生产特点、销售特点、服务特点论述了餐饮业的经营特点；任务四主要介绍了餐饮服务人员的素质要求，即从思想素质、业务素质、心理素质、身体素质四方面进行了论述，希望餐饮从业人员全面地提升个人素质，树立良好的企业形象及服务意识。

知识结构图

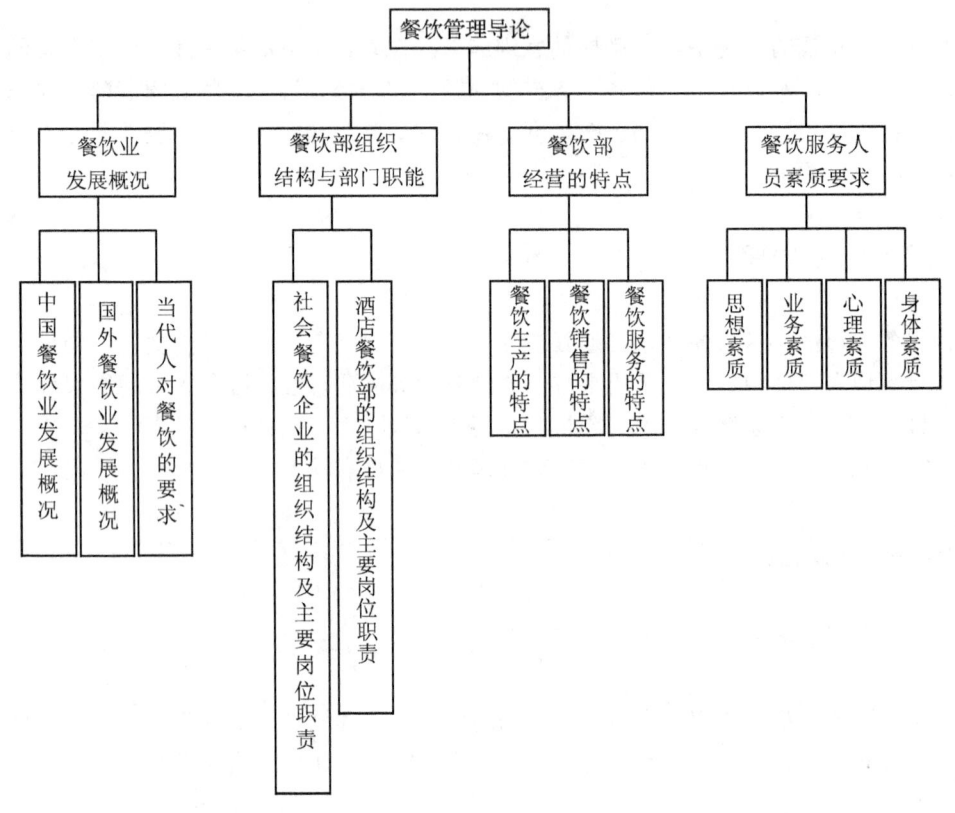

综合能力训练

一、阅读资料

把顾客当女朋友——服务新理念

20世纪70年代——顾客＝同志，20世纪80年代——顾客＝上帝，20世纪90年代——顾客＝亲人，如今——把顾客当女朋友。

我国的服务理念是从20世纪六七十年代开始的，在短短的几十年间发生了巨大的变化，经历了把顾客当同志、把顾客当上帝、把顾客当亲人的转变，现在又有专家提出了把顾客当女朋友式的服务。

1. 顾客＝同志，顾客自己照顾自己

20世纪70年代的时候，服务行业把顾客当同志，因为是同志，就没有地位高低之分，都是平等的，只是分工不同。那时，在酒店吃饭，没有服务员会把饭菜端到你的桌上，都是自己服务自己。

2. 顾客＝上帝，顾客说什么算什么

"顾客是上帝"这一看似至高无上的营销理念自第二次世界大战以来一直统治着西方国家的营销史。20世纪80年代流入中国后，我国的服务行业也引入这个观念，把顾客当"上帝"敬了起来。我们常常看到此类"顾客就是上帝"的标语。顾客与餐饮企业天生不平等。

同时，还有人士提出把"顾客是上帝"转变为"做顾客的上帝"，但并不是说，企业所有的一切就是至高无上的。做顾客的上帝，意味着企业要尽自己所能为客人创造良好的消费环境，让客人享受优质的服务，先客人之想而想，先客人之急而急，甚至包括有责任和义务根据市场的发展动向或客人潜在需求，帮助、引导客人消费，使消费市场的素质和档次尽量与社会潮流同步，使客人无论在何时何地都能感到物有所值，而不因地域、空间等因素打了折扣。这就好比是一家之长，无论从责任、义务还是心愿上，都希望自己的家人生活得更好一样，他的心和家人的心组成一个同心圆，他以自己最大的心包容着每个成员的心，这样也就不必再绞尽脑汁地去争取顾客的心了。

3. 顾客＝亲人，顾客适度体谅服务员

直到20世纪90年代，服务行业的经理们品味了"上帝"的感觉后，又提出了把顾客当"亲人"，既然是"亲人"，就应该"有福同享，有难同当"。你服务得好，他会高兴；你服务得不好，他也会原谅你，宽容你，像亲人一般爱护你。

4. 顾客＝女朋友，顾客也需要"追求"

进入21世纪以后，餐饮行业的经营者们意识到服务仅依赖"亲人"的宽容和同情是远远不够的，于是提出了把顾客当作自己"女朋友"的口号，你对她好是应该的，你对她不好她不会原谅你、同情你，而且绝对会离开你，与你断绝关系，去找新的"男朋友"（指其他酒店）。

时代在不断地进步，市场也在竞争中不断变化，企业在发展中也需要不断创新，在日常的经营与服务中，只要你使出当初追求女朋友的本领来，想必顾客迟早会垂青。

新理念在服务中主要表现在以下五个方面：

（1）女朋友要的不是甜言蜜语，而是你能深情地看着她。每天的联络固然重要，但是比不上给她一个惊喜。

【点评】不要为顾客提供千篇一律的服务，应为客人提供个性化、亲情化、人性化服务，不断地为客人创造惊喜。

（2）女朋友生你气其实只是希望你能更在乎她，做错事情时不要因为身为男人而不愿意低头认错，要学会谦让和爱护她。

【点评】客人给你提意见是希望你能不断改进，他们以后再来消费时能更满意。他们的投诉是企业最大的财富。

（3）平时一定要记得女朋友的生日、鞋号、最怕的事、最喜欢的衣服等，她不做任何暗示，你也一定要正确地完成。她让你记住的话，也要一字不差地记住。当然最重要的还是得心里要有她。

【点评】在工作中，你一定要记住客人的特别要求，同时了解客人的喜好和特点，根据他们的个人爱好提供服务。

（4）在情人节，女朋友要的也许不是用金钱买来的礼物，而是你能抽出时间，静静地陪在她身边，默默地看着她，听她说话，仅此而已。

【点评】在客人生日或节假日时，电话或短信问候一下，有时比你给他优惠、打折更有用。

（5）在女朋友的朋友面前，要表现得成熟大方，同时又不能缺少幽默感，最重要的是不要盯着她的同性朋友久看，而是要保持时刻站在她身边，警惕着她的异性朋友。

【点评】在客人的朋友面前一定要给足他面子，同时还要招呼好他的朋友。

追求"女朋友"的方法还有许多，只要你在服务方式上不断地从佣人式服务转变为亲情化、个性化、人性化以及绅士般的服务，你的餐饮企业业绩就会取得事半功倍的效果。

二、社会实践

请调查比较分析本地餐饮企业的经营现状（至少调查两家），并写出调查报告。

调查报告要求具备以下信息：

（1）调查时间。

（2）调查人员。

（3）调查的餐厅名称、地址、等级、规模（餐位数、包厢数）。

（4）经营的类型、特点分析等。

职业英语拓展

一、单词

Food and Beverage Department 餐饮部

Chinese food 中餐

Western food 西餐

breakfast 早餐

lunch 午餐

supper 晚餐

buffet restaurant 自助餐厅

coffee bar 咖啡吧

diner 公路边的小餐馆
disco 迪士高舞厅
food street 食街
pothouse（tavern）酒馆
banquet 宴会
fast food 快餐
manager 经理
captain 领班
room service 送餐服务

二、会话

1. Good evening, sir! What can I do for you tonight?
   先生晚上好，今晚可以为您做点什么呢？
2. I want to look through the drink list first.
   我想先看看酒水单。
3. I want to bring a group of twelve people over for dinner tonight. Can you arrange that for me?
   今晚我会带十二个人来用晚餐，你可以帮我安排一下吗？
4. I'll reserve you our large table in the back—the one with a view of the garden.
   我会为您准备后面对着花园的一张大桌子。
5. I'd like to treat my guests to a special dinner.
   我想好好招待我的客人。
6. We have already received your suggested menu for the final farewell dinner on Wednesday evening.
   我们已经收到了您所建议的在星期三晚上告别宴会的菜单。
7. Which do you prefer, sandwiches or biscuits?
   您选择三明治还是饼干？
8. How would you like your Scotch, straight or on the rocks?
   您喜欢哪种苏格兰威士忌，纯的还是加冰的？
9. You can hold the payment of the bill until you decide to leave if you like.
   您可以在要离开时再付钱。
10. Do they get enough tips?
    他们得到足够的小费了吗？

项目二 餐饮服务基本技能

学习目标

★ 掌握托盘的方法及技巧
★ 掌握餐巾折花的方法及技巧
★ 掌握斟酒服务的方法及技巧
★ 掌握中餐摆台的标准及规范
★ 掌握上菜、分菜的标准及方法
★ 熟悉餐台插花服务技能

案例导入

一个深秋的晚上,三位客人在南方某城市一家饭店的中餐厅用餐。他们在此已坐了两个多小时,仍没有去意。服务员心里很着急,到他们身边站了好几次想催他们赶快结账,但一直没有说出口。最后服务员终于忍不住对客人说:"先生,能不能赶快结账,如想继续聊天请到酒吧或咖啡厅。""什么!你想赶我们走,我们现在还不想结账呢。"一位客人听了她的话非常生气,表示不愿离开。另一位客人看了看表,连忙劝同伴马上结账。那位生气的客人没好气地让服务员把账单拿过来。看过账单,他指出有一道菜没点过,但却算进了账单,请服务员去更正。这位服务员忙回答客人,账单肯定没错,菜已经上过了。几位客人却辩解说,没有要这道菜。服务员又仔细回忆了一下,觉得可能是自己错了,忙到收银员那里去改账。

当她把改过的账单交给客人时,客人对她讲:"餐费我可以付,但你服务的态度却让我们不能接受。请你马上把餐厅经理叫过来。"这位服务员听了客人的话感到非常委屈。其实,她在客人点菜和进餐的服务过程中并没有什么过错,只是想催客人早一些结账。"先生,我在服务中有什么过错的话,我向你们道歉了,还是不要找我们经理了。"服务员用恳求的口气说道。"不行,我们就是要找你们经理。"客人并不妥协。

服务员见事情无可挽回,只好将餐厅经理找来。客人告诉经理他们对服务员催促他们结账的做法很生气。另外,服务员把账多算了,这些都说明服务员的态度有问题。"这些确实是我们工作上的失误,我向大家表示歉意。几位先生愿意什么时候结账都行,结完账也欢迎你们继续在这里休息。"经理边说边让那位服务员赶快给客人倒茶。在经理和服务员的一再道歉下,客人们终于不再说什么了,他们付了钱,仍面带余怒地离去了。

分析:

送客是礼貌服务的具体体现,表示餐饮部门对宾客的尊重,在星级饭店的餐饮服务中是不可或缺的项目。在送客过程中,服务人员应做到礼貌、耐心、细致、周全,使客人满意。其要点为:

1. 宾客不想离开时绝不能催促,也不要做出催促宾客离开的错误举动。

2. 客人离开前，如愿意将剩余食品打包带走，应积极为之服务，绝不要轻视他们，不要给宾客留下遗憾。
3. 宾客结账后起身离开时，应主动为其拉开座椅，礼貌地询问他们是否满意。
4. 要帮助客人穿外衣、提东西，提醒他们不要遗忘物品。
5. 要礼貌地向客人道谢，欢迎他们再来。
6. 要面带微笑地注视客人离开，或亲自陪送客人到餐厅门口。
7. 领位员应礼貌地欢送宾客，并欢迎他们再来。
8. 遇特殊天气，应有专人安排客人离店，如亲自将宾客送到门口，下雨时为没带雨具的宾客打伞，扶老携幼，帮助客人叫出租车等，直至宾客安全离开。
9. 对大型餐饮活动的欢送要隆重、热烈，服务员应穿戴规范，列队欢送，使宾客真正感受到服务的真诚和温暖。

任务一　托盘服务技能

托盘是餐厅运送各种东西的基本工具，各种陶瓷器皿、银器、食物等，无不用托盘运送。正确有效地使用托盘，将减少搬运次数，减轻服务员的劳动强度，提高服务质量和工作效率，不仅体现出餐厅服务工作的规范化，也显示出服务人员的文明操作。

一、托盘的操作要求

托盘操作时，要求讲究卫生、托平走稳、汤汁不洒、菜形不变。

二、托盘的种类及用途

托盘有大、中、小三种规格，以满足不同的运送需要，其形状通常是圆形的和长方形的两种，用金属或经过加工的木头制成，近年来非常流行使用由化工合成方法制作的防滑托盘（国产、进口均有）。小型的圆托盘通常用来运送饮料和餐桌上的小器皿，大长方形和中长方形的托盘一般用于托运菜点、酒水和盘碟等较重的物品。运送东西时，应该选择与所负载的东西大小相称的托盘。

如果所使用的托盘不是防滑托盘，则应用一块托盘巾或者一块餐巾垫在托盘下，以起到防滑作用。

（一）托盘的种类

（1）根据制作材料，托盘可分为木质托盘、金属托盘和塑料托盘。
（2）根据形状，托盘可分为长方形托盘、圆形托盘、椭圆形托盘和异形托盘。
（3）根据规格，托盘可分为大型托盘、中型托盘和小型托盘。

（二）托盘的用途

（1）大号方形、椭圆形托盘和中号方形托盘：一般用于托运菜点、酒水和盘碟等较重的物品。

（2）大号圆形托盘：主要用于递送账单、收款、递送信件等。

（3）异形托盘：主要用于特殊的鸡尾酒会或其他庆典活动。

三、托盘的操作方法

托盘操作方法按其重量分为轻托和重托两种。

（一）轻托

1. 轻托的要求

轻托又称胸前托，就是用于斟酒、上菜及托送较轻的物品。所托物品重量在5千克以内的，通常使用中小托盘。

轻托一般在客人面前操作，因此轻托熟练程度、优雅程度及准确程度就显得十分重要。轻托还是评价服务人员服务水平的标志之一。

2. 操作方法

（1）理盘。根据所托的物品选择好托盘，洗净擦干，在盘内垫上洁净的垫布，铺平拉齐，这样既整洁美观又可避免盘内物品滑动。

（2）装盘。根据物品的形状、体积和使用先后顺序合理安排，以安全稳妥、便于运送、便于取用为原则。托盘的主要技巧是把托盘拿平并在托运过程中随时保持托盘的平衡，因此为了使托盘平衡，托盘上各种物件的摆法便有了许多讲究。

盘内的物品要排放整齐、横竖成行。在几种物品同装时，一般是重物、高物放在托盘的里面，轻物、低物放在外面。先上桌的物品在上、在前，后上桌的物品在下、在后。盘内物品的分布要得当，这样便于运送和使用有条不紊地进行。

（3）起托。轻托一般用左手，方法是左手向上弯曲，小臂垂直于左胸前，肘部离腰部约15厘米，掌心向上，五指分开，以大拇指端到手掌的掌根部位和其余四指托住盘底，手掌自然形成凹形，掌心不与盘底接触，平托于胸前，略低于胸部。

左脚朝前，把左手和左肘放到与托盘同样的平面上，如果有必要，可屈膝和腰，用右手紧紧地把托盘放到左手和左肘上，使托盘最外面的边放在左手肘上，而托盘其余的部分仍留在原来所在的平面上；伸平左手和左肘，把整个托盘放在平肘上；用右手调整托盘上各种物件的位置，确定托盘安全平衡。

端托盘要严格按照操作规范的要求去做，即使是端轻的、小的托盘，也要郑重其事地对待，用大拇指按住盘边、以另外四指托盘底的做法，是对工作的轻率和对宾客不礼貌的举动，是不符合端托盘的操作规范的。

（4）站立与行走。站立时，头正肩平，上身挺直，两眼目视前方。行走时，要头正肩平，上身挺直，目视前方，脚步轻快，动作敏捷，精力集中，步伐稳健；托盘随着步伐在胸前自然摆动，以菜汁、酒水不外溢为限。

（5）卸盘。到达目的地，就把托盘小心地放到一个已经选择好的平面处，千万不要在没有放好托盘之前就急于取出上面的东西，那样做容易造成不必要的麻烦。

用轻托的方式给宾客斟酒时，要随时调节托盘重心，勿使托盘翻掉而将酒水泼洒在宾客身上。

随着托盘内物品的不断变化，重心也要不断地变化，所以左手手指应不断地移动，以掌握好托盘的重心。

从托盘上取物品时，要从两边交替端下。

卸下的盘碟要摆放合理，托盘内的剩余物品要集中在一起，并要摆放整齐。

（6）操作程序及规范。（见表2-1）

表2-1 轻托的操作程序及规范

操作程序	操作规范
理盘	① 选择合适的托盘并将托盘洗净、消毒、擦干 ② 将洁净的专用盘巾铺平，盘巾四边与盘底对齐，力求整洁美观
装盘	① 根据物品的形状、体积和派用先后顺序合理装盘。一般重物、高物要放在托盘里面，轻物、低物放在外面。先上桌的物品在上、在前，后上桌的物品在下、在后 ② 装盘时物品摆放要均匀稳定，要注意重心的控制，物品之间要有一定的间隔
起托	① 起托时将左脚向前一步，站成弓形步 ② 上身向左、向前倾斜，左手与托盘持平，用右手将托盘持平，用右手将托盘的1/3拉出桌面 ③ 按轻托要领将左手伸入盘底，待左手掌握重心后将右手放开 ④ 左脚收回一步，使身体呈站立姿势
站立与行走	① 站立时头正肩平，上身挺直，两眼目视前方 ② 行走时步伐轻盈，托盘应与身体保持一定间距，托盘可自然摆动
卸盘	① 放平稳再卸 ② 给宾客斟酒时，要随时调节托盘的重心 ③ 要从两边交替端下，掌握好托盘的重心

（二）重托

1. 重托的要求

重托主要用于托送较重的菜点、酒水以及收拾餐具等，所托物品重量一般在5~10千克，通常使用大型托盘。重托的盘子常与菜肴接触，易沾油腻，使用前要仔细检查和擦洗。目前，饭店一般不用重托盘，多用小型手推车解决递送重物问题，这样既安全又省力。虽然如此，重托仍应作为服务员的基本技能加以练习，以备应用。

2. 操作方法

用双手将盘子的边移至柜台外，用右手拿住托盘的一头，左手伸开五指托住盘底，掌握好重心后，用右手协助左手向上托起，同时左手向上弯曲臂肘，向右后方旋转180°，擎托于肩外上方，做到盘底不搁肩，盘前不近嘴，盘后不靠发，右手或自然摆动，或扶住盘的前内角，并随时准备排阻他人的碰撞。

重托要求上身挺直，两肩平行，行走时步履轻快，肩不倾斜，身不摇晃，遇障碍物让而不停。起托、后转、行走、放盘时要掌握重心，保持平衡。动作表情要显得轻松自然。重托时，装载要力所能及，不要在托起后随意地增加或减少盘内的物品。放托盘时，要弯膝但不能弯腰。

3. 操作程序及规范（见表2-2）

表2-2 重托的操作程序及规范

操作程序	操作规范
理盘	重托的托盘经常与菜肴接触，易油腻，每次使用前要清洁盘面并消毒；一般可在盘内铺上洁净的专用盘巾，起到防油、防滑作用
装盘	① 注意控制重心 ② 物品摆放均匀稳定，物品之间要有一定的间隔。例如，三个汤锅可摆放成品字形
起托	① 屈膝弯腰，双手将托盘的1/3 拉出桌面 ② 按重托要领将左手伸入盘底，用全掌托住托盘 ③ 用右手协助将托盘送至肩上，待左手掌握重心后将右手放开，使身体成站立姿势
站立与行走	① 站立时头正肩平，上身挺直，两眼目视前方 ② 行走时步伐不要太大，做到步伐轻盈、平稳自如 ③ 行走时，托盘应与身体保持一定间距
卸盘	要将托盘放置平稳后再卸

四、托盘实训

（一）轻托实训

1. 所需物品

中小型托盘，垫盘方巾，饮料瓶、易拉罐、酒瓶、各式酒杯若干。

2. 操作要领

左手托盘，左臂弯曲成90°，掌心向上，五指稍微分开。

用五个手指指端和手掌根部托住盘底，手掌自然形成凹形，重心压在大拇指根部，使重心点和左手五指指端形成"六个力点"，利用五指的弹性掌握盘面的平稳。

平托于胸前，略低于胸部，位于第二、三粒衣扣之间，盘面与左手臂呈直角状，利于左手腕灵活转向。

行走时，头正肩平，上身挺直，两眼平视前方，步伐轻盈自如。

托盘随步伐在胸前自然摆动，切勿用大拇指按住盘边。

3. 注意事项

使用托盘给客人斟酒时，要随时调节托盘重心，切勿使托盘翻落而将酒水泼洒在客人身上。

不可将托盘越过客人头顶，以免发生意外。

随着托盘物品的数量、重量不断增加或减少，重心也在不断地变化，左手手指应不断地移动以掌握好托盘的重心。

（二）重托实训

1. 所需物品

大号托盘，垫盘方巾，饮料瓶、易拉罐、酒瓶、中号水盆若干。

2. 操作要领

（1）左手五指伸开，全掌托住盘底中心。

（2）在掌握好重心后，用右手将托盘起至胸前，左手手腕向上转动，将托盘稳托于肩上。

（3）托盘上肩要做到盘底不搁肩，盘前不近嘴，盘后不靠发。

（4）右手自然下垂、摆动或扶住托盘的前沿。

3. 操作标准

（1）平稳。托送物品时，要掌握好托盘的平衡，做到盘平、肩平、物平。托盘不晃动，行走不摇摆，转动不碰撞，给人一种稳重、踏实的感觉。

（2）轻松。手托重物行走时，上身挺直，轻松自如。

任务二 餐巾折花技能

一、餐巾折花基础知识

餐巾（也称口布）的使用，在我国只有近百年的历史。近年来，随着西方文化艺术的引进，西餐逐渐流行，餐巾也随之在各种宴会酒席中广为使用。由于在美化席面、渲染宴席气氛、清洁卫生等方面有很好的作用，餐巾深受中外宾客的欢迎，使用日益广泛，已成为宴会酒席中不可缺少的既有欣赏价值又有实用价值的摆设。

餐厅服务人员若能掌握好餐巾折花这项基本功，用之于餐厅服务，必将使之与丰美的菜肴相映生辉，锦上添花，增添顾客对餐厅的美好感受。

（一）餐巾的作用

（1）餐巾是一种卫生用品，它是供宾客在进餐过程中使用的布巾。宾客把餐巾衬在胸前或放在膝盖上，一方面可以用来擦嘴，另一方面也可防止汤汁弄脏衣服，起到清洁卫生的作用。

（2）餐巾折花能装饰美化席面。服务人员精心的折叠，不仅可以让小小的餐巾起到点缀、美化席面的作用，而且能给酒席宴会增添热烈欢快的气氛，给宾客一种艺术美的享受。

（3）餐巾折花还是无声的形象语言，对表达和交流宾主之间的感情，起到独特的沟通作用。

（二）餐巾的种类、规格

餐巾按质地一般有纯棉和混纺制两种，它们的实际用途各有所长。

餐巾的大小规格各地区不尽相同，实际使用中则是采用50厘米或60厘米见方的餐巾最适宜。餐巾的色彩可根据餐厅的颜色选用，力求与餐厅色彩和谐。通常，饭店使用的台布和餐巾大多是白色丝光提花布制成的，用这种白色餐巾折叠出的造型雅致漂亮。

（三）餐巾折花的种类

餐巾折花的种类很多，凡能叠成一定的实物形状，具有一定的欣赏价值，又适用于酒席宴会场合的花形都可采用。现在已使用的餐巾折花有两百多种，常用的也有二三十种，大致上可以分为飞禽类、蔬菜类、走兽类等。

将餐巾折花插入水杯的称为"杯花"，平放在骨盘上的称为"盘花"。通常中餐用杯花，西餐用盘花。

餐巾折花的新趋势是美观大方、造型简单、叠法快捷。中西餐均倾向于大量使用盘花。

（四）餐巾折花的选择原则

（1）根据宴会形式、菜单内容选择花形。
（2）根据接待对象的身份、风俗习惯和爱好选择花形。
（3）根据花式冷拼选用与之相配的花形。
（4）根据时令季节选择花形。
（5）根据宾主席位的安排选择花形。

二、餐巾折花的基本手法

（一）折叠

折叠就是将餐巾一折为二、二折为四或者折成三角形、长方形等其他形状。折叠的要求是要熟悉基本造型，叠时要看准折缝线和角度一次叠成，避免反复，否则餐巾上就会留下一条条折痕，使餐巾不挺，影响美观。

（二）推折

推折就是将餐巾叠面折成褶裥的形状，使花形层次丰富、紧凑、美观。打折时，两个大拇指相对成一线，指面向外。再用两手中指按住餐巾，并控制好下一个褶裥的距离，拇指、食指的指面握紧餐巾向前推折至中指处。用食指将褶裥挡住，中指腾出去控制下一个褶裥的距离。三个手指互相配合，要求均匀整齐，距离相等，每裥的高低、大小、宽度根据花形的不同需要而定。推折，可分为直线推折和斜线推折两种方法：折两头一样大小的折，用直线推折；折成一头大一头小的折或折成半圆形的折，则可用斜线推折。

（三）卷

卷的方法可以分为直卷和螺旋卷两种。直卷时，餐巾两头一定要卷平。如采用螺旋卷可先将餐巾折成三角形，餐巾边要参差不齐。不管是直卷还是螺旋卷，餐巾都要卷紧，不然就会在后面的折花中出现软折。

（四）翻拉

翻拉大都用于折花鸟。操作时，一手拿餐巾，一手将下垂的餐巾翻起一只角，拉成花卉或鸟的头颈、翅膀、尾巴等。翻拉花卉的叶子时，要注意对称的叶子大小一致，距离相等。拉鸟的翅膀、尾巴或头颈时，一定要拉挺，不要软折。

（五）捏

捏的方法主要用于做鸟头。操作时，先将鸟的颈部拉好，然后用一只手的大拇指、食指、中指三个指头，捏住鸟颈的顶端，食指向下，将餐巾一角的顶端的夹角向里压下，大拇指和中指将压下的角捏出尖嘴。

上述五种手法是最基本的手法，掌握了这些基本手法后，经常模仿、练习和创新，就能折出多种多样、美观大方的餐巾折花。

三、餐巾折花操作程序及规范（见表2-3）

表2-3 餐巾折花操作程序及规范

操作程序	操作规范
折花准备	① 操作前要洗手消毒 ② 准备好已消毒的托盘、水杯、餐巾、筷子 ③ 检查餐巾的正反面是否符合要求 ④ 了解客人对花式的禁忌和喜好
基本要求	① 简化折叠方法，要求一次成形 ② 餐巾折花设计要求美观和谐，符合宴会类型和特色 ③ 准确使用餐巾折花的折叠方法、技法
注意事项	① 操作时不允许用嘴叼、口咬 ② 放花入杯时，要注意卫生，手指不能接触杯口

四、餐巾折花实训

（一）杯花的折叠

1. 马蹄莲

操作步骤：① 将底角向上对折，与顶角对齐；② 从底边向上卷，留1/5左右的小角；③ 将留下的巾角打开一层；④ 将卷好的方巾折成U形；⑤ 翻上两侧小角做叶；⑥ 翻开卷着的巾角；⑦ 插入杯中，整理成形。

2. 月季花

操作步骤：① 将口布对折成三角形；② 从底边向上推折；③ 用左手的食指将口布中间向上撑起，其他四指攥住下部；④ 右手将食指上的口布褶一一掰开成为花瓣；⑤ 将两大角折上做叶片；⑥ 插入杯中，整理成形。

3. 双叶

操作步骤：① 将底角向斜上方对折；② 将底边向上折1/4左右；③ 从中间向两边均匀捏折；④ 将余下的巾角包住背面；⑤ 放入杯中，整理成形。

4. 芭蕉叶

操作步骤：① 从一个底角卷至餐巾中线；② 推折；③ 对折；④ 插入杯中，整理成形。

5. 双蕊花

操作步骤：① 将底边向上对折成长方形；② 将上层巾角折向中点；③ 下层巾角向背面折；④ 从左向右折，呈三角形；⑤ 从中间向两边折7褶，向两边分开两巾角；⑥ 夹层外翻，放入杯中，整理成形。

6. 慈姑叶

操作步骤：① 将底边向上对折成长方形；② 从底边向顶边均匀捏褶；③ 将捏褶的方巾弯成"3"字形；④ 放入杯中，打开两巾角，整理成形。

7. 美人蕉

操作步骤：① 将底角向上对折成三角形；② 底边两巾角从内侧向顶角折拢；③ 将正反面外层分别向下对折；④ 从中间向两边均匀捏褶；⑤ 将上面两巾角下拉；⑥ 将下面四巾角上翻做叶；⑦ 放入杯中，整理成形。

8. 双叶花

操作步骤：① 将底边向上对折成长方形；② 再对折成正方形；③ 将第一、二层巾角向上折，背面的两层巾角向背面折；④ 从中间向两边推折；⑤ 分别将四个巾角向外翻开；⑥ 放入杯中，整理成形。

9. 白鹤

操作步骤：① 从一巾角的两边向中间斜卷；② 卷成上宽底尖形，两卷相并；③ 将头角反折；④ 将中部折成W形；⑤ 将尖角捏成头；⑥ 放入杯中，整理成形。

10. 和平鸽

操作步骤：① 将餐巾反面向上放置；② 对折成长方形，然后将一巾角单层翻折；③ 对折成正方形；④ 两边推至完；⑤ 把夹层中巾角向后拉出，夹层向前拉下；⑥ 拉上一巾角捏头；⑦ 在两侧拉两巾角做翅膀；⑧ 放入杯中，整理成形。

11. 小鸟钻洞

操作步骤：① 将顶角向下对折，与底角对齐；② 从底边向顶角均匀捏褶；③ 先将顶端两小角打开，再将两边巾角向下对折；④ 将右巾角扭转到圆洞形前再上下折成M形做头；⑤ 将左巾角扭转到圆洞形后；⑥ 放入杯中，整理成形。

12. 松鹤延年

操作步骤：① 餐巾反面向上放置，左手按住一巾角，右手将一侧巾角卷至对角线；② 将另一侧巾角也卷至对角线，按2∶3比例对折；③ 在离上端8厘米左右处，把两头对折；④ 捏鸟头；⑤ 将尾部巾角上翻翘；⑥ 放入杯中，整理成形。

13. 蝴蝶

操作步骤：① 将两边向内对折成长方形；② 翻开四巾角；③ 从底边向上卷至中间；④ 余下部分推折，并向卷的部分对折；⑤ 放入杯中，整理成形。

14. 鸳鸯戏水

操作步骤：① 将底边向上对折，下顶部边对齐；② 从左向右对折；③ 将正反面外层巾角分别向下对折；④ 从中间向两边均匀捏褶；⑤ 将底部两侧巾角拉上做头；⑥ 剩下的一巾角包住底部；⑦ 放入杯中，整理成形。

15. 单尾鸟

操作步骤：① 将底边向上对折，与顶边对齐；② 从左向右对折；③ 从中间向两边推折；④ 将底巾角拉上一层做鸟头；⑤ 用剩余部分包住底部；⑥ 放入杯中，整理成形。

16. 大鹏展翅

操作步骤：① 将底角向上对折；② 将底边两角从侧面向顶角折拢；③ 将正面、反面外层巾角分别向下对折；④ 再将从正面折下的巾角向上折 2/3 左右；⑤ 翻到背面，从中间向两边均匀捏褶；⑥ 将底部外层巾角向上拉做头，用剩下的底部巾角包住底部；⑦ 放入杯中，整理成形。

（二）盘花的折叠

1. 一帆风顺

操作步骤：① 将底边向上对折，与顶边对齐；② 从左向右对折；③ 将右顶角处 4 个巾角一起向下对折；④ 将底边两巾角折叠；⑤ 将底部向背后折上；⑥ 将两边向下对拢；⑦ 拉起夹层中的 4 层巾角；⑧ 放入盘中，整理成形。

2. 皇冠

操作步骤：① 将底边向上对折与顶边对齐；② 将两巾角折叠；③ 将两边从中缝处向背后折；④ 将右巾角插入中间夹层中；⑤ 左巾角折向背面，插入中间夹层中；⑥ 将底部抻开成圆形；⑦ 放入盘中，整理成形。

3. 出水芙蓉

操作步骤：① 将餐巾四角向中点折；② 再将四角向中点折；③ 翻一面；④ 将四角向中点折；⑤ 将背面折角向外翻出；⑥ 整理成盆状；⑦ 放入盘中，整理成形。

4. 公主花冠

操作步骤：① 餐巾反面向上放置；② 两巾边对折到中线；③ 对折成长方形；④ 把餐巾八等分；⑤ 推折至巾边；⑥ 将两边巾角交叉向内翻折成三角形；⑦ 放入盘中，整理成形。

（三）餐巾折花的摆放要求

（1）入杯中的餐巾折花要恰当掌握深度。盘花则要摆正摆稳，挺立不倒。
（2）要突出主位花。
（3）餐巾花的观赏面朝向客人。
（4）要注意花式及其高低、大小的搭配，不宜将相同造型的花摆放在一起。
（5）餐巾花的摆放不能遮挡餐具和台上用品，不影响服务员操作。

任务三　摆台服务技能

摆台就是指为客人就餐摆放餐桌、确定席位、提供必需的就餐用具的工作。它包括餐桌的布局、铺台布、安排席位、准备用具、摆放餐具、美化席面等。它是一门技术，是餐厅服务中一项要求较高的基本功。摆台的水准直接影响服务质量和餐厅的面貌。

铺设后的餐台要求做到台形设计考究、合理，席位安置有序，符合传统习惯，小件餐具等的摆设配套、齐全、整齐一致，既方便客人用餐，又利于服务人员席间服务，还具有艺术性。所有物料用品要清洁卫生，令人有清新、舒畅的感觉。

摆台可分为中餐摆台和西餐摆台两大类。根据用餐形式的不同，摆台时所用餐具的数量也不一样,并且各饭店均有本饭店独特的摆台方式,所以不可能完全统一。

一、台布的铺设

(一)台布的种类

台布也称桌布,主要起保洁、装饰和方便服务的作用。台布有多种样式和颜色。从材质看,台布有提花台布、织锦台布、工艺绣花台布等;从颜色上看,台布通常有白色、黄色、绿色、粉色和红色等。选择台布的颜色,要与餐厅的风格、装饰、环境相协调。台布的形状大体有三种:正方形、长方形和圆形。正方形常用于方台或圆台,长方形则多用于西餐各种不同的餐台,圆形主要用于中餐圆台。

(二)台布的规格

台布的规格大小有多种,经常使用的有 140 cm×140 cm、160 cm×160 cm、180 cm×180 cm、200 cm×200 cm、220 cm×220 cm、240 cm×240 cm、260 cm×260 cm 等的台布。

使用时应根据餐桌的大小选择适当规格的台布。例如,140 cm×140 cm 的台布适用 90 cm×90 cm 的方台上,160 cm×160 cm 的台布适用于 100 cm×100 cm、110 cm×110 cm 的方台上,180 cm×180 cm 的台布适用于直径 150 cm、直径 160 cm 的圆台上,200 cm×200 cm 的台布适用于直径 170 cm 的圆台上,220 cm×220 cm 的台布适用于直径 180 cm 或 200 cm 的圆台上,240 cm×240 cm 的台布适用于直径 220 cm 的圆台上,260 cm×260 cm 的台布适用于直径240 cm 的圆台上。

除了方形台布外还有长方形台布,如 160 cm×200 cm、180 cm×300 cm 等不同规格,这类台布主要用于长方台及西餐各种餐台。

(三)台布的铺设方法

台布的铺设方法主要有三种。

1. 抖铺式

抖铺式即用双手将台布打开,平行打折后将台布提拿在双手中,身体呈正位站立式,利用双腕的力量,将台布向前一次性抖开并平铺于餐台上。这种铺台方法适合于较宽畅的餐厅或在周围没有客人就座的情况下进行。

2. 推拉式

推拉式即用双手将台布打开后放至餐台上,将台布贴着餐台平行推出去再拉回来。这种铺法多适合于零点餐厅或较小的餐厅有客人就座于餐台周围等候用餐的情况下进行。

3. 撒网式

撒网式即用双手将台布打开,平行打折,右脚在前,左脚在后,动作自然潇洒,斜着向前方抛洒。这种铺法多用于宽大场地或技术比赛场所。

（四）台布铺设程序

1. 准备工作

铺台布之前，首先，应将所需餐椅按就餐人数摆放于餐台的四周，使之呈三三两两的并列状；其次，服务人员应将双手洗净，并对准备铺用的每块台布进行仔细的检查，发现有残破、油液和褶皱的台布则不能继续使用；最后，应根据餐厅的装饰、布局确定席位。

2. 台布铺设

服务员将选好的台布放在餐台上，站在副主人处，距桌边约40厘米，将台布打开并提拿好，身体略向前倾，朝主人方向轻轻向前抖去，做到用力得当，动作熟练，一次抖开并到位。台布不能沾地面，台布中间的十字折纹的交叉点正好在餐桌的圆心上，台布正面股缝朝上，中线直对正、副主人席位，四角要直线下垂，下垂部分与地面距离相等，铺好的台布图案在桌中间，平整无皱纹。

3. 中餐圆台铺台布操作程序及规范（见表2-4）

表2-4　中餐圆台铺台布操作程序及规范

操作程序	操作规范
准备站位	将台布折好，站立在副主人的位置上，准备铺台布
打开抓起	将台布打开，正面朝上，用大拇指和食指抓住台布靠近身体的一边，用其余三指快速抓住台布其余部分。注意两手以中线为轴，间距要与肩同宽
抛出定位	将抓起的台布用力向对面即主人位抛出。要求台布正面向上（折线凸向为正面），中心线对准主人位，十字中心点居桌中，台布平整，四边下垂部分均匀，垂直部分与地面距离相等，不许搭地

4. 中餐围台裙操作程序及规范（见表2-5）

表2-5　中餐围台裙操作程序及规范

操作程序	操作规范
准备	站立在副主人的位置上将台布铺好。根据宴会要求准备好台裙
围台裙	沿桌沿按顺时针方向将台裙布打成折，并用按钉或尼龙搭扣固定。台裙的折要下垂均匀。每个折相隔约5厘米为宜

5. 在客人正在用餐的餐厅中撤换台布的操作程序及规范（见表2-6）

表2-6　在客人正在用餐的餐厅中撤换台布的操作程序及规范

操作程序	操作规范
准备	撤换餐台上除公用品之外的所有物品并准备好相同规格的干净台布，检查干净台布的正反面是否符合要求
移开台布	将台面上所有用品移到半面台布上，然后把另一半面台布掀起，露出半张餐桌

续 表

操作程序	操作规范
撤下台布	把台面上的用品从台布上移到露出的半张餐桌上，将台布朝上卷起，卷脏台布的同时将碎屑等包卷起来，避免其洒在座位或地面上
铺新台布	在空出的半张餐桌上铺干净台布，台布中间折缝与餐桌中线重合，将对折台布的上半面折起，然后把原先留在餐桌上的用品逐件移到已铺开的半面台布上。把折起的上半面台布完全打开铺平，按规定位置摆好胡椒盅、盐盅、调味架、花插、烟灰缸等用具

二、中餐零点摆台

中餐零点摆台要根据餐别、服务规格摆好餐具和台上其他用品。摆放餐具时，要求图案对正、距离匀称、整齐美观、清洁大方、便于使用。

（一）早餐的摆台

由于零点餐厅餐桌相对固定，无须餐餐变化，再加上就餐者无主客之分，所以只需进行桌面摆放就可以。

摆早餐台时，先放骨盘，骨盘离桌边 1 厘米距离；骨盘右边放筷架、筷子；汤碗放在骨盘的左上方；汤勺放置汤碗内，勺把朝左；餐巾叠好花形放在骨盘内；花瓶放在桌子中间，如桌子靠墙，花瓶放在靠墙面的那一边中间。

（二）午餐、晚餐的摆台

先将骨盘定位于离桌边 1 厘米处；骨盘右边放筷架、筷子，筷尾离桌边也是 1 厘米；汤碗放在骨盘的左上方；汤勺放置汤碗内，勺把朝左；调味碟在骨盘上方，位于汤碗与水杯中间；水杯放在筷子与调味碟中间；餐巾花折好后放在骨盘内或插入水杯里。如是圆桌，花瓶、烟灰缸放在中间。调料瓶、牙签盅放在桌子左下方处。

（三）中餐零点摆台注意事项

（1）对不会使用筷子的客人，席位上要加摆餐刀、餐叉，叉左刀右，刀口朝左。
（2）集体用餐或几位宾客共同进餐时，应摆放公用筷架，供主人为宾客派菜和其他人取菜用。公筷、公勺放在公用筷架上，摆在个人用餐餐具上方或转台上。
（3）调羹可放入汤碗或调味碟内。
（4）餐桌上使用的瓶花，其高度应以不阻碍客人视线为准。
（5）消毒筷子应用筷套封装。

中餐零点摆台的具体操作程序及规范如表2-7所示。

表2-7 中餐零点摆台的操作程序及规范

操作程序	操作规范
摆台准备	① 摆台物品准备 ② 餐具卫生检查
铺台布	按中餐圆台铺台布方法铺台布
摆餐椅	① 4人桌，正、副主位方向各摆2位或每边各1位 ② 6人桌，正、副主位方向各摆1位，两边各摆2位 ③ 8人桌，正、副主位方向各摆2位，两边各摆2位 ④ 10人桌，正、副主位方向各摆3位，两边各摆2位
上转台	8人以上餐台应摆转台，转台与餐台同心
摆餐具	① 餐碟——摆在每位客人所对台面的正中间，距桌边1厘米 ② 汤碗——摆在餐碟左侧稍上一些，与餐碟间距1厘米 ③ 筷架、筷子——筷架摆在餐碟右侧，与汤碗成一条直线，筷子尾部距桌边1厘米 ④ 汤勺——摆在汤碗内，勺把朝左 ⑤ 水杯——摆在餐碟上方，间距为1厘米 ⑥ 餐巾——杯花插入杯中，盘花置于餐碟之上 ⑦ 牙签筒、调料架、烟灰缸、花瓶摆在台面的固定位置上，多数餐厅摆在台布的中线附近 ⑧ 8人以上台面应摆放公用筷架，供主人为客人派菜和其他人取菜用。公筷、公勺放在公用筷架上

三、中餐宴会摆台

宴会餐桌的设计布局是根据主办人的要求、餐厅的形状、餐厅内陈设的特点来进行的，其设计布局的目的是合理利用宴会厅的场地，表现出主办人的用意，体现宴会的规格标准，方便服务员为宴会提供服务。

（一）餐桌摆放

（1）台形布局一般次序是中心第一、先右后左、近高远低。

① 中心第一是指布局时要突出主桌，主桌放在上首中心，要突出其设备和装饰，主桌的台布、餐椅、餐具的规格应高于其他餐桌，主桌的花坛也要特别鲜艳突出。

② 先右后左是按国际惯例来说的，即主人的右席的地位大于主人的左席。

③ 近高远低是对被邀请客人的身份而言的，身份高的离主桌近，身份低的离主桌远。

（2）有主席台设施的宴会厅，台上要布置会标，以表明宴会的性质；没有主席台的宴会厅也要在主桌后面用花坛、画屏或大型盆景等布置一个重点装饰面。

(3) 主桌要专设服务桌，其余各桌酌情设服务点。服务桌摆放的距离要适当，便于操作，一般放在餐厅四周。

(4) 中餐宴会一般都用圆桌。餐厅服务人员要根据宴会通知单告知的桌数、人数，选择好大小一致、颜色一致的圆桌、座椅，然后根据餐厅的面积和地形进行布局，设计台形。

(5) 布局时要把主宾人入座与退席所经过的主要通道比其他一般通道留得宽敞一些，以方便宾客出入活动和服务员提供服务。

(6) 布局时要尽量利用日光或灯光，力求桌面光线明亮、柔和。

(二) 席位安排

1. 确定主人位置

所谓主人就是宴会主办人，规模在一桌以上的宴会，各桌主人位置的确定有两种方法：第一种是各桌的主人位置相同，同朝一个方向；第二种是第一桌主人与其他各桌的主人位置相对，即其他各桌的主人面对第一桌的主人。

2. 宾客的座次安排

正式的宴会一般均安排座次，有的只安排部分宾客的座次，其他人员可自由入座。大型宴会事先将宾客座次打印在请柬上，使宾客心中有数。

席位卡一般是印好的长方形纸片，通常用毛笔或钢笔书写，书写时字迹要清楚、整齐。若中方宴请则将中文写在上方，外文写在下方；若外方宴请则将外文写在上方，中文写在下方。

(三) 摆台

1. 准备摆台餐具和用品

餐具准备主要依据参宴人数、桌数、标准菜单等来进行。

(1) 服务用品：托盘、台布、桌裙、台号牌、宴会菜单、牙签盅、烟灰缸、花瓶、开瓶器等。

(2) 个人席位：装饰盘、骨盘、筷子、筷套、筷架、汤碗、汤勺、调味碟、白酒杯、葡萄酒杯、水杯、餐巾。

(3) 公用餐具：公筷、公勺、公筷架。

2. 摆台

(1) 铺台布。

操作前要洗净双手，检查台布是否完好。按要求铺台布，围上桌裙。

(2) 放转台，椅子定位。

台布铺好后，再放转台，要求转台的圆心与圆桌中心和台中心三点相重合，再将椅子定位。

(3) 摆餐具。

① 摆装饰盘定位。将餐具摆放在垫有布巾的托盘内,然后左手托盘,从主人座位处开始按顺时针方向依次用右手摆放装饰盘定位,要求盘边距离桌边1厘米,盘与盘之间距离相等,盘中店徽等图案要对正。

② 摆骨盘、汤碗、汤勺、调味碟。将骨盘摆放在装饰盘上;将汤碗放在装饰盘的左前方,距离装饰盘1厘米,然后将汤勺放汤碗内,勺把朝左;将调味碟摆放在汤碗的右边,距汤碗1厘米。

③ 摆筷子架、筷子。将筷子架摆在调味碟的右边,再将带筷套的筷子摆放在筷子架上。要求筷子的后端距桌边1厘米,距装饰盘1厘米,筷套的图案正面要朝上。

④ 摆酒具。中餐宴会一般使用三杯,即水杯、葡萄酒杯、烈性酒杯。先将葡萄酒杯摆在装饰盘的正前方,烈性酒杯摆在葡萄酒杯的右侧,与葡萄酒杯的距离约为1厘米。将折叠好的餐巾折花插放在水杯中,将水杯摆在葡萄酒杯的左侧,距葡萄酒杯约1厘米。三个杯要横向成一直线。

⑤ 摆公用餐具。在正、副主人酒具的前方,摆放公筷架,在架子上各横放一双公用筷子和公用勺,筷子尾端向右,公用勺的勺把向右。

⑥ 摆牙签。摆牙签有两种方法:一种方法是用牙签筒,将其摆在公用餐具的左侧;另一种方法是把袋装牙签摆放在每位宾客的餐具旁边,袋装牙签一般都印有酒店的标志,摆放时标志朝上。

⑦ 摆放菜单。在通常情况下,10人餐台放2份菜单,10人以上餐台放4份菜单,菜单摆在正、副主人筷子的右边,菜单的下端距桌边1厘米。摆4份菜单时,除正、副主人旁边各放一份外,另两份放于正、副主人之间位置居中的宾客旁边。菜单也可以竖立摆放在水杯旁边。若是高档宴会,菜单也可每人一份。

⑧ 摆放花瓶或鲜花。全部餐具摆好后,放上花瓶或鲜花。

⑨ 摆放席次卡、座卡。如果是一桌以上,应摆放席次卡。席次卡摆在每张餐桌中央,台号朝向厅堂入口处。座卡放在每个餐位正中,卡上姓名正对就餐者。

⑩ 整理、检查台面。最后整理、检查台面,调整椅子,拾遗补阙。

中餐宴会摆台的操作程序及规范如表2-8所示。

表2-8 中餐宴会摆台的操作程序及规范

操作程序	操作规范
摆台准备	① 摆台物品准备 ② 餐具卫生检查
铺台布	按中餐圆台铺台布方法铺台布
围台裙	按围台裙方法围好台裙
摆餐椅	同中餐便餐摆台

续 表

操作程序	操作规范
上转台	8人以上餐台应摆转台，转台与餐台同心
摆餐具	① 左手托盘，从主人座位开始按顺时针方向依次用右手摆放餐具 ② 摆餐碟——摆在席位正中间，从主位开始顺时针摆放，碟与碟之间距离要相等，碟边距离桌边1厘米 ③ 摆汤碗、汤勺、味碟——汤碗位于餐碟左前方，汤勺放于汤碗中，勺把朝左，味碟位于餐碟前方，与餐碟间距为1厘米 ④ 摆筷架、筷子——筷架位于餐碟右侧上方，同汤碗、味碟中线在一条直线上，筷子摆在筷架上，尾部距桌边1厘米 ⑤ 摆酒具——3种酒杯可由大到小依次摆放，也可先摆放红酒杯（位于餐碟垂直中线上）定位，再摆白酒杯，最后放折好花的水杯。杯间间距1厘米，汤碗、味碟间距1厘米 ⑥ 摆公用餐具——10人桌通常摆放2套公用餐具，分别放在正、副主人酒具的前方，公用勺和公用筷并排横放在公用盘上，筷子尾端和勺把一律向右 ⑦ 摆牙签筒——10人桌宴会一般摆2个牙签筒，牙签放在公用盘左侧，相距1厘米 ⑧ 摆烟灰缸——根据宴会要求摆设，若需要摆放，从主人右侧开始，每2个餐位放1个，烟灰缸上方要与酒具平行 ⑨ 摆香烟、火柴——根据宴请要求摆设，若需要摆放，应置于烟灰缸右侧 ⑩ 摆菜单——10人桌一般放2张，摆在正、副主人餐具的一侧，其底部距桌边1厘米 ⑪ 摆席次卡、座卡——席次卡摆在每张餐桌中央，台号朝向厅堂入口处。座卡放在每个餐位正中，卡上姓名正对就餐者

四、西餐摆台

（一）西式正餐摆台服务标准及程序

（1）桌椅必须牢固可靠，无破损，摆放整齐。
（2）根据餐厅正门的位置确定主位。
（3）铺上桌布，桌布须干净、整洁，桌布的位置应与正门相对，桌布中股缝向上。
（4）按照距离主位的远近分别摆放烟灰缸、椒盐瓶、花瓶、烛桌（烛桌仅限于晚餐摆桌时使用）。
（5）摆放展示盘、餐巾，正面朝向客人。
① 展示盘置于每个餐位的正中，盘边距桌边2厘米。
② 餐巾摆放于展示盘内，正面朝向客人。
③ 展示盘必须洁净，无水迹、无指印。
（6）依次摆放主刀、主叉。
① 主刀位于展示盘右侧，刀柄下端距桌边2厘米，刀刃朝向左侧。
② 主叉位于展示盘左侧，叉柄下端距桌边2厘米。
③ 餐具保持清洁，不允许用手直接接触刀面和叉前端。
（7）摆放面包盘、面包刀。

① 面包盘置于展示盘左侧,与展示盘间距5厘米。
② 面包刀摆放于面包盘上,叉右端,刀刃朝向左侧。
(8) 摆放红酒杯。
① 红酒杯摆放于主刀上方2厘米处。
② 酒杯要洁净、无破损、无水迹、无指印。

(二) 西式宴会摆台服务标准及程序

1. 准备好摆台物品

准备好托盘、台布、展示盘、餐刀、餐叉、汤匙、面包盘、黄油刀、酒具、餐巾、花瓶(花坛)、烛台、椒盐瓶、牙签等。

2. 铺设台布

3. 摆展示盘

可用托盘,把展示盘托起,按顺时针方向用右手将餐盘摆放于餐位的正前方,盘边距桌边1厘米。

4. 摆餐刀、餐叉、汤匙

(1) 从展示盘的右侧按顺序平行摆放主餐刀、鱼刀、汤匙、头盘刀。展示盘与主餐刀相距1厘米,主餐刀、鱼刀、汤匙、头盘刀之间相距0.5厘米。鱼刀距桌边5厘米,其他餐具距桌边1厘米。

(2) 从展示盘的左侧按顺序平行摆放主餐叉、鱼叉、头盘叉。展示盘与主餐叉相距1厘米,主餐叉、鱼叉、头盘叉之间相距0.5厘米。鱼叉距桌边5厘米,其他餐具距桌边1厘米。

(3) 甜食叉摆放在展示盘的正前方,叉柄向左,与展示盘相距1厘米。甜食勺放在甜食叉的正前方,与叉平行,勺柄向右,与甜食叉相距0.5厘米。

5. 摆酒具

摆酒具时,要拿酒具的杯颈或下半部分。

(1) 白葡萄酒杯摆放在头盘刀的上方,杯底中心在头盘刀的中心线上,杯底距头盘刀2厘米。

(2) 红葡萄酒杯摆在白葡萄酒杯的左上方,杯底中心与白葡萄酒杯杯底中心的连线与餐台边成45°,杯壁间相距1厘米。

(3) 水杯摆在红葡萄酒杯的左上方,杯底中心与红葡萄酒杯杯底中心的连线与餐台边成45°,杯壁间相距1厘米。

6. 摆放餐巾

餐巾折花放于展示盘内,餐巾折花要突出主人位和副主人位,折花的花形搭配适当,餐巾花的观赏面朝向客人。

7. 摆放花瓶(花坛)、烛台、椒盐瓶及牙签筒

(1) 花瓶(花坛)摆放在餐台的正中心,两个烛台分别摆放在台布的中心线上,距花瓶(花坛)20厘米。

(2) 两个牙签筒摆放在台布的中心线上,距烛台10厘米。

（3）椒盐瓶摆放在台布中心线的两侧，与牙签筒呈十字形，椒盐瓶之间相距 1 厘米，与牙签筒相距 2 厘米。

任务四 斟酒服务技能

一、斟酒技能

（一）斟酒顺序

在一般场合，服务员可先为一桌的长者斟酒，对于一对夫妇，应先为女士斟酒。

在西餐宴会或正式场合，斟酒顺序应从第一主宾开始，先斟女主宾，后斟男主宾，然后为主人斟酒，再为其他宾客斟酒，第一主宾一般位于主人的右手第一个座位。

中餐宴会服务员一般在宴会开始前十分钟左右将烈性酒和葡萄酒斟好，斟酒时先斟主宾，后斟主人，然后按顺时针方向依次绕桌进行。

在宾主祝酒讲话时，服务员应停止一切活动，端正静立在僻静位置上，不可抓耳挠腮或交头接耳，并要注意宾客杯中的酒水，当杯中酒水少于 1/3 时，就应及时斟添，使其经常保持八成满。要特别照顾好主宾和主人，宾主讲话结束时，服务员要及时送上他们的酒杯，供其祝酒，宾主离位给来宾祝酒时，服务员应托着相应的酒水，跟随宾主身后，以及时给主人或来宾续斟。

（二）斟酒方法

服务员斟酒时，手握酒瓶时要求握住酒瓶中部，不要挡住商标，商标应朝向宾客，便于宾客看到，同时应向宾客说明酒水特点。

斟酒时，要站在客人的身后右侧，面向客人用右手斟酒，左手托盘，注意身体不要紧贴客人。若徒手斟酒，左手应持一块干净餐巾放在身后，斟完酒后可擦去瓶口的酒水。

（三）斟酒注意事项

（1）斟酒时应先向客人打招呼或示意客人选用酒水。
（2）斟酒时，瓶口不可搭在酒杯口上，以相距两厘米为宜，以防止将杯口碰破或将酒杯碰倒。但也不要将瓶拿得过高，过高则酒水容易溅出杯外。
（3）一次斟酒的量，以倒至杯的七到八成为宜，不宜过满。对于含气泡较多的啤酒、香槟酒，斟酒时速度宜慢，并应沿杯壁缓缓倒入，以免泡沫溢出杯外。
（4）满瓶酒和半瓶酒出口的速度不同，瓶内酒越少，其流出的速度越快，反之则慢，要掌握好酒瓶的倾斜度。
（5）斟酒完毕，应顺势转动酒瓶 1/4 圈，以免瓶口的酒滴在台布上。
（6）凡使用冰桶的酒，从冰桶取出时，应以一块餐巾包住瓶身，以免瓶外水滴弄脏台布或客人衣服；凡使用酒篮的酒，瓶颈下应衬垫一块布巾或一张纸。

（7）斟倒香槟酒时，应将酒瓶用餐巾包好，先向杯中斟倒1/3的酒液，待泡沫退去后，再往杯中续斟，以八成满为宜。

（四）托盘斟酒操作程序及规范（见表2-9）

表2-9　托盘斟酒操作程序及规范

操作程序	操作规范
斟酒准备	① 检查酒水质量 ② 擦拭酒瓶 ③ 按规范将酒瓶摆放在托盘内
托盘斟酒	① 站在客人的右后侧，按先宾后主的次序斟酒 ② 左手托盘，右脚向前，侧身而立，保持平稳 ③ 向客人展示托盘中的酒水，示意客人选择自己喜欢的酒水 ④ 待客人选定酒水后，服务员直起上身，将托盘移至客人身后。托盘移动时，左臂要将托盘向外托送，避免托盘碰到客人 ⑤ 用右手从托盘上取下客人所需的酒水进行斟酒 ⑥ 斟酒时，要掌握好酒瓶的倾斜度并控制好倒酒的速度，瓶口不能碰到杯口 ⑦ 斟酒完毕，将瓶口抬起并顺时针旋转45°后向回收瓶

（五）徒手斟酒操作程序及规范（见表2-10）

表2-10　徒手斟酒操作程序及规范

操作程序	操作规范
斟酒准备	① 双手消毒 ② 检查酒水质量 ③ 擦拭酒瓶 ④ 准备一块消过毒的服务布巾
徒手斟酒	① 斟酒时，服务员站在客人的右后侧，按先宾后主的次序斟酒 ② 左手持布巾，右脚向前，侧身而立，右手持瓶向前伸出 ③ 将酒瓶商标朝上展示给客人，示意客人确认酒水 ④ 待客人确认后，服务员用右手为客人斟酒 ⑤ 斟酒时，要掌握好酒瓶的倾斜度并控制好倒酒的速度，瓶口不能碰到杯口 ⑥ 斟酒完毕，将瓶口抬起并顺时针旋转45°后向回收瓶，再用左手中的布巾将残留在瓶口的酒水拭去

二、酒水服务

在餐厅里，无论是中西餐便饭还是较高级的中餐酒席、宴会以及西餐宴会，常常由服务员斟酒。因此，服务员掌握一般的斟酒方法和有关知识，对做好服务工作是十分必要的。

（一）酒水准备

各种酒席、宴会预定的酒品应事先备齐，在高级宴会的场合，应根据宴会的规格、标准同接待单位协商而定。

服务员要了解各种酒品的最佳饮用温度，并采取升温或降温的方法使酒适合饮用。

1. 冰镇（降温）

（1）冰镇的目的。许多酒的最佳饮用温度要求低于室温，如啤酒的最佳饮用温度为 4 ℃ ~ 10 ℃，白葡萄酒的最佳饮用温度为 8 ℃ ~ 12 ℃，香槟酒和有汽葡萄酒的最佳饮用温度为 4 ℃ ~ 8 ℃，所以餐厅需要对酒进行冰镇处理。保证酒的最佳饮用温度是向客人提供优质服务的一个重要内容。

（2）冰镇的方法：通常有冰块冰镇和冰箱冷藏冰镇两种。

① 冰块冰镇的方法：准备好需要冰镇的酒品和冰桶，并用冰桶架架放在餐桌一侧，桶中放入冰块，冰块不宜过大或过碎，将酒瓶插入冰块中，一般十几分钟，即可达到冰镇效果。

② 冰箱冷藏冰镇的方法：需要提前将酒品放入冷藏柜内，使其缓缓降至饮用温度。

除对饮用酒进行降温处理外，对盛酒品用的杯具也要进行降温处理，其方法是服务员手持酒杯的下部，杯中放入一块冰块，摇转杯子，以降低杯子的温度。

（3）冰镇酒水操作的程序及规范，如表 2-11 所示。

表 2-11　冰镇酒水的操作程序及规范

操作程序	操作规范
冰镇准备	准备好需要冰镇的酒以及所用的冰桶，并将冰桶架放在餐桌的一侧
冰镇酒水	① 将冰块放入冰桶内，将酒瓶插入冰块中约 10 分钟，即可达到冰镇的效果 ② 用冰箱冷藏酒水 ③ 服务员手持酒杯下部，杯中放入冰块，摇转杯子，以降低杯子的温度

2. 温酒（升温）

（1）温酒的目的：某些酒品（如黄酒中的加饭酒）需在饮用前将酒温升高至 60 ℃ 左右，这样喝起来更有独特味道，这也是一种习惯喝法。外国酒也有需升温才饮用的。

（2）温酒的方法：温酒的方法有水烫、烧煮、燃烧、将热饮料冲入酒液或酒液注入热饮料中升温等四种，水烫和燃烧一般是当着客人的面操作的。

（3）酒水加热的操作程序及规范，如表 2-12 所示。

表 2-12　酒水加热的操作程序及规范

操作程序	操作规范
加热准备	准备桶中倒入开水，将暖桶架放在餐桌的一侧
酒水加热	① 在暖桶中倒入开水，将酒水倒入酒壶后放在暖桶中升温 ② 将酒水装入耐热器皿中，置于火上升温 ③ 将酒水倒入杯中后，将杯子置于酒精炉上，点燃酒精升温 ④ 将加热的饮料冲入酒液或将酒液注入热饮料中升温 ⑤ 酒水加热要在客人面前进行

（二）示酒

服务员站在点酒客人的右侧，左手托瓶底，右手扶瓶颈，酒标朝向客人，让客人辨认。示酒是酒水服务的第一道程序，它标志着服务操作的开始。在上台示酒前，要在工作台上擦净瓶口、瓶身，检查酒水质量，如发现瓶子破裂或酒水变质，要及时调换。

餐桌上晶莹透明、干净美观的酒杯，不仅能增加餐厅里的气氛，而且还有着含蓄地建议客人饮酒的作用。所以，服务员要了解什么样的酒应配以什么样的酒杯和酒杯的清洁卫生标准以及操作方法。备有为各种不同的酒而设计的酒杯对专门销售餐饮的餐厅是非常重要的。例如，啤酒杯的容量大，杯壁厚，这样可较好地保持它冰镇的效果。葡萄酒杯做成郁金香花形，是考虑到当酒斟至杯中面积最大处时，可使酒与空气保持充分接触，让酒的香醇味道更好地挥发。烈性酒杯容量较小，玲珑精致，使人感到杯中酒的名贵与纯正。各种专用酒杯会使客人感到这家餐厅的专门化程度或感到这是专为其准备的，从而产生良好的消费心理和情绪。当然，酒杯的专门化程度与餐厅的档次应当相符。无论用什么样的酒杯，清洁卫生都是首要的。服务员摆台前应仔细检查每一只杯子，擦拭酒杯时先把杯子在开水的蒸汽里熏一下，然后用干净餐巾裹住杯子里外擦拭，直至光亮无瑕为止。

（三）开酒瓶

常见的酒瓶的封口有瓶盖和瓶塞两种，以下是开启瓶盖或瓶塞的方法与注意事项。

1. 使用正确的开瓶器

开瓶器有两大类型：一类是开瓶盖用的启盖扳手，一类是专门开瓶塞用的酒钻。酒钻的螺旋部分要长（有的软木塞长达 8~9 cm），头部要尖，切不可带刃以免割破瓶塞。

2. 开瓶的方法

开瓶时动作要轻，要尽量减少瓶体的晃动。一般将酒瓶放在桌面上来开启，动作要准确、敏捷、果断。开软木塞时，万一软木有断裂危险，可将酒瓶倒置，用内部酒液的压力顶住木塞，然后再旋转酒钻。

开香槟酒的方法：香槟酒的瓶塞大部分压进瓶口，上有一段帽形物露出瓶外，并用铁丝绕扎固定。开瓶时，在瓶上盖一块餐巾，双手在餐巾下操作。具体方法是左手斜拿酒瓶，大拇指紧压塞顶，用右手扭开铁丝，然后握住塞子的帽形物，轻轻转动上拔，靠瓶内的压力和手拔的力量把瓶塞顶出来。操作时，应尽量避免瓶塞拔出声音，避免晃动，以防酒液溢出。

3. 开瓶后的注意事项

① 开启瓶塞以后，要用干净的布巾仔细擦拭瓶口，检查瓶中酒是否有质量问题，检查的方法以嗅辨瓶塞插入瓶内的那部分为主。

② 开瓶后的封皮、木塞、盖子等杂物，不要直接放在桌子上，可以放在小盘子里，操作完毕带走。

4. 酒水开瓶的操作程序及规范（如表 2-13 所示）

表 2-13　酒水开瓶的操作程序及规范

操作程序	操作规范
开瓶准备	备好酒钻、布巾、酒篮、冰桶
开启酒瓶	① 开瓶时，要尽量减少瓶体的晃动 ② 将酒瓶放在桌上开启，先用酒刀将瓶口凸出部分以上的铅封割开除去，再用布巾将瓶口擦拭后，将酒钻慢慢钻入瓶塞 ③ 开启有断裂迹象的软木塞时，可将酒瓶倒置，利用内部酒液的压力顶住木塞，然后再旋转酒钻 ④ 开拔瓶塞越轻越好，以防发出突爆声 ⑤ 香槟酒的瓶塞大部分压进瓶口，上有一段帽形物露出瓶外，并用铁丝固定。开瓶时，可在瓶上盖一块布巾，双手在布巾下操作。具体方法是左手斜拿酒瓶，大拇指紧压塞顶，用右手扭开铁丝，然后握住塞子的帽形物，轻轻转动，靠瓶内的压力和手部力量将瓶塞拔出。操作时，应尽量避免酒瓶晃动或瓶塞拔出时发生突爆声，以防酒液溢出
质量检查	拔出瓶塞后一般应通过嗅辨瓶塞底部的方法检查瓶中酒是否有质量问题
擦拭瓶口、瓶身	开启瓶塞后，要用干净的布巾仔细擦拭瓶口、瓶身。擦拭时，注意不要将瓶口积垢落入酒中
酒瓶摆放	① 开启的酒瓶、酒罐可以留在客人的餐桌上，一般放在主人的右侧 ② 使用冰桶的冰镇酒水要放在冰桶架上，冰桶架距离餐桌不要过远，以方便本桌客人取用和不妨碍别桌客人用餐为准 ③ 用酒篮盛装的酒瓶连同篮子一起放在餐桌上 ④ 随时撤下餐桌上的空瓶、空罐，并及时回收开瓶后的封皮、木塞、盖子等杂物，不要将其留在客人的餐桌上

任务五　上菜与分菜服务技能

一、中餐上菜

（一）上菜原则

先冷后热，先咸后甜，先菜后点，先浓后淡，先优质后一般。

（二）上菜顺序

中餐上菜，一般是先上冷菜以便下酒，然后视冷菜的食用情况，适时上热菜，上汤，最后上点心、水果。

中餐上菜服务操作程序及规范如表 2-14 所示。

表 2-14　中餐上菜服务操作程序及规范

操作程序	操作规范
上菜准备	① 上菜工具的准备——托盘、菜肴服务工具等 ② 菜单准备——熟悉上菜顺序 ③ 在上菜处进行确认
上菜服务	① 从上菜处将菜肴送上餐桌 ② 注意菜肴摆放的位置、搭配和间距 ③ 上菜时，动作要轻，严禁将菜肴从客人的头上越过 ④ 展示菜肴，报菜名，介绍菜肴 ⑤ 上热菜时，菜盘内放置服务叉、勺，要注意将叉、勺柄朝向主人。如果盘子很热，一定要提醒客人注意 ⑥ 上汤类菜肴时，服务员要给客人分汤 ⑦ 如果有小孩同桌就餐，一定要将热菜、汤类远离孩子并提醒成年人注意 ⑧ 上带头尾的菜品，应根据当地的上菜习惯摆放 ⑨ 上带有作料的菜肴，要先上配料后上菜，要一次上齐，切勿遗漏 ⑩ 上带壳的菜肴要跟上小毛巾和洗手盅 ⑪ 菜上齐后要告知客人并询问是否还需加菜或其他帮助 ⑫ 上菜、撤盘的基本礼节要求是上菜不准推，撤盘不准拖

（三）特殊菜肴的上菜方法

（1）易变形的炸炒菜肴，一出锅立即端上餐桌，上菜时要轻、稳，以保持菜肴的形状和风味。

（2）锅巴类菜肴一出锅也要以最快的速度端上台，随即把汤汁浇在锅巴上，使之发出响声，应该注意的是浇汁动作要连贯，否则会失去应有的效果。

（3）原盅炖品类菜肴，要在端上餐桌后当着客人的面启封，以保持炖品的原汁原味，并使菜肴的香气在席面上散发，揭盖时要将盖子翻转移开，以免汤水滴落在客人身上。

（4）泥纸包、荷叶包菜肴，应先将菜肴端上台供客人观赏后，再拿到边台上拆开后启封，以保持菜肴的香味和特色。

二、中餐分菜

（一）分菜的顺序

（1）在餐桌上分菜时，服务员应站在客人的左侧操作，按逆时针方向先宾后主依次分派。

（2）在服务桌上分菜时，服务员应站在客人的右侧，将分好的菜肴，按顺时针方向先宾后主依次分派。

（二）分菜的方法

1. 桌上分让式

服务员站在客人左侧操作，分菜时可以边分边向客人介绍菜点的名称、风味，给每位客人分菜的数量相当，色彩要搭配均匀。

2. 二人合作式

一名服务员右手持公用筷，左手持长把公用勺，另一名服务员绕台将每位客人的餐碟移到分菜服务员近处，由分菜服务员分派，然后从客人左侧送上。

3. 旁桌分菜式

一般用于宴会，由服务员将菜端上餐台介绍菜式，供客人观赏后端回备餐桌，在备餐桌上将菜分到餐碟内，然后用托盘从客人右侧送上。

中餐分菜操作程序及规范如表2-15所示。

表2-15 中餐分菜操作程序及规范

操作程序	操作规范
分菜准备	分菜工具的准备： ① 服务叉、服务匙 ② 一双长筷、一把长柄匙 ③ 一刀、一叉、一匙
分菜服务	桌上分让式，使用服务叉、服务匙分菜： ① 从上菜口将菜肴送上餐桌 ② 展示菜肴、报菜名后撤离餐桌 ③ 服务员站在客人左侧操作 ④ 服务员分让菜肴时可以边分边向客人介绍菜点的名称、口味 ⑤ 给每位客人分让菜肴的数量相当，色彩要搭配均匀
	二人合作式，使用长筷、长把汤勺分菜： ① 在上菜口将菜肴送上餐桌 ② 展示菜肴并报菜名 ③ 一名服务员站在上菜口，右手持公筷，左手持长把汤勺，为客人分菜 ④ 另一服务员绕台将每一客人的餐碟移到分菜服务员近处，从客人左侧将菜肴送上
	旁桌分菜式，使用刀、叉、匙分菜： ① 一般用于宴会，由服务员从上菜口将菜肴送上餐桌 ② 报菜名，展示、介绍菜肴，供客人观赏后撤离餐桌 ③ 在备餐桌上将菜分到餐碟内，然后用托盘从客人右侧送上

（三）代表性菜肴的分菜方法

1. 分派鱼类菜肴

分派鱼类菜肴要先剔除鱼骨。其方法是，先将鱼身上的其他配料拨到一边，用餐刀顺脊骨或鱼中线划开，将鱼肉分开，剔出鱼骨后，再将鱼肉恢复原样，浇上原汁，注意不要将鱼肉碰碎，要尽量保持鱼的原形，再用餐刀将鱼肉切成若干块，按宾主先后次序分派。如鱼块带鳞，要将带鳞部分紧贴餐碟，鱼肉朝上。

2. 分派拔丝菜肴

分派拔丝菜肴必须配上凉开水。分派时用公用筷将菜肴夹起，迅速放入凉开水中浸一下，然后送入客人碗中。要注意拔丝的效果，分派动作要敏捷、连贯，做到即拔、即浸、即食。

3. 分派鸡、鸭等整形类菜肴

分派鸡、鸭等整形类菜肴要先用刀、叉剔去骨头，分让时要按鸡、鸭类菜肴的自身结构来分割及分派，要保持其形状的完整和均匀，一般头尾不分派，由客人自行取用。

4. 分派冬瓜盅

冬瓜盅是夏令名菜、带皮的炖品，由于瓜身高，一般要两次分派。第一次先用服务勺将冬瓜肉和盅内配料、汤汁均匀地分给客人。由于分让后的瓜皮很薄，容易破裂，所以必须横切去上部瓜皮后再进行第二次分派。

5. 分派烤乳猪

分派烤乳猪则要用刀片。第一次先片下外皮，片下后原样复好，打上菱形花刀后，端上餐桌；第二次片如上。

（四）中餐分菜服务

（1）服务员单人分菜时，应使用叉、匙或专用夹子。

（2）两人合作时，用长把汤勺和长筷。派汤时，直接用长把汤勺，汤中有菜时，还须用长筷配合操作。

（3）分菜要做到均匀一致，尽量把优质的部分分给主要客人。此外，通常还要留2份左右以备客人添加。如果菜品很多，则将余下菜肴用小盘盛上，整理好后送上餐桌。

（4）分菜时，若不慎将菜掉在台面上，切忌用手拾起，可先用干净的布巾包起，再清洁台面。

中餐分鱼服务及分派带骨、带壳菜肴服务操作程序及规范分别如表2-16、表2-17所示。

表 2-16　中餐分鱼操作程序及规范

操作程序	操作规范
分鱼准备	准备分菜工具——刀、叉、盘
整鱼展示	先报菜名，为客人展示菜肴，然后撤至服务桌
剔出鱼骨	① 服务员先将鱼身上的配料拨到一边，左手持叉，右手持刀 ② 用叉轻压鱼背，以避免鱼在盘中滑动，叉不可叉进鱼肉中 ③ 用刀顺脊骨或鱼中线划开，将鱼肉分开，让整条鱼骨露出 ④ 用叉轻压鱼骨，用刀将鱼骨剔出 ⑤ 将鱼骨放入服务盘中
整理成形	① 将鱼肉恢复原样，浇上原汁 ② 不要将鱼肉碰碎，要尽量保持鱼的原形
上菜服务	① 将整理成形的整鱼端上餐桌 ② 如需分菜要用餐刀将鱼肉切成若干块，按宾主先后次序分派。如鱼块带鳞，要将带鳞部分紧贴餐碟，鱼肉朝上

表 2-17　分派带骨、带壳菜肴分派程序及规范

操作程序	操作规范
上刀叉	① 当客人点了较大的块状食物或带壳食品时，在上菜之前须为客人摆上餐刀、餐叉或专用餐具 ② 将刀叉或专用餐具整齐摆放在铺好餐巾的托盘上，摆在餐碟的两侧
服务菜肴	如客人需要，可协助客人分割食品或帮助客人除去外壳
服务洗手盅	使用托盘送上洗手盅，每人一份，摆在餐位的右上方，且要礼貌地向客人说明用途
服务小毛巾、茶水	① 递送小毛巾 ② 为客人斟茶
撤餐具	① 客人用完该道茶并洗手后，将洗手盅、茶具和小毛巾撤下 ② 及时将刀叉撤下

任务六　餐台插花技能

餐厅插花目的是烘托就餐环境，美化台面，与宴会主题相映衬。故餐厅插花的花材选择要考虑宴会主题、民族禁忌、地方习俗等因素，应选择一些满足大众化审美需求，香气淡雅适中，无毒副作用或其他危害人体成分的花材。

一、常用花材介绍

（一）团状花材

团状花材花朵较大，花朵集中成较大的圆形或块状，以其特有的形态而引人注目，经常用在视觉焦点，如菊花、玫瑰、百合、红掌、非洲菊、向日葵、荷花、牡丹、鸡冠花、天堂鸟、郁金香、芍药等。

（二）线条花材

线条花材整个花材呈长条状或线状，利用直线形或曲线形等植物的自然形态，构成造型的轮廓，也就是骨架，如唐菖蒲、石斛兰、晚香玉、跳舞兰、蛇鞭菊、金鱼草、蝴蝶兰、大花蕙兰、银柳等。

（三）散状花材

散状花材一般作为辅助花材，如满天星、情人草、蕾丝花、黄莺花、米仔兰、蓬莱松、白孔雀草、勿忘我、六月雪等。

（四）衬叶

衬叶起衬托作用，鲜花只有置于绿色的背景前，或依托在绿色的底衬上，才会显得更醒目、更艳丽，也更符合花朵的自然生态，使插花作品更加丰满，充满生机。衬叶有针叶、肾蕨叶、巴西木叶、散尾葵叶、高山羊齿、八角金盘、常春藤、富贵竹、绿萝叶、天门冬、鹅掌柴等。

二、插花的类型

（一）根据用途分

1. 礼仪插花

礼仪插花是指用于婚丧嫁娶等场合具有特定用途的插花。它可以传达友情、亲情、爱情，可以表达欢迎、敬重、慰问、哀悼等，形式常常较为固定和简单。

2. 艺术插花

艺术插花是指不特别要求具备社交礼仪方面的使用功能，主要用来供艺术欣赏和美化装饰环境的一类插花。

（二）根据主题或环境分

1. 婚礼花饰

为了给婚礼增加或热烈欢快或温馨浪漫的气氛，用鲜花进行婚礼的装饰是不可或缺的。婚礼花饰主要包括新娘全身的花卉装饰，如头花与肩花、腰花、新娘捧花等；新郎与宾客胸前佩戴的胸花；花车以及婚礼不同场合的各种装饰，如入口处、接待处、宴会餐桌、餐具，甚至于蛋糕等食品上的鲜花装饰。婚礼花饰是各种礼仪插花中从花材选择、造型设计到制作都最为讲究的一种综合的花艺设计。从形式上，婚礼花饰除了小型的胸花、头花、肩花、腕花等，还有花束、花篮等各种礼仪用花。

2. 客厅插花

客厅插花应选用色彩既艳丽又柔和的花材，而且习惯上多采用暖色花材，且香味不宜过浓，以清香为佳。其位置，一般多在桌子或茶几上。插花的大小应与桌子的大小相协调，避免拥挤和产生郁闷感，更不能从视觉或心理上阻碍主人与客人的交谈。摆设于桌子上的插花宜四面观赏，因此多选用球面型、圆球形等。例如，菊花、翠菊、金盏菊、矢车菊、樱草、月季、郁金香、香石竹等一般作该类型插花的花材，花器宜选用圆形或长方形浅盆。陈设于茶几上的插花，只供一面观赏，因此多采用放射型、三角形、直立型等。

3. 餐台插花

餐台插花是指装饰于会议桌、接待台、演讲台、餐桌等场所的花饰。

在实际生活中餐台插花应用也非常普遍。因其常使用花钵作为容器，因此也被称作钵花。它一般置于桌子中央（如中餐桌、圆形会议桌和西餐桌等）或一侧（如演讲台、自助餐台、双人餐桌等），可以是独立式或组合式的，会议主席台、演讲台等还常结合桌子的立面进行整体装饰；从造型上，可以有单面观、四面观，构图形式多样，有圆形、球形、椭圆形等对称的几何构图，也有新月形、下垂形等各种灵活多变的不规则式构图，构图主要取决于桌子的形状、摆放的位置及需要营造的气氛。因为花钵有普通式和高脚式，因此餐台插花也可以做成低式和高式，高度取决于装饰的场合和需要营造的气氛。

三、插花基本道具

花的造型艺术是离不开各种基本的道具的。合理地选择和使用道具可以延长花期，同时反映出设计者的艺术修养和技术水平。这里介绍的是最基本的道具和材料。

（一）黏性胶带

黏性胶带一般用来包在铁丝的外面，特别是为了防止经过加工后的花材脱水。颜色有许多，要根据花茎的颜色和设计的目的选用。

（二）铁丝（或铜丝）

固定或保持花枝的形态时需要用到铁丝。铁丝的种类很多，而且有不同的型号，根据粗细分为 18~30 号，根据设计意图来选用。

（三）花剪、花刀

花剪、花刀是剪切花茎、枝条最主要的工具。根据修剪的花材的不同，有选择地使用。一般而言，修剪一些韧性的枝条时用花剪，修剪鲜花的长短时用花刀，因为花刀的切面较平缓，切口要求是斜面，益于保鲜。

（四）花泥

花泥是用来固定花材的、吸水性很强的化学制品，保水性好，使用方法简单。花泥分为鲜花泥和干花泥两种。干花泥一般是茶色的，而鲜花泥是绿色的。花泥有各式各样的形状，要根据花形选定。干花泥用于干花设计，不能吸入水分。鲜花泥需要充分浸透水分才能使用，浸水时要尽量使花泥自然吸水，不要施加任何压力，否则会造成外湿内干的状况，直接影响切花的吸水效力。

四、插花构图

插花构图中的形式尽管多种多样，千姿百态，但总的来说主要表现方式有以下三种。

（一）集中与放射的构图

插花里的集中构图是形状上积聚，整体结构内敛，显得沉稳、凝重；放射构图则是以中心为核心，线条向四周呈现出辐射状，显得轻松、遒劲。

（二）对称与非对称的构图

对称构图插花左右结构较相同、匀称，多见于西方式插花。这种插花构图显得严肃、端庄。非对称构图左右结构相差比较大，大多数是东方式插花，显得活泼、生动。

（三）独立与重复的构图

插花的独立构图即以单一的枝或叶为主，其他小枝衬托，显得十分灵巧、秀丽；重复构图，由几个大致相同的枝叶重叠或并列而成，富有节奏感。

五、插花步骤

（一）确定插花意境

不同的节日、季节等，插花的造型、意境要有所不同，如新婚居室插花应以表达喜庆为主，常选用玫瑰、郁金香、马蹄莲等花材。总之在使用饰物示意手法时，注意用于示意的饰物以简单、概括、抽象为好，达到会人会意而又含蓄的效果。

（二）花材技术处理

1. 注意采剪时间

花朵在清晨所含水分和营养均处于饱和状态，此时采剪可延长开花时间。如采剪后不急用，可采些许含苞待放或初放者用纸包起置于 4 ℃ ~ 5 ℃ 冰箱中保存。

2. 浸烫、灼烧法

切花剪下后或进行插花时，将花枝基端置于沸水中浸烫 1 分钟，或置于蜡烛或酒精灯火焰上烧焦再浸入医用酒精泡一下，取出后用清水漂洗干净，这样可防止茎组织内汁液外流。水烫多用于草花，火灼则多用于木本花卉。

3. 水中剪切法

将花梗浸入清水中用剪刀在枝节上斜剪，避免空气进入导管造成吸水困难。有乳汁的花枝及多浆植物不宜采用此法。

4. 切口涂抹

花材剪取后可用赤霉素、稀盐酸等对切口进行涂抹，来抑制病菌，防止切口腐烂。

（三）插花保养

（1）定期换水（用蒸馏水、离子水较好），更新茎切口（一般 3 ~ 5 天一次，在水中进行）。

（2）投入硼酸、硫黄、石炭酸、水杨酸、维生素等进行浸泡或用阿司匹林或高锰酸钾溶液浸泡。

（3）要经常用清水对叶面喷雾，以减轻植物体内的水分蒸腾，并可适当对叶面进行喷肥，补给养分。

六、插花原则

插花有三大原则，即境物和谐、色彩协调、构图完善。

（一）境物和谐

境物和谐即要求插花作品与环境条件相和谐。插花作品多放在室内，因此要考虑室内光线、家具形色、背景色调、空间大小、欣赏对象、插花用途等。一般来说，如果是哀悼性插花，则要求用花朴素清淡，并根据被纪念者的性格及生前喜好，选取适当的品种，务必做到肃穆端庄，忌插得枝繁花艳。相反，大喜节日插花，以轻松、热闹为主，可插得红火一些。平时作为摆设欣赏之用的插花可以插得新颖些，以富有艺术创新的作品为佳。

（二）色彩协调

色彩协调即要求插花所用的花材之间色彩协调，既要有鲜明的反差，又要有和谐的统一。插花的色彩搭配有各种方式，有的以一种颜色为主色，其他的为辅色，起点缀和加强主色的作用；有的两种颜色无主次之分，还有的把几种融为一体，各种颜色好像繁星一样，但整体上形成新的色彩视觉。插花材料色彩间的配合应根据插花的形式而定。东方式插花色彩整体效果以"雅"为佳，西方式插花则以"繁"为佳。

（三）构图完善

构图是否完善很大程度上决定着插花的成败，尤其是东方式插花构图更要注意枝条、叶片的布置，既要做到重心稳重，又要有险枝突出，有节奏感。西方式插花构图讲究均衡，重心稳重，以四面皆可观赏为佳。插花构图常见的有垂直形、四角形、散开形、L形、椭圆形、水平形、零星形、三角形、眉目形、环形等。

七、常用插花造型

（一）水平形

水平形设计重心强调横向延伸的水平造型。中央稍微隆起，左右两端则为优雅的曲线设计。其造型最大特点是能从任何角度欣赏。水平形插花多用于餐桌、茶几、会议桌陈设。

（二）三角形

花材可以插成正三角形、等腰三角形或不等边三角形，外形简洁，给人以均衡、稳定、简洁、庄重的感觉，多用作开业典礼等；若在大型文艺会演及其他隆重场合应用，亦显豪华气派。

（三）L 形

将两面垂直组合而成，左右呈不均衡状态。宜陈设在室内转角靠墙处，L 形对于一些穗状花序的构成往往起重要作用，大的花用于转角处，小的花自己向前延伸，给人以开阔向上的感觉。

（四）扇形

按基本的三角形插花造型做变化，在中心呈放射形，并构成扇面形状，适宜于陈设在空间较大之处。

（五）倒 T 字形

整个设计重点成倒 T 字形的构成，纵线及左右横线的比例为 2∶1，给人以现代感，适合装饰于左右有小空间的环境中。

（六）垂直形

整体形态呈垂直向上的造型，给人以向上延伸的感觉，适合陈设于高而窄的空间。

（七）椭圆形

优雅豪华的造型。采用大量的花材，集团式插法，对结构、对比要求比较低，呈自然的圆润感。以古典的花瓶做容器，宜置于教堂或其他空间位置较大的地方。

（八）倾斜形

外形是不等边三角形。主枝的长短视情况而定，整个构图具有左右不均衡的特点。多用于线状花材，可有效地表达舒展、自然的美感。

八、餐厅插花技巧

随着餐饮业的蓬勃发展，顾客的审美水平也在不断地提高，顾客在满足味觉的同时，也越来越关注餐桌的花艺设计。

餐厅插花包括中餐厅、西餐厅等场所，根据桌子的形状及摆放位置的不同，又可分为中餐圆桌插花、西餐长桌插花、小方桌插花、自助餐台插花等。

（一）圆桌插花

圆桌有大小之分，一般适合10人左右用餐的圆台直径1.8米；适合12人以上甚至20人左右用餐的圆台，直径在2米到4米不等。最常见的是直径1.8米的圆台，插花量可以小些，花形多以半球形为多，易和桌面形状产生和谐感。现在许多饭店也用艺术花器，将插花和一些观赏性的东西结合起来呈现，如金鱼，一动一静，相得益彰。夏季，也可以用盆形或球形玻璃花器，盛上一半清水，制作浮花作品，给人清凉、宁静的感觉。

大圆台插花要求量大，四面观，但不宜太高，以不高于客人视线为原则，以水平形为多。但是现代花艺已突破了其原有的模式，在不遮挡客人交流视线的前提下，利用较高的花器或者组合的作品来展现餐桌文化和魅力。

（二）长桌（包括长方形、椭圆形）插花

长桌插花长宽必须小于桌面长宽的1/3，且不影响用餐。台形较长时，常常需要摆放两三盆，甚至更多，根据实际需要设计摆放即可。

（三）小桌插花

小桌桌面较小，放完餐具后已经没有多少空间，通常用小型插花。

（四）自助餐台插花

自助餐台上也需要适当用鲜花和绿叶来衬托。设计的时候，可以充分利用食品本身的色彩和形状，如水果、蔬菜、刺身、各色饮料等，其本身就宛如一道靓丽的风景，令人赏心悦目，食欲大增。

（五）餐台插花造型设计应遵循的基本原则

1. 不能阻碍视线交流

设计餐台的插花造型时，一定要注意不宜过高，也忌太浓密和过大，以免阻碍在座宾客视线交流。

2. 不能遮盖餐饮品

餐饮品是餐桌上的核心产品，插花设计不能过分渲染，以免喧宾夺主，起到相反效果。选用的花材的香味不宜过浓，如栀子花等，避免干扰和破坏餐饮品的香味。

3. 插花与餐台器具要协调

插花所使用的器皿之材质、造型、价值与餐台器具相配合、相协调、相得益彰,避免反差过大。

4. 插花与餐台设计风格相吻合

台面造型设计虽然多种多样,但大致可分为中餐、西餐、日餐台面造型设计三大类,而插花的风格也有东方与西方、现代与传统之别,所以宜采用与餐台造型设计风格相同的插花造型。

5. 讲究卫生,防止食品污染

餐桌是供人用餐之所,布置的鲜花应新鲜、无刺、无异味、无病虫害痕迹、无污点和不洁之物黏附。花器要清洁,忌用有毒花材,如夹竹桃等。

6. 根据客人的要求和爱好来设计

如客人有特殊要求的,要与其沟通商谈,以客人的要求和爱好来设计餐台插花。

项目小结

本项目共分六个任务,主要内容包括托盘服务技能、餐巾折花技能、中西餐摆台服务技能、斟酒服务技能、上菜与分菜服务技能及餐台插花技能等,教学内容涉及了餐厅服务流程的全部操作技能,每个任务都包括理论知识和操作技能两个部分,同时根据国家及行业标准,对操作技能进行规范性的实训及考核,保证学生在完成本项目学习后,能达到中级餐厅服务员的技术等级标准。

综合能力训练

1. 简述托盘的种类、用途及使用方法。
2. 掌握20种杯花的折叠技巧。
3. 5分钟内完成10种不同的杯花的折叠。(要求造型美观,操作符合规范要求)
4. 掌握6种盘花的折叠技巧。
5. 餐巾折花的基本方法有哪些?
6. 简述中餐分菜的三种方法。
7. 简述葡萄酒的开启方法。
8. 简述香槟酒的开启方法。
9. 特殊菜肴上菜时应注意哪些问题?
10. 对比中餐零点与宴会摆台的异同。
11. 15分钟内完成一盆宴会餐台插花,做到花形美观、主辅分明。

实操考核

1. 托盘操作技能考核表（见表1）

表1　托盘操作技能考核表

考核项目	考核标准
轻托持重要求	托装有1.5升水的饮料瓶4个，3分钟站立或4分钟行走保持较好体态
轻托平稳要求	行走时托盘内放一瓶装满水的酒瓶不倒，十杯装八分满水的酒杯不溢
重托综合要求	托盘内装满5千克以上的盘碟或饮料瓶，站立或行走做到平稳、轻松

2. 餐厅服务员综合素质考核表（见表2）

表2　餐厅服务员综合素质考核表

项目	考核内容	评分标准
仪表仪容（10分）	1. 工服、个人卫生	(1) 外表清洁整齐 (2) 着黑皮鞋、深色袜 (3) 女发不得过肩，不得染指甲，不化浓妆 (4) 男发不过耳
	2. 综合印象	(1) 落落大方，干净利落 (2) 整体感觉好，衣着合适 (3) 发式与着装相适应
行为规范（20分）	1. 出勤率	(1) 无迟到、早退、旷工现象 (2) 有事能够按规定请假 (3) 请假次数相对较少
	2. 站态、行姿	(1) 挺胸收腹，两眼目视前方 (2) 男两手后背，两脚成30°分开与肩相平 (3) 女两手交叉腹前，两脚成30°站立姿势 (4) 行走目视前方，两手自然下垂
	3. 劳动纪律	(1) 用员工手册规范自己 (2) 用规章制度来制约自己 (3) 按规章制度办事
	4. 工作态度	(1) 认真、严谨、一丝不苟 (2) 当日工作当日完成 (3) 谦虚、谨慎、不骄不躁
	5. 言谈语态	(1) 礼貌待客，不骂人，不讲脏话，文明礼貌 (2) 同客人谈话不急不躁，不卑不亢 (3) 语气适中，言语适度，讲话不过火

续 表

项目	考核内容	评分标准
服务技能 （30 分）	1. 铺台布、折口布花	（1）铺台布手法正确，台布正面朝上 （2）台布中心与餐桌中心正对，桌布四角下垂，中线吻合 （3）能折叠 20 种以上口布花，并掌握技巧
	2. 中西餐摆台	（1）摆台规范、快速、准确 （2）所用餐具正确、无破损、无污迹、无手印 （3）各种餐具定位与规定相符
	3. 托盘	（1）五指自然分开，与托盘 6 点相接 （2）小臂与身体成 90° （3）右手自然摆动，左手托盘，可随身自然晃动 （4）两眼目视前方
	4. 斟酒	（1）右腿在前，站立客人右侧 （2）酒瓶标签朝向客人 （3）瓶口与杯口相距 1 cm，缓慢斟倒 （4）斟完酒后瓶口旋转 45°
	5. 分菜	（1）站立于客人左侧，左腿在前，左手捧菜盘，右手执刀叉 （2）按先女宾后男宾、先客人后主人的顺序为客人分菜 （3）分菜盘与客人骨碟相接，避免汤汁漏出 （4）分菜要求均匀，手法正确，动作迅速
对客服务技巧 （30 分）	1. 备餐准备情况	（1）个人仪表仪容 （2）按要求摆台 （3）备好开餐所用物品 （4）备好所用的酒水 （5）了解当日特色、品种、数量、价格、风味 （6）做好所属卫生工作
	2. 席间服务情况	（1）向客人微笑致意并问好 （2）拉椅让座，送茶，上毛巾 （3）站立一侧为客人介绍菜品并为客人点菜 （4）席间酒水服务、撤换烟灰缸服务、上菜服务、果盘服务 （5）结账服务 （6）传菜服务 （7）推销服务 （8）拉椅送客服务
	3. 餐后服务情况	（1）餐桌、餐椅卫生 （2）是否有客人遗留物品 （3）先收拾布草，后收拾玻璃器皿、瓷器、银器 （4）退还多余酒水 （5）清理地面卫生 （6）按要求摆放桌椅及台面

续 表

项目	考核内容	评分标准
对客服务技巧（30分）	4. 点菜推销技能	(1) 向客人问好 (2) 介绍餐厅特色、风味特点 (3) 了解客人需求 (4) 察言观色，先介绍中档菜，再根据客人谈吐、表情介绍名贵菜
	5. 外语	(1) 能简单地用英文对话 (2) 能够听懂客人意图 (3) 能够简单地向客人解释
团体协作能力（10分）	1. 尊重领导	(1) 见领导主动微笑、打招呼、问好 (2) 与领导对面相遇，主动为领导让道
	2. 团结同事	(1) 见同事能够微笑、打招呼、问好 (2) 和同事关系融洽 (3) 和同事互帮互助
	3. 集体活动参加情况	(1) 积极参加集体活动 (2) 为集体活动献计献策

3. 中餐宴会（10人位）摆台考核表（见表3）

表3　中餐宴会（10人位）摆台考核表

序号	考核内容	考核要点	配分	评分标准	扣分	得分
1	餐巾折花	1. 折法正确，注意餐巾的正反面，要求一次成形；造型形象逼真、餐巾挺括，符合每朵花的最后成形要求 2. 操作卫生，不能用嘴咬餐巾，摆花时要突出主位，花的最佳观赏面朝向客人，植物花与动物花相间，高低错落有致	20	(1) 餐巾反折每朵花扣0.5分 (2) 造型形象不逼真每朵花扣0.5分 (3) 主位花没突出扣1分 (4) 摆放不正确扣5分 (5) 操作手法不卫生扣4分		
2	台布	站在主位铺台布，台面中心线居中，十字交叉点居桌中心，台布平整，四角下垂相等	3	(1) 站立位置错误扣1分 (2) 台布中心不居餐桌中心扣2分		
3	转台、花瓶	转台居中，花瓶放在转台中心	2	(1) 转台位置不正确扣1分 (2) 花瓶偏扣1分		
4	骨碟	骨碟离台边约1厘米，相互间距相等，定位准，店徽对准客人	10	(1) 骨碟离桌边距离不正确每碟扣0.5分 (2) 骨碟间隔不均匀、定位不准每碟扣0.5分		
5	汤碗、汤勺、味碟	(1) 汤碗在骨碟的左上侧，间距1厘米左右，汤勺放在汤碗内，勺柄向左 (2) 味碟在骨碟的右上侧，与汤碗在一条直线上并相距1厘米左右	10	(1) 汤碗位置不正确扣4分 (2) 汤勺柄方向不正确扣3分 (3) 味碟位置不正确扣3分		

续　表

序号	考核内容	考核要点	配分	评分标准	扣分	得分
6	筷架、筷子	筷架放在味碟的右侧相距 1 厘米处，筷头对准中心，筷尾距桌边 1 厘米	20	（1）筷架位置不正确扣 10 分 （2）筷子位置不正确扣 10 分		
7	三杯	三杯成一线，红酒杯正对骨碟的中心线，三杯间距约 1 厘米，水杯与汤碗间距约 1 厘米	15	（1）红酒杯位置不正确扣 5 分 （2）白酒杯位置不正确扣 5 分 （3）水杯位置不正确扣 5 分		
8	公用羹筷与调味具	1. 公筷架放在正、副主人前面中心线左侧 3 厘米处，公筷与公勺平行放在公筷架上，与中心线垂直并两边对称，公筷靠转台而公勺靠水杯 2. 酱油、醋壶和盐筒、胡椒筒分别放在主人左侧和右侧小位中心线两旁，间距 1 厘米左右；公用羹筷与调味具均离转台约 2 厘米	4	（1）公用筷、勺摆放不正确扣 2 分 （2）调味具摆放不正确扣 2 分		
9	拉椅	从主宾拉椅，把椅子拉成圆形，椅子间距相等，椅背中心对骨碟，椅子边缘与下垂的台布相齐	5	椅子位置不正确每张椅子扣 0.5 分		
10	操作顺序	摆台从主位开始，顺时针依次摆放	2	（1）站立位置错误扣 1 分 （2）方向错误扣 1 分		
11	托盘姿势	托盘姿势正确，不搁臂，不碰胸、腰，操作时托盘要拉开，托稳，行走轻松自然	4	（1）托盘姿势不正确扣 2 分 （2）托盘不平稳扣 2 分		
12	仪容仪表与卫生	着装、化妆、饰物和头发等符合要求，操作时动作、神态自然，手法卫生	3	（1）仪表仪容不规范扣 1 分 （2）手法不卫生扣 2 分		
13	整体效果	清洁卫生，布局合理，美观大方	2	如整体效果不协调最多扣 2 分		
		合计	100			

说明：
1. 操作使用圆形托盘两个，中间有一次装盘过程
2. 失落一件餐具扣总分 3 分
3. 没洗手消毒扣总分 2 分
4. 考核时间为 20 分钟。每超 30 秒扣一分，以此类推

否定项：在操作过程中翻盘、折花偷换他人作品，该项成绩按零分计

4. 西餐宴会（6人位）摆台服务考核表（见表4）

表4 西餐宴会（6人位）摆台服务考核表

项目	项目评分细则	分值	扣分	得分
台布 （5分）	台布中凸线向上，两块台布中凸线对齐	1		
	两块台布面重叠5厘米	1		
	主人位方向台布交叠在副主人位方向台布上	1		
	台布四边下垂均等	1		
	铺设操作最多四次整理成形	1		
席椅定位 （3.6分）	摆设操作从席椅正后方进行	0.6（每把0.1）		
	从主人位开始按顺时针方向摆设	0.6（每把0.1）		
	席椅之间距离基本相等	0.6（每把0.1）		
	相对席椅的椅背中心对准	0.6（每把0.1）		
	席椅边沿与下垂台布相距1厘米	1.2（每把0.2）		
展示盘 （10.5分）	从主人位开始顺时针方向摆设	1.5（每个0.25）		
	盘边距离桌边1厘米	3（每个0.5）		
	展示盘中心与餐位中心对准	3（每个0.5）		
	盘与盘之间距离均等	1.5（每个0.25）		
	手持盘沿右侧操作	1.5（每个0.25）		
刀、叉、勺 （10.8分）	刀、叉、勺由内向外摆放，距桌边距离符合标准（标准见表格最后一栏）	5.4（每件0.3）		
	刀、勺、叉之间及与其他餐具间距离符合标准（标准见表格最后一栏）	5.4（每件0.3）		
面包盘、黄油刀、黄油碟 （4.8分）	摆放顺序：面包盘、黄油刀、黄油碟	1.8（每件0.1）		
	面包盘盘边距开胃品叉1厘米	0.6（每件0.1）		
	面包盘中心与展示盘中心对齐	0.6（每件0.1）		
	黄油刀置于面包盘右侧边沿1/3处	0.6（每件0.1）		
	黄油碟摆放在黄油刀尖正上方，相距3厘米	0.6（每件0.1）		
	黄油碟左侧边沿与面包盘中心成直线	0.6（每件0.1）		
杯具 （10.8分）	摆放顺序：白葡萄酒杯、红葡萄酒杯、水杯（白葡萄酒杯摆在开胃品刀的正上方，杯底中心在开胃品刀的中心线上，杯底距开胃品刀尖2厘米）	1.8（每个0.1）		
	三杯成斜直线，向右与水平线呈45°	6（每组1分）		
	各杯身之间相距约1厘米	1.2（每个0.1）		
	操作时手持杯中下部或颈部	1.8（每个0.1）		
花瓶（花坛或其他装饰物） （2分）	花瓶（花坛或其他装饰物）置于餐桌中央和台布中线上	1		
	花瓶（花坛或其他装饰物）的高度不超过30厘米	1		

续 表

项 目	项目评分细则	分值	扣分	得分
烛台 （3分）	烛台与花瓶（花坛或其他装饰物）相距20厘米	2（每座1）		
	烛台底座中心压在台布中凸线上	0.5（每座0.25）		
	两个烛台方向一致，并与杯具所呈直线平行	0.5（每座0.25）		
牙签盅 （2.5分）	牙签盅与烛台相距10厘米	2（每个1）		
	牙签盅中心压在台布中凸线上	0.5（每个0.25）		
椒盐瓶 （6分）	椒盐瓶与牙签盅相距2厘米	2（每组1）		
	椒盐瓶两瓶间距1厘米，左椒右盐	2（每组1）		
	椒盐瓶间距中心对准台布中凸线	2（每组1）		
餐巾盘花 （6分）	在展示盘上褶，在盘中摆放一致，左右成一条线	3		
	造型美观、大小一致，突出正、副主人	3		
倒水及斟酒 （14分）	口布包瓶，酒标朝向客人，在客人右侧服务	2		
	倒水及斟酒的顺序为：水、白葡萄酒、红葡萄酒	3		
	斟倒酒水的量：水4/5杯、白葡萄酒2/3杯、红葡萄酒1/2杯	9		
	斟倒酒水时每漏1滴扣1分，每溢1摊扣3分			
托盘使用 （5分）	餐具分类按序摆放，符合科学操作	3		
	杯具在托盘中，杯口朝上	2		
综合印象 （16分）	台席中心美化新颖、主题灵活	4		
	布件颜色协调、美观	4		
	整体设计高雅、华贵	3		
	操作过程中动作规范、娴熟、敏捷、声轻，姿态优美，能体现岗位气质	5		
合　计		100		

操作时间：　　分　　秒　　超时：　　秒　　扣分：　　分
物品落地、物品碰倒、物品遗漏　　件　　扣分：　　分

实　际　得　分	

各餐具之间的距离标准：（1）1、2、4、5、6、8与桌边沿距离为1厘米；（2）1与2、1与6、8与10、1与12之间的距离为1厘米；（3）9与11之间的距离为3厘米；（4）3、7与桌边的距离为5厘米；（5）6、7、8之间，2、3、4、5之间，12与13之间的距离为0.5厘米；（6）14、15、16杯肚之间的距离为1厘米

备注：1. 展示盘；2. 主餐刀（肉排刀）；3. 鱼刀；4. 汤勺；5. 开胃品刀；6. 主餐叉（肉叉）；7. 鱼叉；8. 开胃品叉；9. 黄油刀；10. 面包盘；11. 黄油碟；12. 甜品叉；13. 甜品勺；14. 白葡萄酒杯；15. 红葡萄酒杯；16. 水杯

考核时间：18分钟。每超30秒扣1分，以此类推

职业英语拓展

一、单词

paper towel 纸巾

napkin 口布、纸巾
coffee pot 咖啡壶
coffee cup 咖啡杯
table cloth 桌布
tea pot 茶壶
tea set 茶具
plate 盘子
cocktail 鸡尾酒
wine basket 酒篮
restaurant 餐厅
reserve 预订（动词）
reservation 预订（名词）
vacant(free table) 空的
lounge 休息室

二、会话

1. Have you made a reservation with us?
   你有预订吗？
2. How many, please?
   请问几位？
3. We have a window table reserved for you.
   我们为您保留了一张靠窗的桌子。
4. Would you like to sit here?
   您愿意坐在这儿吗？
5. I'm sorry, this table by the window has been booked.
   对不起，这张靠窗的桌子已经被订了。
6. Please wait in the lounge. We'll give you a call.
   请在休息室等待，我们会叫您的。
7. We can seat you in ten minutes.
   我们会在十分钟左右给您安排座位。
8. Please this way. I will show you to your table.
   请这边走，我领您去预订的桌子。
9. I'm afraid there is no table free at the moment.
   目前恐怕没有空位了。
10. A table for two.
    一张两人桌。

项目三 中餐服务技能

学习目标

★ 了解常见的中餐服务方式及服务礼仪
★ 掌握中餐零点服务程序和服务规范
★ 掌握中餐宴会服务程序和服务规范

案例导入

某酒店,几位客人在就餐,餐厅服务员正在为客人服务。宴请快结束时,服务员为客人上汤。恰巧张先生突然一回身,将汤碰洒,张先生的西服被弄脏了。张先生非常生气,质问服务员怎么把汤往他身上洒。服务员没有争辩,连声道歉:"实在对不起,先生,是我不小心把汤洒在您身上,把您的西服弄脏了,请您脱下来,我去给您干洗。另外,我再重新给您换一份汤,耽误各位先生用餐了。请原谅。"随后,服务员将西服送往洗衣房干洗,而后对几位先生的服务十分周到。当客人用餐完毕后,服务员将洗得干干净净、叠得整整齐齐的衣服双手捧给了张先生,客人们十分满意。张先生也诚恳道歉:"是我不小心碰洒了汤,你的服务非常好。"事后,客人主动付了两份汤钱,张先生给了服务员小费,而且不久又带着一批客人来饭店就餐。

问题:
1. 张先生为什么会有最后的举动?
2. 服务员的行为给你什么样的启示?

任务一 中餐简介

一、中餐的定义

中餐即指中国风味的餐食菜肴,其中有粤菜、川菜、鲁菜、苏菜、浙菜、闽菜、湘菜、徽菜"八大菜系"。

中餐厅就是指经营以中国式烹调方法烹饪餐食的餐厅,是向国内外宾客宣传中国饮食文化的经营服务场所,我国各大饭店都拥有一个至几个中餐厅。

二、中餐菜肴的特点

中餐的菜肴以色艳、香浓、味鲜、形美而著称于世。其形美,尤以花式冷拼盘最为突出。

63

它造型别致、五彩缤纷、栩栩如生，呈现出富有意境的景色和图案。那山川树木、亭台楼阁、花鸟鱼虫、珍禽异兽，尽收盘中，仿佛是一幅美丽的图画，给人以视觉、味觉享受。而且中餐每套都以双数为单位，四、六、八、十……成为一般的规则。俗话说，"两个盘子待客，三个盘子待鳖"，追求双数恰恰表现出中国文化注重"十全十美"，讲求偶数为利的心理习惯。

中餐的菜肴名称也别具特色，富有中国传统文化特色，给人以美好的回味，如游龙戏珠、阳春白雪、银珠牡丹、金玉围翠、玉手摘桃、宫门献鱼等，五花八门，应有尽有，充满了诗情画意，有时一道菜肴就是一幅立体的诗配画。

在中国，真可以说走到哪里，吃到哪里。全国各地的餐馆、食摊比比皆是。尤其是各大中城市，人们仅在一地，就可以品尝到南北各地的美食。即使在国外，中式餐馆也很多，并且这些中餐馆常常是宾客满座，生意十分兴隆。在美国，中餐馆更是多得惊人，仅纽约一个城市，就有五千家以上。

（一）选料讲究

在选料上，由于我国多数人在饮食上受宗教的禁忌约束较少，而人们在饮食上又喜欢猎奇，讲究物以稀为贵，所以中餐的选料非常广泛，几乎是飞、潜、跑，无所不食。

（二）刀工精细

原料加工上，中餐厨师非常讲究刀工，可以把原料加工成细小的丝、丁、片、末等。

（三）烹调方法多样

烹调上，中餐做菜一般使用圆底锅、明火灶，烹调方法非常多，如炸、熘、爆、炒、烹、炖、焖、烩、熏、炝等。

（四）口味丰富

口味上，中餐菜肴大都有明显的咸味，并富于变化，多数菜肴都是完全熟后再食用。

（五）主、副食明确

中餐有明确的主、副食概念，主食有米、面等多种制品。

三、中餐主要的菜式

中国幅员辽阔，是世界上最重视"吃"的民族，经过几千年的发展，形成了博大精深的饮食文化。长期以来，各地由于选用不同的原料、不同的配料，采用不同的烹调方法，因而形成了各自的独特风味和不同的菜系。

（一）川菜

四川是天府之国，物产丰饶。川菜源远流长，历史悠久。其烹调技法博大精深，调味品纷繁而富有特色，故菜肴的口味丰富而独特，素有"一菜一格，百菜百味"之美誉。

由于四川气候潮湿，重庆是中国有名的"雾都"，吃辣椒能祛寒除湿，因此，四川人吃辣椒是出了名的。在所有的川菜中，无论是炒菜、凉菜，还是汤里都要放辣椒。著名的重庆火锅最大的特点就是味浓香辣。四川人吃辣的方式多样，有单用辣椒的吃法，但更多的是辣椒与花椒并用的麻辣味。川菜善于因时因地制宜，灵活掌握味道的浓与淡、麻与辣，使味道浓淡有别、清鲜醇浓。

川菜的用料比较大众化，一般的禽兽鱼蔬都可，但烹调方式十分多样，且精工细做，对刀工切配、色味火候都有独特的要求。川菜是由地道的四川人居家吃的家常菜发展而成的，虽然川菜中也有名贵的燕窝、鱼翅做成的豪华菜式，但其中让人回味至深的代表菜却是麻婆豆腐、鱼香肉丝、水煮牛肉、河水豆花、花肚火锅一类的家常菜。由此可见，川菜具有典型的大众性，是中国民间饮食文化的基础，深受广大民众的欢迎。

（二）粤菜

广东人以吃闻名，是中国饮食文化的开拓者和实践者。广东地处亚热带，地形多变，物产丰饶，同时，广东省又是中外交流的枢纽，天南海北的游客、商人云集，使广东的饮食文化丰富多彩。"食在广东"已名扬海内外。

粤菜包括广州、潮州、东江等地的菜。粤菜取百家之长，用料广博，选料珍奇，配料精巧，善于在模仿中创新，依食客喜好而烹制；烹调技艺多样善变，用料奇异广博；在烹调上以炒、爆为主，兼有烩、煎、烤，讲究清而不淡，鲜而不俗，嫩而不生，油而不腻，有"五滋"（香、松、软、肥、浓）、"六味"（酸、甜、苦、辣、咸、鲜）之说；时令性强，夏秋尚清淡，冬春求浓郁。粤菜著名的菜点有龙虎斗、烤乳猪、太爷鸡、盐焗鸡、白灼虾、白斩鸡、烧鹅等。

丰富多彩、营养上乘的广东菜尽管使人大饱口福，但广东人对"吃"的要求越来越高，广东人的饮食文化吃出了情调，吃出了享受。

（三）鲁菜

山东地处我国胶东半岛，依山傍海，物产丰富。山东历史悠久，是我国古代齐鲁文化的发源地。鲁菜早在春秋时期已负盛名，是我国北方菜的代表。到了元朝，鲁菜的风格更加鲜明，制作更加精湛，在华北、东北等地还广为流传。此时，鲁菜还传进宫廷，成为御膳的主体。

传统鲁菜擅长烹调海鲜与禽兽，讲究清鲜。自鲁菜进入京城后，久为官场享用，所以选料十分精细，多选用当地特色的原料和新鲜的海产品，采用多种烹调方法，精心制作。其特点是清香、鲜嫩、味纯，既讲究真材实料，又讲究丰盛实惠。鲁菜至今仍有大鱼大肉、大盘大碗的特点，请客宴会以丰盛实惠著称。鲁菜的代表菜如葱烧海参、糖醋鲤鱼、德州扒鸡、清汤燕菜等，皆给人留下了清香鲜美、酥脆质嫩的美好回味。

鲁菜在发展过程中，也广泛地吸收了全国各地菜系之所长，成为我国影响力最大的菜系之一。

（四）苏菜

江苏位于我国东南沿海，长江的下游。这里气候温和，土地肥沃，盛产稻、麦、棉、蚕、鱼等，素有"鱼米之乡"的美誉。"春有刀鲚夏有鲥，秋有肥鸭冬有蔬"，一年四季各种禽蛋、瓜果、蔬菜、水产轮番上市，这为苏菜的形成与发展提供了有利条件。经过长期的演变与发展，江苏的饮食文化积累了丰富的烹饪经验，烹调技术日臻完善，逐步形成了以淮扬、南京、苏锡三种地方菜为主体的江苏菜系。

苏菜历史悠久，品种繁多。据《史记》《吴越春秋》等书记载，早在2400年前已有炙鱼、蒸鱼、鱼片等不同的烹调方法。用鸭子做菜，起源也较早，在1400年前鸭子已是金陵民间喜爱的食品。

苏菜的主要特点是选料以鲜活、鲜嫩为佳，制作精细，注重刀工火候，四季有别。例如，"淮扬狮子头"这一名菜随季节变化用不同原料烹制，春秋宜清炖，冬季宜烩焖，春季做河鲜芽笋狮子头，秋季做蟹粉狮子头，冬季做芽菜凤鸡狮子头等。苏菜在调味上讲究清淡入味，追求清香四溢、淡香扑鼻，注重色泽鲜艳、清爽悦目。

苏菜是我国主要的传统菜系之一，在国内外享有盛誉。

（五）浙菜

浙江气候温和，土地肥沃，境内有平原，有山区，丘陵绵延，河流纵横，湖泊水库，星罗棋布，自然条件非常优越。浙江人心灵手巧，善于动脑，加上浙江文化发达，历史悠久，因此浙菜有其独到之处。

经过长期的演变发展，以杭州、宁波、绍兴等三个地区为代表的浙江菜系以其独特的风味誉满中外。杭州菜重视原料的鲜、活、嫩，以鱼、虾、时令蔬菜为主，讲究刀工，口味清鲜，突出本味。宁波菜咸鲜合一，以烹制海鲜见长，讲究鲜嫩软滑，重原味，强调入味。绍兴菜擅长烹制河鲜家禽，菜品强调入口香绵酥糯，汤浓味重，富有乡村风味。

浙菜的特点是选料新鲜，制作精细，色彩鲜艳，味道鲜美。浙菜魅力巨大，正如诗人陈璨所赞："清明土步鱼初美，重九团脐蟹正肥。莫怪白公抛不得，便论食品亦忘归。"浙菜具有色彩鲜明，味美滑嫩，脆软清爽，菜式小巧玲珑、清俊秀丽的特点。它以炖、炸、焖、蒸见长，重原汁原味。浙菜点心中的团子、糕、羹、面点品种多，口味佳。

浙菜的名菜名点有龙井虾仁、西湖莼菜汤、西湖醋鱼、炸响铃、炝蟹、咸菜大汤黄鱼、冰糖甲鱼、蜜汁莲藕、嘉兴粽子、宁波汤团、湖州千张包子等。

（六）徽菜

徽菜是徽州菜的简称，不等同于安徽菜，是中国八大菜系之一。

徽菜主要流行于徽州地区和浙江西部，和江苏菜系中的苏南菜、浙江菜系较近。

徽州风味主要特点是擅长烧、炖，讲究火功，并习以火腿佐味，冰糖提鲜，善于保持原汁原味。不少菜肴都是用木炭火单炖、单烤，原锅上桌，不仅体现了徽菜古朴典雅的风格，而且香气四溢，诱人食欲。其代表菜有清炖马蹄、黄山炖鸽、腌鲜鳜鱼、徽州毛豆腐、徽州桃脂烧肉等。

据《徽州府志》记载，早在南宋间，用皖南山区特产"沙地马蹄鳖、雪天牛尾狸"做菜已闻名各地。徽菜的主要特点：烹调方法上擅长烧、炖、蒸，而爆炒菜少，重油，重色，重火功。

徽菜始于唐宋，兴盛于明清，中华人民共和国成立后进一步发扬光大。徽菜具有浓郁的地方特色和深厚的文化底蕴，是中华饮食文化宝库中一颗璀璨的明珠。

徽菜的形成与江南古徽州独特的地理环境、人文环境、饮食习俗密切相关。绿树成荫、沟壑纵横、气候宜人的徽州自然环境，为徽菜提供了取之不尽、用之不竭的徽菜原料。得天独厚的条件成为徽菜发展的有力物质保障，同时徽州名目繁多的风俗礼仪、时节活动，也有力地促进了徽菜的形成和发展。在绩溪，民间宴席中，县城有六大盘、十碗细点四，岭北有吃四盘、一品锅，岭南有九碗六、十碗八等。

（七）湘菜

湖南地处我国长江中游，洞庭湖以南，境内水系纵横，气候潮湿。湖南奇山秀水，物产富饶。

湘菜由湘江流域、洞庭湖区和湘西地方风味构成，其特点是制作精细，用料广泛，讲究原料的入味。口味偏重咸、辣、酸、香，以辣为特色。湘人食辣为瘾，无论男女老幼皆喜辣成癖，一顿没有辣椒便会饭菜不香，正所谓"无辣不成味"。

著名的湘菜有剁椒鱼头、红煨鱼翅、油辣冬笋尖等。

（八）闽菜

福建位于我国东南沿海，境内山岭耸峙，丘陵起伏，河谷与盆地错落，素有"八山一水一分田"之称。这里气候温暖湿润，盛产热带作物，物产丰富，水产发达。福建历史悠久，是"海上丝绸之路"的起始驿站，也是我国海洋文化的发源地。

闽菜起源历史早，由福州、泉州、厦门等地的地方菜组成，擅长烹调海鲜及当地土特产。其特点是色彩绚丽、味鲜而清淡、咸中略带酸甜。驰名的闽菜有佛跳墙、雪花鸡、八宝鲟饭、太极明虾等。

闽菜继承了我国烹饪技艺的优良传统，以其浓厚的地方色彩和独特的福建风味而香飘中外。

四、中餐服务方式

（一）零点服务

零点服务是餐厅接待中最经常、最主要的接待服务方式，它对服务人员的要求较高。

（二）团体餐服务

团体餐服务是客人事先预订的人数较多、标准统一、菜式统一、进餐时间统一的一种服务方式。

（三）宴会服务

宴会服务是中餐接待中标准较高、要求严格的一种服务方式，它的最高表现形式是国宴。

任务二 中餐零点服务及团体餐服务技能

饭店或餐厅通常将到中餐厅用餐的散客服务称为中餐零点服务。中餐零点服务的特点是客人多而杂，人数不固定，口味需求不一，用餐时间交错，致使餐厅接待量不均衡，服务工作量较大，营业时间较长。所以，餐厅服务员服务时，在突出热情、周到、细致、体贴的同时，还要做到迅速、快捷而不慌乱。

一、早茶服务

（一）餐前准备

（1）开餐前，检查是否按要求摆好餐位，台椅摆放是否整齐美观，环境卫生是否清洁干净。

（2）备好各种茶叶、开水及餐具，将备用餐具摆放在规定的位置上，以便客人取用。

（3）注意仪容仪表，做到仪表整洁，按要求佩戴员工牌及穿着工作衣，做好开餐前的一切准备工作。

（二）问位开茶

（1）问位开茶是餐前必不可少的服务礼节，当宾客进入餐厅时，应微笑礼貌待客。问清人数后，将宾客带到合适的餐台安排就座。

（2）值台服务员主动上前为宾客拉椅让座，送上毛巾后开茶，因各人饮茶习惯不同，所以要向宾客问茶，然后按需要开茶。

（3）开茶到台后，应在宾客的右侧斟倒第一杯礼貌茶，通常以七八分满为宜，如宾客临时加位，应把茶壶拿到工作台上加上适量的茶叶，冲水送上，并为客人斟倒第一杯礼貌茶。（6人以下1壶茶，7~10人2壶茶，12人以上3壶茶）

（4）根据宾客人数填写食品卡，记上台号、茶位，签上服务员名字或工号牌，把食品卡送上台，为客人加位或撤走多余餐具，撤位时，应左手托盘，右手摆放或取走餐具。

（三）开餐服务

（1）向宾客介绍当天供应点心品种，主动协助推销点心。

（2）餐间，服务员要做到勤巡视，勤添水，勤换烟盅，勤清理台面，主动照顾老幼和残疾人士。照顾坐在边角位置的宾客，尽量满足宾客的合理要求。

（3）服务过程中如发现宾客的茶壶里面的茶色较淡时，可酌量加点茶叶。

（四）结账服务

（1）宾客要求结账时，应迅速将点心卡交收银员计算汇总，打印出账单。

（2）值台员要把账单夹在收银夹里，在宾客右侧打开收银夹，告诉宾客要付的金额。宾客付款时，值台员要向宾客道谢，在宾客面前点清款项后交收款员，最后将余额当面点清楚连同回单交还宾客。

（3）结账时要注意同台中有无搭台的宾客，若有则应分清账单，不可错单、漏单及走单。

（4）如果宾客有多余的或未吃完的菜或点心，服务员要主动为其提供食品袋或食品盒并为其打包，以便客人带走。

（五）送客服务

（1）当客人起身离座时，服务员应及时帮助客人拉椅送客，同时提醒客人带上自己的物品，再次向客人道谢。送客时应在客人身后并目送宾客离开服务区。

（2）当客人走到餐厅门口时，迎宾员将客人送出餐厅门口并欢迎客人再次光临。

（六）清理台面

（1）宾客离座后，要向客人道谢，然后迅速清理台面。清理台面的顺序为：先收茶壶、毛巾及茶杯，再收其他餐具。收餐具时，要注意分类摆放，尤其是毛巾需另放，不可近油腻物件。

（2）台面清洁后，应迅速换上干净的台布，重新摆好餐具，准备接待下批客人。

（3）早茶市结束后，按零点餐要求摆好台面，若午餐有宴会或团体包餐，应按其要求摆台，做好接待前的准备工作。

二、零点午、晚餐服务

中餐的午、晚餐比较正式和隆重，一般的宴会或其他的聚会大都放在中午或晚上，所以午、晚餐的服务相对来说也比较烦琐。

（一）中餐厅电话预订程序

1. 接听前的准备
（1）调整好情绪和声音。
（2）准备好笔和纸。
2. 接听的程序
（1）三声以内接听电话。如果三声以后接听要先跟客人致歉。
（2）拿起电话。根据正确的时间问候客人，说"您好，××餐厅"。
（3）仔细倾听，避免打断客人。
3. 记录电话内容
（1）人数、姓名（最好是全名）、联系方式、电话（最好是移动电话）、就餐时间、特殊要求。
（2）向客人重复电话内容，向客人致谢，说"恭候您的光临"。
（3）挂电话时，让客人先挂（以防客人还有其他事情），再轻轻地放下电话。
（4）如客人没有挂电话的意思，应询问客人有没有其他事。如果没有就说声"再见"，轻轻放下电话。

（二）中餐厅午、晚餐服务程序

1. 餐前准备
按餐厅要求着装，注重仪容仪表。按时到岗，接受任务分工。
（1）开班前会，让餐厅员工熟悉当天菜品及酒水的供应品种与数量，并了解当天的各类接待任务。检查员工的仪容及精神状态。
（2）按餐厅的卫生标准做好卫生工作。
（3）按要求摆好台。
（4）备齐用餐物品，如餐具、香巾、茶叶、调味品等。补充工作台内应该存放的物品，为开餐做好充分的准备。
（5）备好各种服务用具，如托盘、菜单、服务用巾等。
（6）准备好各种小票，如点菜单、酒水单等。
2. 迎宾领位
（1）客人进入餐厅，引座员招呼客人，面带微笑，热情礼貌地向客人问好。如知客人姓名要称呼其姓或名，并询问就餐人数。

（2）将客人引到餐桌旁用手示意为他们安排的桌子。如果客人满意便为客人拉椅，协助客人入座；如果客人有异议，要尽可能为他们安排满意的位置。

3. 餐前服务

（1）递送香巾服务。迎宾员为客人递呈菜单后，值台服务员应及时为客人递送第一道香巾，递送香巾时要站在客人右边并敬请客人用香巾。

（2）值台服务。值台服务员征询客人的意见，介绍本餐厅的茶水和酒水品种，在询问的同时，站在客人右侧，从主宾位置开始，按顺时针方向，为客人送餐巾、撤筷套，并将筷子搁在筷架上。

（3）茶水服务。为顾客冲泡茶水，礼貌地征询客人需要什么茶，泡茶时注意倒茶顺序，从主宾开始，顺时针倒茶，茶水不能添得十分满（七八分满即可），倒茶时应站于客人右侧，右脚在前，左脚在后，身体微前倾，并使用敬语。

（4）饮料服务。如宾客点取饮料，应站在宾客右边提供饮料斟倒服务。

（5）调料服务。询问客人需要的调料，然后从主宾开始，站在客人右侧斟倒调料，一般倒至味碟的1/3为宜，也可根据客人的具体需求酌定。

（6）增减餐具服务。根据客人到来时的具体人数增减餐具（征询顾客意见），要在副主人两侧增减餐具，老人、小孩的餐具尽量简单化。

4. 点菜服务

点菜服务是一项考验服务人员的能力与技巧的工作，这要求服务人员了解宾客的需求，熟悉菜单，主动提供菜品信息，规范安排菜肴，在点菜过程中服务员要注意以下几点。

（1）要熟悉店内的经营项目。

① 熟悉沽清、特推、特色菜。

② 要了解客人的口味特点、风俗习惯、生活禁忌、宗教信仰。

③ 推销时特别注意老人、小孩、女性顾客的口味。

④ 点完菜后注意复单，确认后写清起菜时间、姓名，写清后落单。

（2）熟悉点菜的步骤。

① 您好，您需要点菜吗？

② 请问您喜欢什么口味？我帮您推荐一下。

③ 我们餐厅经营的菜式有……

④ 点菜顺序：凉菜—酒水—热菜—汤—主食—水果。

（3）点菜的基本原则：营养搭配、颜色搭配、盛装器皿搭配、口味搭配（南甜、北咸、东辣、西酸）、烹调方法搭配。

（4）点菜时站在点菜客人右后侧，仔细倾听，仔细记录。

（5）点菜时需要注意：

① 如果客人点的菜没有供应时，应先道歉。为客人推销的菜肴应跟客人所点的类似或是本店的其他特色菜品。

② 如果客人点了相同类型的菜，要提醒客人另换其他菜式避免营养重复。

③ 如果客人表示要赶时间，尽量建议客人点一些较快的菜。

（6）点菜的思路：投其所好、供其所需、激其所欲、补其所需、释其所疑。

(7) 各个季节的菜肴品种调整方式：春酸、夏苦、秋辣、冬咸（春养、夏润、秋保、冬藏）。

5. 划单服务

收银员在点菜单上签字并盖章后，第一联交收银台，领班或服务员将点菜单的两联送到传菜部，传菜部将其中的第二联交厨房，第三联贴在白板上以备划单和控制传菜速度。厨师做好菜后，传菜员划掉白板上相应台号上的菜，迅速将菜传至餐厅，由餐厅服务员负责上菜。

6. 菜肴服务

(1) 传菜服务。传菜员要把厨房烹制好的菜肴按正确的台号传至餐厅，值台服务员应立即走上前将菜肴端上桌。

(2) 上菜服务。服务员上菜应从副主人右边第一位与第二位之间的空隙侧身上菜。一般先上冷菜，再上热菜，最后上汤、点心和水果。上菜时要求：上菜报菜名；有作料先上作料；遵循左上右撤的原则；高档菜应先摆在主宾位置上，一般菜肴要朝向主人；上粒状菜肴加汤匙，上煲锅仔类一般加垫碟上席；上带壳食品一般要上毛巾与洗手水。

(3) 分菜服务。分菜服务要根据各餐厅的服务要求而定。有些餐厅所有菜肴要分派，如粤式餐厅；有些餐厅要分鱼、整体菜、带汤汁的菜或汤。

7. 巡台服务

优质的服务体现在服务工作做在客人开口之前。服务员要随时关注客人进餐情况，巡视每桌客人的台面并做好以下服务工作。

(1) 要求：值台服务员必须经常巡台，精神饱满、热情周到、动作紧凑。

(2) 操作内容：

① 餐中续茶水、酒、饮料，要注意时机。

② 上菜时，应及时给客人分餐巾纸，并及时回收已用完的餐巾纸。

③ 已吃完的菜品应及时撤下空盘，保持桌面的整洁、美观。

④ 餐中有带壳、带骨的菜品时，应及时更换骨碟。标准：骨碟中的杂物超过1/4。

(3) 若桌面上有污渍，用干净的抹布或餐巾纸立即擦干。注意：

① 吃带有浓汁的菜品要更换小勺。

② 上甜品前更换小勺、汤碗。

③ 吃名贵菜品时应注意备好器皿。

(4) 更换骨碟的方法：准备足量、干净、完好无损的骨碟放于托盘上，从客人右侧进行，用右手做引导状，左手托盘于客人身后，右手将用过的骨碟撤下，再送上干净的骨碟。若骨碟内有客人没吃完的菜品，要用公筷把菜夹到新换的骨碟上。更换餐具注意事项：

① 盘拿边、碗拿沿、筷子拿中间、勺子拿柄、壶拿把、杯子拿底部。

② 脏盘和干净盘不要接触。

③ 尊重客人的习惯和意见。

④ 随时调节托盘的重心，物品要合理摆放。

⑤ 如果转盘、台布上有食物掉下，要用方便的工具将脏物取走，并清理干净，严禁用手抓。

(5) 更换烟灰缸。

① 发现烟灰缸内有两个或两个以上烟头时，或有其他垃圾时应立即更换。
② 取干净的烟灰缸放于托盘内，数量应比要更换的多一个。
③ 从宾客的右侧进行。操作要领：左手托盘，右手将干净的烟灰缸叠放在用过的烟灰缸上，将两个烟灰缸轻轻拿起放于托盘之内，再将另一个干净的烟灰缸放在桌上。如果烟灰缸上有未吸完的烟，要将烟移到干净的烟灰缸上，注意手指不要接触烟嘴，不要让烟灰飞起。

8. 结账服务

（1）客人吃完饭后，在不需要添加东西的情况下，应立即仔细核对账单。注意检查是否有遗漏或多记的物品。

（2）询问哪位客人结账，确认后站到客人右侧礼貌地说："您好，这是您的消费清单，请您过目。"

（3）收到客人钱后需要检查并要唱票。

（4）找零。礼貌地对客人说"您好，这是找您的零钱，请您收好"。注意：若用信用卡、支票、签字等结账方式，尽量把客人带到吧台结账。

9. 送客服务

（1）拉椅送客，动作轻快。
（2）询问客人是否需要打包。
（3）检查台面有无丢失、破损等情况。（如有报客损）
（4）提醒客人带好随身的物品，并做好检查。
（5）送客到既定地点（酒店正门口）。

10. 检查收台服务

（1）再次检查是否有客人遗留物品，如发现交于吧台或上级领导。
（2）检查是否有安全隐患（未熄灭的烟头），并关空调和多余的灯。
（3）收拾台面，清理卫生。洗餐具：先洗玻璃器皿，然后瓷器，最后是烟灰缸。
（4）按要求摆好台面。
（5）扫好周边卫生，清理地面，为迎接下一桌做好准备。

三、团体餐服务

团体餐是指通过一定形式组合起来的，按固定进餐标准提供餐食的一种集体就餐形式，通常适合于旅游饭店接待的各种会议及旅游团体。

（一）团体餐需求特点

（1）用餐标准统一，消费水准通常低于宴会和零点餐，因而服务较为简单。
（2）用餐人数多，时间统一，用餐速度快，所以准备工作要求充分，服务速度要快。
（3）菜式品种统一，但要注意每天有新品种，不重复。
（4）服务方式统一，要求服务迅速、快捷，但也要体现团队特点，同时满足个别客人的特殊需求。

(二)团体餐服务程序

(1) 客人进入餐厅,礼貌地向客人问好,问清团体名称,核对人数,迅速地引领客人到准备好的餐桌入座,要避免让大批客人围在餐厅门口,影响其他客人。
(2) 到达该团队的餐桌后,要热情招呼客人入座,为年老和行动不便的客人拉椅让座。
(3) 迅速递上香巾,这对游览回来,未来得及进房的团体客人尤其显得重要。
(4) 准备茶水,迅速给客人斟茶,根据需要,最好应备有冰茶。
(5) 将厨师精心烹饪的菜肴按桌端上,主动向客人介绍当地的特色菜肴,增添愉悦的气氛,解除旅游的疲劳。
(6) 为客人分菜、分汤。
(7) 征求客人对菜肴的意见,收集客人的特殊要求,以便迅速请示落实。
(8) 根据需要为客人换骨碟,添酒水。
(9) 客人用餐完毕后,再递上香巾,斟上热茶。
(10) 客人离座时,应为行动不便的客人拉椅,多谢客人光临。
(11) 引座员在餐厅门口笑脸送客,向客人道再见。

(三)团体餐服务注意事项

(1) 在服务之前应掌握有关客人的情况。
(2) 对团队中有特殊用餐需要的客人应予以特殊照顾。
(3) 根据旅游线路,合理调节菜单。
(4) 冬季应注意饭菜保温。

四、自助餐服务

(一)自助餐的形式与特点

1. 自助餐的形式
菜台上摆放着各种精美的菜品和餐具,菜台的周围配有餐桌和餐椅,自助餐的形式有中式自助餐、西式自助餐和中西结合式自助餐。

2. 自助餐的特点
(1) 宾客可以在短时间内品尝到自己喜爱的菜肴。
(2) 自助餐的标准是固定的,宾客按照规定交费后,就可以到指定的自助餐厅用餐,经济实惠。
(3) 宾客可以直接到菜台上面选取自己喜爱的食物。

（二）自助餐台台面布置

（1）自助餐台的摆放应保证有足够的空间，以便布置菜肴。按照人们正常的步幅，每走一步就能挑选一种菜肴，应考虑所供应的种类与规定时间内服务客人人数间的比例问题，否则进度缓慢会造成客人排队或坐在自己座位上等候的时间过长。

（2）自助餐台可以摆成T形、S形、V形、L形、C形、Z形及1/4圆形、椭圆形，应根据自助餐的人数和客人要求来定。为了方便客人，增添用餐气氛，避免拥挤，将一些现场制作的品种，以及特别推荐的菜肴，设置独立的明档台。明档台上的品种应随时满足客人的要求现做。

（3）桌布的使用可利用各式彩色装饰布，这样会比单调的长桌更加赏心悦目。

（4）最后组合自助餐台的基本形状，可以有高低层次，错落有致，可以将餐台中央部分垫高，摆一些引人注目的造型菜，餐台上可用烛台、插花、水果及装饰用的雕刻等来烘托餐厅的气氛。

（5）餐桌转盘中心应放置花瓶，要有单支鲜花对台面进行点缀，鲜花应鲜艳、不枯萎。

（三）自助餐餐桌摆台

（1）桌面不摆餐盘，餐盘统一摆放在自助餐台，方便客人取拿。
（2）口布距桌边3~4厘米，口布花造型要美观。
（3）小味碟摆设于口布正上方8~10厘米处。
（4）匙筷架置于口布及小味碟中间右侧5厘米处。
（5）汤匙置于匙筷架内侧。
（6）筷子放入筷套。
（7）水杯置于小味碟正上方5~6厘米处。
（8）酒杯置于水杯右下方处，须在筷子内侧。

（四）自助餐服务程序

中餐自助餐服务程序如下：

（1）客人到门口时迎宾员主动问好，如果是会议或者团队客人，要问清客人所参加的会议或团队名称，按照要求，出示会议代表证或交餐票，散客应先交钱再就餐，然后引领客人就餐。

（2）客人进餐厅自行取菜，当客人打菜时若有疑问的地方，服务员应及时解决。

（3）加菜及时，特别在就餐客人比较集中的情况下，更要确保加菜及时到位，要勤加少加，根据就餐人数的变化及时增减菜量，以免造成浪费。

（4）派送酒水。酒水应有专人派送，服务员上前使用敬语询问需要什么酒水，立即提供服务。

（5）在客人取菜时，服务员应主动派汤，帮助客人盛好后，有需要时帮助客人送汤。

（6）注意保持所提供食品应具有的温度，不断地检查酒精的燃烧情况。

（7）明档台的服务。凡是客人所点的食品制作完成了，服务员要准确及时地送到位，提前记下客人点的品种及台号。

（8）收台、巡台服务。收台要及时，服务员要有准确的判断力，确定客人已走方可收撤餐具，不要让客人造成误会。在收台巡视的过程中不断添加餐巾纸、牙签，为客人点烟、换烟灰缸等。要求在操作中，收台的动作尽量放轻，不可影响客人就餐。

（9）客人用餐中收撤的餐具要分类摆放。

（10）当就餐将近结束时，当班领班及时开酒水单，做好账单。

（11）餐厅领班要及时征询宾客的用餐情况和对菜肴、服务的意见。若对服务有意见及时反馈给餐厅主管；若对饭菜有意见及时反馈给后厨厨师长，做好沟通，以便改进，使下一餐的工作做得更好。

任务三 中餐宴会服务技能

宴会是指国际和国内的政府、社会团体、公司或个人为了表示欢迎、答谢、祝贺等社交目的的需要，根据接待规格和礼仪程序而举行的一种隆重的、正式的餐饮活动。

一、宴会的特点与分类

（一）宴会的特点

1. 气氛隆重热烈

中餐宴会历来讲究排场，在宴会厅的布置上，服务人员常常根据客人的要求进行专门布置。

2. 消费标准高

中餐宴会多数采用一些规格较高、价格昂贵的食材做原料，在原料的选择及制作上也讲究精细，在宴会的接待、布置、服务等方面也都花费较多的人力与物力，因此宴会的消费水准整体上要比其他的餐饮形式要高。

3. 就餐人数多

中餐宴会一般有10桌以上，每桌都常设10人座，相对来说就餐人数较多。在这样同一就餐环境和同一时间段内，服务员要面临的问题就相对增加，所以要求服务员有随机应变和处理突发事件的能力。

4. 讲究服务礼仪

中餐宴会在服务礼仪上要求比较严格，要按照一定的礼仪程序进行。在接待客人时，常会选用服务技能与水平较高的服务人员进行对客服务。

5. 服务标准化

为体现宴会服务的高标准，中餐宴会服务都有一定的服务程序与标准，要求服务人员严格遵守并按标准执行。

（二）宴会的分类

1. 按内容和形式分类

宴会按内容和形式可分为中餐宴会、西餐宴会、中西合餐宴会等。

2. 按进餐标准和服务水平分类

宴会按进餐标准和服务水平可分为高档宴会、中档宴会、一般（普通）宴会等。

3. 按进餐形式分类

宴会按进餐形式可分为立餐宴会、坐餐宴会、坐餐和立餐混合式宴会等。

4. 按礼仪分类

宴会按礼仪可分为欢迎宴会、答谢宴会、告别宴会等。

5. 按主办人身份分类

宴会按主办人身份可分为国宴、正式宴会、非正式宴会（便宴）、家庭宴会等。

6. 按规模分类

宴会按规模大小（出席者的人数多少）可分为大型宴会（200人以上）、中型宴会(100~200人)、小型宴会（100人以下）等。

7. 按菜肴特点分类

宴会按菜肴特点可分为海鲜宴、燕窝宴、野味宴、全羊席、满汉全席、火锅宴、饺子宴、素席等。

（三）宴会的预订

宴会部是酒店对外开放客源市场、宣传酒店、营销酒店餐饮产品，对内协调宴会、沟通各餐厅预订的职能部门。其是酒店与外部相互联系的枢纽，是酒店内部相互合作的桥梁。

1. 宴会预订方式

宴会预订根据不同的沟通形式，有以下三种。

（1）面谈预订。面谈预订是宴会预订较为有效、常用的一种方式。在一些宴会规格高、规模大、出席者身份高的情况下，宴会的举办方或个人都采用面谈方式，通过面谈，直接进行多方面的沟通，进行直接预订。宴会预订员应根据客人的要求详细介绍宴会场地及所有的细节安排，尽量满足客人提出的各类要求，并商谈付款方式，填写宴会预订单，记录预订者的有效联系方式，以便日后用信函或电话等方式与客人联络。

（2）电话预订。电话预订是宴会部与顾客联络的主要方式，主要用于接受顾客询问，向客人介绍宴会有关事宜，为客人检查地点和日期，核实细节，确定具体事宜。预订部门为了争取主动，应预约会面时间当面交谈，必要时可用电话和传真与客户联络销售产品。

（3）信函预订。信函是宴会部与客户联络的另一种方式，主要用于促销活动，回复宾客询问，寄送确认信等，适合于提前较长时间的预订。收到宾客的询问信时，应立即回复宾客询问的在饭店举办宴会、会议、酒会等一切事项，并附上饭店场所、设施介绍和有关的建设性意见，有时候还要与客户保持联络，争取客人在本饭店举办宴会活动，此后便可以通过信函或面谈的方式达成协议。

2. 宴会预订程序

（1）热情迎接。宴会预订员应热情有礼地对待每一位预订客人。看到客人前来，应起身相迎，请客人入座后上茶水，自报姓名和职务后询问客人尊姓大名。在得知客人姓名后，应以姓尊称客人。

（2）仔细倾听。当客人讲述宴会要求时，一定要仔细倾听，并做好必要的记录，不要随意打断客人的谈话；同时，应主动向客人介绍餐厅的宴会设施和菜单，做好宴会的推销，并回答客人的各种提问。

（3）认真记录。宴会服务员要耐心地将客人的需要在宴会记录簿上做细致的记录，以便更好地满足客人的需求。

（4）签订宴会合同书。一旦宴会活动得到确认，经过协商得到客人认可的菜单、饮料单及细节的资料，应以确认信的方式迅速送交给顾客，并附上一联、二联宴会合同书，经双方签字后生效。

（5）收取定金。为了保证宴会预订的确定，饭店往往要求已确定日期的顾客预付一定数量的定金，通常为总额的10%。如果客人超过饭店规定的期限取消预订，定金将不予退还；如果对方与饭店有良好的信誉关系，则不必付定金。对于确定后届时不到的客人，按全价收费。取消预订，一般要求在宴会前一个月通知饭店，这样不收任何费用。如果是在宴会前一个星期通知，定金将不予退还，还要收取整个宴会费的5%作为罚金，以保证不造成餐厅损失。

（6）确认和通知。在宴会活动前几天，必须设法与客人联系，进一步确认已谈妥的所有事项，确认后提前填写宴会通知单，送往各有关部门；如确认的内容与原预订有区别，应立即填写宴会变更通知单发送有关部门，变更通知单应注明预订单的编号。

（7）督促和检查。宴会预订员在活动举行的当日应督促、检查宴会活动的准备工作，发现问题及时纠正。

（8）信息反馈并致谢。宴会结束后，要向宴请主办单位或主办个人写感谢信，并主动征求意见，发现问题及时补救与整改，以便今后加强联系，争取下次的推销机会。

（9）建立宴会预订档案。将主办单位或主办个人的信息和活动资料，特别是客人对菜肴、场地布置等的特殊要求整理归档；对常客更要收集详细的资料，如场地布置图、菜单、有关信件等，以便下一次提供针对性的服务。

（三）宴会厅的布置

1. 环境的布置

根据宴会的目的、性质和举办者的要求，在厅堂的上方悬挂会标，如"庆祝××公司成立""欢迎××代表团"等。

在宴会厅四周摆放盆景以突出或渲染宴会隆重而热烈的气氛。如是国宴，应悬挂两国国旗。如是一般的婚宴或寿宴等，则在宴会厅的醒目位置（一般是主桌后的墙壁上）挂上"喜"字或"寿"字，也可根据客人要求挂贴对联等。如举办者要求，应在主桌右后侧设置致辞台，台面铺台布，台侧围桌裙，台面用盆景、鲜花装饰，上放两个麦克风，以便宾主致辞。

宴会厅的温、湿度应控制在规定的范围内，大型宴会更应注意，以防人多、菜热引起室温的突然升高。

宴会中如安排有乐队伴奏或文艺演出，有舞台的要利用舞台，无舞台的应设计出乐队或文艺演出需占用的场地。

2. 台面布置

（1）设计要求。

宴会的台面布置有以下几个要求：根据菜单和酒水的特点进行设计，根据宾客的用餐需要进行设计，根据民族风格和饮食习惯进行设计，根据宴会主题进行设计。

（2）宴会台面的种类。

① 餐台。在饮食服务业中餐台称为正摆台。这种宴席台面的餐具摆放要按照就餐人数的多少、菜单的编排和宴会标准来进行。餐台上各种餐具、用具间隔距离适当，清洁实用，美观大方，放在每位宾客的就餐席位前。各种装饰物品都必须整齐一致地摆放，而且要尽量相对集中。

② 看台。看台上根据宴席的性质、要求，用各种小件餐具和装饰物品摆设成各种图案，供宾客在就餐前观赏。在开宴上菜时，撤掉桌上的各种装饰物品，再把小件餐具分给各位宾客，让宾客使用。这类台面多用于民间宴席。

③ 花台。花台是指用各种鲜花、绢花、盆景、花篮以及各种工艺品和雕刻品等，点缀构成的各种新颖、别致、得体的台面。这种台面设计要符合宴席的内容，突出宴席的主题，图案造型要结合宴席的特点，要具有一定的代表性和政治性，色彩要鲜艳醒目，造型要新颖独特。

3. 台型设计和席位安排

宴会的台型设计应根据宴会的桌数、宴会厅的面积和形状以及举办者的要求灵活进行。根据台型设计图将桌子整齐排列，桌与桌的距离适中，疏密适度，以方便客人就餐和服务员服务为宜。布局合理、美观整齐，桌布折缝一条线，瓶花、台号一条线。总的来说应遵循以下原则：突出主桌、统一规格、布局合理。

席位安排是指根据宾、主的身份、地位来安排每位客人的座位。在进行席位安排时，必须与宴会举办者联络，了解其要求，并遵循"高近低远"的原则。高近低远中的高低是指客人的身份和地位，而近远则是指客人与正、副主人（或主桌）的距离。

（五）宴会服务程序

1. 宴会准备工作

了解掌握情况→做好宴会设计→熟悉菜单、摆台→领取酒水和各种消耗品→准备小毛巾和茶水→摆放冷菜→斟酒→全面检查工作。

2. 宴会迎宾工作

（1）热情迎宾。客人到，迎宾员应热情礼貌地问候，把客人引进宴会厅或专用的休息厅休息、微笑、热情、使用敬语；宾客至宴会厅时，服务员行35°鞠躬礼，并说"欢迎光临"，按宴会规定座次图把客人引入席（符合宴会规定及主人要求）。

（2）拉椅让座。拉椅背用手示意客人入座，左膝抵椅背往里送，至客舒服为好。（拉椅顺序：女士→重要客人→一般客人→主人）

（3）递巾送茶。送上小毛巾，敬奉茶水，按先主宾后主人，再按顺时针方向从每位客人的右侧进行，并使用礼貌用语"请用巾，请用茶"。

（4）餐前服务。客人入座完毕后，服务人员应从主宾位开始按顺时针的方向依次为每位客人落餐巾、撤筷套，然后撤走座位卡，并根据就餐人数进行餐具的增补，通知厨房做好出菜准备。

3. 宴会就餐工作

（1）斟倒酒水。大型宴会上，应征得主人同意提前10分钟斟预备酒，若有3种酒时一般按白酒→红酒→啤酒顺序斟酒。用手示意询问客人喝什么酒，一定要保证客人干杯时杯中有酒。

斟酒顺序为：按先主宾后主人，再按顺时针方向进行。主桌有2名服务员时，可由1名服务员从主宾，另1名服务员从副主宾开始按顺时针方向斟。酒水放置托盘中，商标朝向客人，右腿朝前站于两客人桌椅之间，左脚在后，脚尖着地，呈后蹲姿势。左手持盘，右手持瓶，依次从每位客人的右边斟酒，斟酒量均匀：白酒八分满，红酒根据客人要求八分或五分满，白葡萄酒六分满，啤酒、饮料、黄酒斟八分满，动作规范，斟酒时符合礼仪，不滴不洒。

（2）上菜、分菜。按序上菜，按先冷后热、先荤后素、先咸后甜、先优质后一般的原则上菜。上菜先撤盘，调整台面，腾出上菜的位置，双手端盘，将菜上至转台，并转至主宾、主人处，退后半步报菜名并介绍其特点或典故趣闻，上菜符合礼仪，上带盖的菜汤，上桌后征得客人的同意将盖撤下。

关于上菜位置，大型宴会一般在副主宾右边的第一或第二位客人之间侧身上菜、撤盘，使用礼貌用语，注意不要在主人、主宾身边进行，介绍生动简洁，声音清晰响亮。

出菜时，熟知菜品烹制方法、过程，结合客人就餐快慢，掌握好上菜节奏，既不能造成空台又不能堆积过多，菜品太多可采取大盘换小盘，和指导品尝加以解决。以桌为准，全场统一出菜，每道菜的间隔时间一般为4~5分钟。

根据宴会规格和客人要求进行分菜、派菜，并提供相应的服务。派送菜品应从客人的右手边，并按先主宾后主人再按顺时针方向进行，掌握好分菜件数，分量均匀，汤不流失，分后留少许在盘中让客人自取。

（3）席间服务。

① 撤换餐具。分菜后，应撤换与装菜相同的碗、盘、碟，再行派送菜点。撤餐具时，发现里面还有菜点，应礼貌征询客人是否还要用，再做处理。上甜食时，应撤换全部小餐具。应注意客人用餐习惯，如客人筷子放在骨碟上，换后将筷子还原。每吃完一道菜换一次骨碟，随时保持客人前面的小餐具与摆台数量基本一致，经客人同意后方可撤走，动作熟练，手法干净，撤换餐具分两次进行，随时保持餐台清洁卫生。

② 续斟酒水。随时注意观察每位客人的酒杯，当客人干杯或杯中酒只剩下1/3时应及时添加，记住每位客人所饮酒水，征询后添加。

4. 宴会结束工作

（1）结账服务。宴会结束时，将所有的账单和宴席预订单一同拿到收银台汇总打单，将账单放至收银夹，请客人结账买单，请客人至收银台付款或请客人签单。

（2）送客服务。宴会结束，客人站起准备离席，服务员主动拉椅，留出退席的通道，取椅套，提醒客人带好物品，帮助客人穿外衣；将客人送至宴会厅门口，热情送客并向客人致谢。

（3）检查现场。客人离开餐厅后，要检查台面、餐巾、地毯上、烟灰缸内是否有未熄灭的烟头，还要检查客人有无遗留物品，若有则按餐厅相关规定处理。

（4）收拾台面。按规范收台，顺序：收围椅，收布草，收玻璃器皿，收茶具，分类收大小餐具，收金属器皿。收玻璃器皿要使用杯筐，收台后应分类进行集中清洗。

（5）清理现场。撤临时工作台，打扫店堂，清出酒瓶等杂物，清洗、擦拭、存放用具，归还借用物品，摆台整理桌椅，将餐厅还原到宴会前的营业状况。

（六）宴会服务注意事项

（1）服务操作时，注意轻拿轻放，以防打碎用具，破坏气氛。
（2）服务注意节奏，以客人进餐速度为准。
（3）当宾主席间讲话或演奏国歌时，停止操作，端正肃立在工作台两侧。
（4）服务员之间分工协作，配合默契，确保宴会顺利进行。
（5）宴会结束后，应主动征求宾主对服务和菜品的意见。

项目小结

中餐厅是为客人提供中式菜点、饮料和服务的餐厅。中餐服务，包括的内容较多，分为零点服务、团体餐服务和宴会服务。无论是哪种服务，都有其特点、基本服务程序和注意事项。服务员应在掌握基本程序的基础上，根据服务现场和宾客的需求灵活调整服务方式，为客人提供优质服务。

综合能力训练

1. 零点服务、团体餐服务和宴会服务各有什么特点？它们的区别是什么？
2. 简述零点服务程序。
3. 简述团体餐服务程序。
4. 简述中餐宴会服务程序。

职业英语拓展

一、单词

wine 酒

liquor 烈酒

taste 品尝

saucer 小碟子

tea tray 茶盘
rice bowl 饭碗
caddy 茶罐
chopsticks 筷子
dish 碟
soup spoon 汤匙
knife 餐刀
subdivide 再分割，细分
fruit plate 水果盘

二、会话

1. I'd like a restaurant with cheerful atmosphere.
   我想去一家气氛欢乐的、活泼的餐厅。
2. Could you recommend this kind of restaurant?
   是否可推荐一下这一类的餐厅？
3. Where is the main area for restaurants?
   此地餐厅多集中在哪一区？
4. Is there a Chinese restaurant around here?
   这附近是否有中国餐厅？
5. Are there any inexpensive restaurants near here?
   这附近是否有价位不高的餐厅？
6. Chinese cooking is subdivided into a great many schools notable for their local flavors.
   中餐根据地方风味可分为许多菜系。
7. This is our traditional seat for the guest of honor.
   这是我们传统的贵宾席。
8. Would you like to use chopsticks or a fork and knife?
   您是想用筷子还是刀和叉？
9. You see, in a Chinese dinner, soup always comes last; while in the west, you start off with it.
   你看，中餐筵席总是后上汤，而西方筵席从汤开始。
10. Will you recommend me some Chinese dishes?
    你能推荐些中国的风味菜吗？

项目四 西餐服务技能

学习目标

★ 了解常见的西餐服务方式
★ 认识常见的西餐服务餐具与服务用具
★ 掌握西餐早餐服务的服务程序和服务规范
★ 掌握西餐正餐服务的服务程序和服务规范
★ 了解西餐送餐服务的服务程序和服务规范

案例导入

某日中午，酒店的西餐厅来了 5 位不同寻常的客人，看穿衣打扮像是农村来的暴发户。迎宾员把客人领到餐桌后，客人看了一会菜单，很迷茫，左顾右盼。一会服务员 Andy 走了过来，问："可以点菜了吗？"说完她便站在客人餐桌旁等待。其中一位客人说："我们也没吃过西餐，想来尝尝，不知道都应该吃些什么？"Andy 说："牛排吧，西餐一定要吃牛排。"客人马上说："对，牛排，每人一块牛排。"Andy 问："要几成熟？配什么汁？"客人一脸迷茫地问道："应该几成熟呀？正式的应该几成熟呀？"Andy 回答道："外国人吃牛排都是三成熟的。"客人说："好的，我们也要三成熟的。"Andy 说："配黑椒汁吧。一般都配黑椒汁。要不要点瓶葡萄酒？吃西餐一定要喝葡萄酒的。"客人答道："好的，要一瓶。"说完其中一位客人便点了一瓶法国白葡萄酒。客人点完牛排和葡萄酒后 Andy 便离开了餐桌。一会 Andy 为客人上了面包和黄油，并为客人斟倒了冰水。白葡萄酒拿来后，Andy 直接打开未经客人试酒，便依次给客人斟上。

不长时间，Andy 便为客人上了牛排。5 位客人形态各异地拿起刀叉，发现牛排有很多血水，便叫服务员。Andy 过来后，客人说牛排不熟，Andy 回答说三成熟就是这样的。客人要求重新加工，Andy 将牛排拿回厨房，告知厨师做成全熟后重新上到客人的餐桌。

客人依然是形态各异地拿着刀叉，吃完了牛排，喝完了葡萄酒，并将桌上的面包未抹黄油全部吃完。吃完后，客人叫结账。Andy 为客人结账。客人结完账后，一边说西餐真难吃，没有吃饱，一边离开了西餐厅。

问题：
1. 本案例中你认为服务员 Andy 的服务标准吗？哪几个步骤需要改进？
2. 如果餐厅来了像本案例的客人，你应该如何对他们进行服务？

任务一 西餐简介

一、西餐的特点

西餐是一种与我国饮食文化迥然不同的舶来品，是我国人民和其他东方国家和地区的人民对西方国家菜点的统称，广义上讲，也可以说是对西方餐饮文化的统称。

与中餐相比，西餐具有以下六个特点。

（一）重视各类营养成分的搭配组合

西餐根据人体对各种营养（糖类、脂肪、蛋白质、维生素）和热量的需求来安排菜或加工烹调。

（二）选料精细，用料广泛

西餐烹饪在选料时十分精细、考究，而且选料十分广泛，如美国菜常用水果制作菜肴或饭点，咸里带甜；意大利菜则会将各类面食制作成菜肴，各种面片、面条、面花都能制成美味的席上佳肴；而法国菜，选料更为广泛，诸如蜗牛、洋百合、椰树芯等均可入菜。

（三）讲究调味，调味品品种多

西餐烹调的调味品大多不同于中餐，如酸奶油、桂叶、柠檬等都是常用的调味品。法国菜还注重用酒调味，在烹调时普遍用酒，不同菜肴用不同的酒调味；德国菜则多以啤酒调味。

（四）注重色泽

西餐在色泽的搭配上则讲究对比、明快，因而色泽鲜艳，能刺激食欲。

（五）工艺严谨，烹调方法多样

西餐十分注重工艺流程，讲究科学化、程序化，工序严谨。西餐的烹调方法很多，常用的有煎、烩、烤、焖、焗、炸、熏、铁扒等十几种，其中铁扒、烤、焗最具特色。

（六）器皿讲究

西餐烹调的炊具与餐具均有不同于中餐的特点。特别是餐具，除瓷制品外，水晶、玻璃及各类金属制餐具占很大比重。

二、西餐的主要类型

根据地域的不同，西餐主要分为以下六类。

（一）西餐之母——意式菜肴

意式菜肴起源于罗马帝国的强盛时期。意式菜肴的特点是原汁原味，以味浓著称，烹调注重炸、熏等，以炒、煎、炸、烩等方法见长。

意大利人喜爱面食，做法、吃法甚多。其制作面条有独到之处，各种形状、颜色、味道的面条至少有几十种，如字母形、贝壳形、实心面条、通心面条等。意大利人还喜食意式馄饨、意式饺子等。

意式菜肴的名菜有通心粉素菜汤、焗馄饨、奶酪焗通心粉、肉末通心粉、比萨饼等。

（二）西菜之首——法式菜肴

法国人一向以善于吃并精于吃而闻名，法式大餐至今仍名列世界西菜之首。

法式菜肴的特点是选料广泛，加工精细，烹调考究，滋味有浓有淡，花色品种多；比较讲究吃半熟或生食，重视调味，调味品种类多样；用酒来调味，什么样的菜选用什么酒都有严格的规定，如清汤用葡萄酒，海味品用白兰地，甜品用各式甜酒或白兰地等。

法国人十分喜爱吃奶酪、水果和各种新鲜蔬菜。

法式菜肴的名菜有马赛鱼羹、鹅肝排、巴黎龙虾、红酒山鸡、沙福罗鸡、鸡肝、牛排等。

（三）简洁与礼仪并重——英式菜肴

英国的饮食烹饪有家庭美肴之称。

英式菜肴的特点是油少、清淡，调味时较少用酒，调味品大都放在餐台上由客人自己选用；烹调讲究鲜嫩，口味清淡；选料注重海鲜及各式蔬菜，菜量要求少而精。英式菜肴的烹调方法多以蒸、煮、烧、熏见长。

英式菜肴的名菜有鸡丁沙拉、烤大虾苏夫力、薯烩羊肉、烤羊马鞍、冬至布丁等。

（四）营养快捷——美式菜肴

美国菜是在英国菜的基础上发展起来的。

美式菜肴的特点是继承了英式菜肴简单、清淡的特点，口味咸中带甜。

美国人一般对辣味不感兴趣，喜欢铁扒类的菜肴，常用水果作为配料与菜肴一起烹制，如菠萝焗火腿、苹果烤鸭；喜欢吃各种新鲜蔬菜和各式水果，对饮食要求并不高，只要营养、快捷。

美式菜肴的名菜有烤火鸡、橘子烧野鸭、美式牛扒、苹果沙拉、糖酱煎饼等。

（五）西菜经典——俄式大餐

沙皇俄国时代的上层人士非常崇拜法国，贵族不仅以讲法语为荣，而且饮食和烹饪技术也主要学习法国。但经过多年的演变，俄国人，特别是俄国寒冷地带的人，食物讲究热量高的品种，逐渐形成了自己的烹调特色。

俄国人喜食热食，爱吃鱼肉、肉末、鸡蛋和蔬菜制成的小包子和肉饼等，各式小吃颇负盛名。

俄式菜肴口味较重，喜欢用油，制作方法较为简单。口味以酸、甜、辣、咸为主，酸黄瓜、酸白菜往往是饭店或家庭餐桌上的必备食品。烹调方法以烤、熏、腌为特色。

俄式菜肴的名菜有什锦冷盘、鱼子酱、酸黄瓜汤、冷苹果汤、鱼肉包子、黄油鸡卷等。

（六）严谨实惠——德式菜肴

德国人对饮食并不讲究，喜吃水果、奶酪、香肠、酸菜、土豆等，不求浮华，只求实惠营养，首先发明了自助快餐。

三、西餐服务方式

西餐服务经过多年的发展，各国和各地区都形成了自己的特色。西餐服务常采用的方法有法式服务、俄式服务、美式服务、英式服务和综合式服务等。

（一）法式服务

传统的法式服务在西餐服务中是最豪华、最细致和最周密的服务。通常，法式服务用于法国餐厅，即扒房。法国餐厅装修豪华高雅，以欧洲宫殿式为特色，餐具常采用高质量的瓷器和银器，酒具常采用水晶杯，通常采用手推车或旁桌现场为顾客提供加热和调味菜肴及切割菜肴等服务。在法式服务中，服务台的准备工作很重要，通常在营业前做好服务台的一切准备工作。法式服务注重服务程序和礼节礼貌，注重服务表演，注重吸引客人的注意力，服务周到，每位顾客都能得到充分的照顾。但是，法式服务节奏缓慢，需要较多的人力，用餐费用高。餐厅利用率和餐位周转率都比较低。

传统的法式服务是一种最周到的服务方式，由两名服务员共同为一桌客人服务。其中一名为经验丰富的正服务员，另一名是助理服务员，也可称为服务员助手。

（二）俄式服务

俄式服务是西餐普遍采用的一种服务方法。俄式服务讲究优美文雅的风度，将装有整齐和美观菜肴的大浅盘端给所有顾客过目，让顾客欣赏厨师的装饰和手艺，并且也刺激了顾客的食欲。俄式服务中，每一个餐桌只需要一个服务员，服务的方式简单快速，服务时不需要较大的空间。因此，它的效率和餐厅空间的利用率都比较高。

由于俄式服务使用了大量的银器，并且服务员将菜肴分给每一位顾客，使每一位顾客都能得到尊重和享受较周到的服务，因此增添了餐厅的气氛，但购买餐具的投资相对较大。

俄式服务的方法主要有以下三种。

1. 分发餐盘

服务员先用右手从客人右侧送上相应的空盘，如开胃菜盘、主菜盘、甜菜盘等。注意冷菜上冷盘，即未加热的餐盘；热菜上热盘，即加过温的餐盘，以便保持食物的温度。上空盘按照顺时针方向操作。

2. 运送菜肴

菜肴在厨房全部制熟，每桌的每一道菜肴放在一个大浅盘中，然后服务员从厨房中将装好的菜肴大银盘用肩上托的方法送到顾客餐桌旁，热菜盖上盖子，站立于客人餐桌旁。

3. 分发菜肴

服务员用左手胸前托盘，用右手操作服务叉和服务匙从客人的左侧分菜。分菜时从逆时针方向进行。斟酒、斟饮料和撤盘都在客人右侧。

（三）美式服务

美式服务是简单和快捷的餐饮服务方式，一名服务员可以看数张餐台。美式服务简单，速度快，餐具和人工成本都比较低，空间利用率及餐位周转率都比较高。美式服务是西餐零点和西餐宴会理想的服务方式，广泛用于咖啡厅和西餐宴会厅。

在美式服务中，菜肴由厨师在厨房中烹制好，装好盘。餐厅服务员用托盘将菜肴从厨房运送到餐厅的服务桌上。热菜要盖上盖子，并且在顾客面前打开盘盖。传统的美式服务，上菜时服务员在客人左侧，用左手从客人左边送上菜肴，从客人右侧撤掉用过的餐盘和餐具，从顾客的右侧斟倒酒水。目前，许多餐厅的美式上菜服务从顾客的右边用右手顺时针进行。

（四）英式服务

英式服务又称家庭式服务。其服务方法是服务员从厨房将烹制好的菜肴传送到餐厅，由顾客中的主人亲自动手切肉装盘，并配上蔬菜，服务员把装盘的菜肴依次端送给每一位客人。调味品、沙司和配菜都摆放在餐桌上，由顾客自取或相互传递。英式服务家庭的气氛很浓，许多服务工作由客人自己动手，用餐的节奏较缓慢。在美国，家庭式餐厅很流行，这种家庭式的餐厅采用英式服务。

（五）综合式服务

综合式服务是一种融合了法式服务、俄式服务和美式服务的综合服务方式。许多西餐宴会的服务采用这种服务方式。通常用美式服务上开胃品和沙拉，用俄式或法式服务上汤或主菜，用法式或俄式服务上甜点。不同的餐厅或不同的餐次选用的服务方式组合也不同，这与餐厅的种类和特色、顾客的消费水平、餐厅的销售方式有着密切的联系。

四、西餐主要用具

（一）服务用具

服务用具是指在对客人的服务过程中，服务人员使用的工具，包括某些特殊菜肴使用的特殊工具。常见的服务用具主要有以下 5 种。

（1）勺类用具：长柄汤勺，为客人分汤时使用；沙拉服务匙，为客人分派沙拉时使用。

（2）刀类用具：服务用鱼刀，分鱼或现场烹制鱼类食品时使用；奶酪刀，专门用来切割奶酪的长刃刀具；蛋糕刀，主要用来切割蛋糕等糕点；切割用刀，为客人现场切割大块肉类食品时的专用工具。

（3）叉类用具：服务用鱼叉，分鱼或现场烹制鱼类食品时使用；切割用叉，为客人现场切割大块肉类食品时的专用工具；沙拉服务叉，为客人分派沙拉时使用。

（4）盛装用具：蔬菜斗，又称沙司斗；橘子模，用于加工鲜橘子和柠檬汁；盅，有果酱盅、蛋盅、盐盅、洗手盅、白脱盅、糖盅等。

（5）特殊菜品用具：蜗牛夹和叉，通心面夹，龙虾夹、钳和叉，坚果捏碎器等。

（二）客用餐具

客用餐具主要是指摆放在餐桌上供客人就餐时使用的各种器具。

（1）餐刀叉。餐刀叉按形状大小及用途可分为鱼刀叉、正餐刀叉（主餐刀叉）、黄油刀、甜品刀叉等。

① 鱼刀叉：食用鱼类菜肴的专用餐具。

② 正餐刀叉：西餐的主要餐具，主要在食用主菜时使用。

③ 黄油刀：其体形较小，刀片与刀把不在同一水平线上，主要用于分挑黄油或果酱。

④ 甜品刀叉：餐后食用甜品时的专用餐具。

（2）匙。匙按形状、大小、用途分，主要有以下 6 种。

① 冰淇淋匙：食用冰淇淋的专用餐具。

② 汤匙：西餐喝汤的专用餐具，其头部呈圆形。

③ 汁匙：在服务沙拉或主菜时，帮助客人浇汁的用具。

④ 咖啡匙：饮用咖啡时的专用工具。

⑤ 茶匙：饮用红茶时用于搅拌淡奶和糖的工具。
⑥ 甜品匙：用来食用布丁等各种甜品的工具。

任务二 早餐服务技能

西式早餐主要供应一些选料精细、粗纤维少、营养丰富的食物和饮品，如蛋类、奶类、肉制品、面包、各种饮料等，这些食品的分量不大，但能满足人对营养的需要，作为早餐非常适宜，所以不但大多数西方人习惯吃西式早餐，而且越来越多的东方人也渐渐喜欢食用西式早餐。

一、西式早餐主要种类

（一）美式早餐

1. 水果或果汁

果汁又分为罐装果汁及新鲜果汁两种。另有一种将干果加水，用小火煮至汤汁蒸发殆尽水果变软为止，以餐盘端上桌，用汤匙边刮边舀着吃。

2. 谷类

玉米、燕麦等制成的谷类食品包括玉米片、脆爆米、脆麦、泡芙、小麦干、保健麦片等，通常加砂糖及冰牛奶，有时再加香蕉切片、草莓或葡萄干等。此外也备有麦片粥或玉米粥，以供顾客变换口味，吃时加牛奶和糖调味。

3. 蛋

蛋是早餐的第二道菜，通常为两个蛋，根据烹煮方法之不同，可以分为煎蛋、带壳水煮蛋、去壳水煮蛋（将蛋去壳，滑进锅内特制的铁环中，在将沸的水中或水面上煮至所要求的熟度），还有炒蛋、蛋卷、煎蛋、煮蛋等由客人选择火腿、腌肉、腊肠作为配料，以盐、胡椒调味。

蛋卷通常用盐与辣酱调味，而不用胡椒，因为胡椒会使蛋卷硬化，也会留下黑斑。

4. 吐司和面包

吐司通常烤成焦黄状，要注意 toast with butter（面包和黄油）和 buttered toast（涂了黄油的面包）的不同。toast with butter 是指端给客人时，吐司和黄油是分开的。buttered toast 是指把黄油涂在吐司上面之后，再端给客人，美国的咖啡店大都提供这种涂黄油的吐司。

此外，还有各种糕饼，以供客人变换口味。注意吃的时候不可叉子叉，要用手拿，抹上黄油、草莓酱或橘皮，咬着吃。

荞麦煎饼通常有三片或四片，吃时将黄油放在热煎饼上使其融化，然后将枫树蜜汁涂在上面，用叉子边割边叉着吃。

法式煎蛋衣面包片即蘸上蛋和牛奶调成的汁液，在平底锅中煎到两面发黄的吐司，吃时可涂果酱或盐及胡椒粉。

5. 饮料

饮料指咖啡或茶等不含酒精的饮品。所谓白咖啡是指加奶精的咖啡，也就是法语中的 café au lait，较不伤胃。不加奶精的咖啡就称为黑咖啡。

在国外，tea（茶）一般是指红茶。如果要绿茶则须指明 green tea。早餐的咖啡和红茶都是无限制供应的。在众多的茶品中，红茶的饮法最多，融合了中西方的精髓，可以是传统的清红茶，可以是英式的奶茶，也可以是冰红茶。红茶还可以用来制作各种点心。

（二）英式早餐

英式早餐在世界上享有盛名，英国人以英式早餐为骄傲，他们认为英式早餐是世界上最棒的早餐之一。在英国旅游区，旅店依然会为游客提供英式早餐。一顿丰盛的早餐可以为旅游者白天的长途跋涉提供充足的能量。有些饭馆、酒吧打出"完全英式早餐"的招牌来吸引游客，甚至在下午也可以让游客吃到喷香可口的英式早餐。说到底，英式早餐已经超脱了"早餐"的原意，而是在更广的层面上代表了英国独特生活方式的一部分，其美味吸引了八方宾客慕名前来品尝。

英国人很讲究吃早餐，法式早餐大多是咖啡或橙汁再加上一块黄油牛角面包，而美式早餐可能在此基础上还会多一个牛奶麦片粥。英式早餐可就丰富多了，标准的完全英式早餐主要包括以下几种食品：熏肉、煎蛋、炸蘑菇、炸番茄、煎肉肠、黑布丁，有时还有炸薯条，当然还会有咖啡或茶佐餐。主食一般是炸面包片。

一般来说，客人在吃完上述的一大盘食物以后，实在是没胃口再"消灭"主食了。但炸面包片也非常诱人，是选用烤制两天的面包，切片后用中火在锅里加黄油煎烤，出锅时焦黄酥脆，让人垂涎欲滴。

英式早餐茶的发源地是苏格兰。英式早餐茶在英国被用作"早餐的茶"已经有一个多世纪了。它由来自不同地方的几种红茶以一定比例拼配而成，往往包括印度茶（取其浓度）、锡兰茶（取其滋味）和肯尼亚茶（取其色泽）。一些英式早餐茶也会配有中国的红茶。

英式早餐茶是一种醇厚的饮料，带有淡淡的花香，适合配牛奶或柠檬，但牛奶和柠檬不能同时使用，因为柠檬会使牛奶产生凝固。早餐茶加入牛奶后，舒心的香味有点像热热的吐司加蜂蜜。适量的咖啡因含量可以使人以清醒的头脑开始一天的工作。

（三）欧陆式早餐

欧陆式早餐是大家最熟悉的早餐形态。基础内容都是泛欧洲区的常见饮食，包括了饮品和面包类食品，以及简单用以搭配面包的夹料或涂料。饮品包括咖啡、牛奶（通常同时会有卡布其诺、拿铁或更简便的咖啡牛奶）和果汁；面包类食品通常是不夹馅的如布里欧甜面包、可颂面包、吐司面包等传统面包；简便的夹料和涂料如奶油、果酱，丰富一点的如火腿、腊肠切片或奶酪等。除了这三大类，还常见附加的酸奶、水果、谷片、煎蛋、煮蛋等，变化可以很多，但简单到一个果酱三明治加杯热咖啡也是欧陆式早餐。

（四）意大利早餐

意大利早餐常在街边的咖啡吧解决，意大利人常常站着吃完早餐，时间很短，形式简单。早餐咖啡常是卡布其诺，不会直接倒牛奶进咖啡，也不用奶精，但是加很多糖，再加上可颂面包或是烤饼干，就是意式早餐。在家中也是一样，家中都会有意式咖啡机，牛奶一定要打奶泡，这是意大利人的坚持。小朋友会喝热巧克力，意大利的热巧克力调得很浓，就像我们的米浆，甚至比米浆更浓稠。

（五）德国早餐

德国人很重视早餐，德国俗谚有云，国王的早餐，绅士的午餐，乞丐的晚餐。德国人还会在上午 11 点左右再吃第二次早餐（德文 Brotzeit，字义为"面包时间"）。以众多面包著称的德国，在早餐时间更加追求面包的品质。首先一定要刚烤好的面包，面包师傅三四点就要起来做面包，家庭主妇也是早上出来买刚出炉的面包。早餐桌上会有一个大大的面包篮，有着各式面包供大家选择，德式面包较为结实，早上吃的面包通常是不夹馅的原味杂粮面包。有了面包当然有配面包的各式果酱（莓果类的果酱很有名）、奶酪或奶油、腌肉片或香肠、以肉或内脏绞制成泥状的肉派。饮料以黑咖啡和牛奶较多，小朋友会喝牛奶泡果干和麦片当早餐。

二、西餐早餐服务程序

（一）准备工作

服务员须在早餐开始前半小时全部到岗，领班召开简短的碰头会，检查员工仪容仪表，布置当日工作，分配员工工作岗位，介绍厨房当日菜肴和推销菜肴。领班和服务员按区域检查餐台、台布、口布、就餐用具、各种调味品、托盘、烟灰缸、火柴、花瓶等是否齐全、清洁、明亮，摆放是否规范，整个餐厅是否统一；准备好菜单、饮料单，其中饮料单、菜单须清洁，配合厨房摆放自助餐用具和食品，所有用具要保证一定的周转量，以备更换。

（二）点菜

客人就座后，服务员应表示欢迎，并从客人右边递上菜单和饮料单。客人点菜时，服务员应站在客人斜后右方，上身微躬，如果客人不能确定菜肴，应主动地向客人介绍菜肴，帮助客人选择菜肴。入厨单一式三联，饮料单一式两联，书写字迹要清楚，如有特殊要求，须加以说明。客人点完单后，应重复点单内容，以请客人确认。如客人所点菜肴出菜时间较长，应及时提醒客人，并征求客人意见是否需要更换。

（三）上菜

根据客人所点菜肴，调整桌面原有的就餐用具，上饮品、菜肴或撤碟时一律使用托盘，除自助餐外无论客人吃美式套餐还是欧陆式套餐都应在客人确定好饮料和菜肴后，尽快为客人上菜。上菜时，应检查所上菜肴与客人所点菜肴是否一致，调味品与辅料是否齐全。西餐早餐上菜顺序为先冷后热。欧陆式早餐上菜顺序为自选果汁、各色早餐包点、咖啡或茶，美式早餐的上菜顺序为自选果汁或水果、鲜蛋配火腿、咸肉或香肠、咖啡或茶。从客人右侧上菜，从客人左侧撤碟，上菜时要报菜名，放菜要轻，每上一道菜，都须将前一道客人用完的用具撤掉，咖啡或茶只有在客人结账离去后才可撤走。

（四）用餐

早餐就餐客人多，周转快，须不断地与厨房联系，以确保供应，保证出品质量，控制出菜时间，每个服务员应对自己所分管台面负责，要注意客人的表情，尽可能地满足客人提出的要求，经常为客人添加咖啡或茶，在就餐过程中要避免出现送错菜或冷落客人，让客人久等的现象，及时撤去餐后盆、碟，勤换烟灰缸，做好台面清洁。

（五）征询意见

在不打扰客人的情况下，主动征求客人对服务和出品的意见，如客人满意，应及时表示感谢；如客人提出意见和建议，则应认真加以记录，并表示将会充分考虑他的意见。

（六）结账

只有在客人要求结账时，服务员方可结账。多位客人一起就餐时，应问清统一开账单还是分开开账单。凡住店客人要求签房账时，服务员应请客人在账单上签上姓名和房号，并由收银员通过电脑查询核实后方能认可。结账要迅速准确，认真核实账单无误后，将账单夹在结账夹内交给客人，结账后，应向客人表示感谢。

（七）送客

客人离开时，应为其拉开座椅，递上衣帽，对客人的光顾表示感谢，并欢迎再次光临。检查是否有客人遗落的物品，如有发现应及时送还，如客人已离开，则应交送餐饮部办公室。

（八）撤台

客人离去后及时检查是否有尚未熄灭的烟蒂，按先口布、毛巾，后酒杯、碗碟、筷子、刀叉的顺序收拾餐具及有关物品，按铺台要求重新铺台，准备迎接新的客人。

任务三　西餐正餐服务技能

高级西餐厅体现了西餐服务的最高水准，其午餐和晚餐服务讲究，注重情调，节奏缓慢且价格昂贵。西餐午餐、晚餐的用餐时间较长，服务技术要求较高，一般要求服务员经过严格培训后才能上岗，服务员除要掌握各种基本服务技能外，还应熟悉菜肴与酒水知识及服务方式，娴熟地掌握客前煎制技能，能为客人提供更为专业的服务，并具有高超的服务技巧和熟练的外语会话能力。

一、餐前准备

（一）准备物品

根据客人的预订情况、当日客情、特别菜肴推销及服务的需求，备足所需服务用具、餐具，备好各种调味品。

（二）摆台

西餐摆台分为便餐摆台、宴会摆台。台形一般以长台为主，有时也用圆台或方台。具体摆台方式是根据菜单设计的，食用某一类型的菜点，就相应地放置所需要用的餐具。

1. 西餐便餐摆台

西餐便餐摆台顺序是先摆垫盘定位，然后在垫盘左边摆餐叉，右边摆餐刀，刀刃向内。汤匙放在垫盘前方，把朝右。面包盘放在餐叉左边，盘内放一黄油刀，刀刃向内。酒杯放在汤匙前方，摆法与中餐相同。口布折花放在垫盘内或者插入水杯内。烟灰缸放在垫盘正前方酒杯外，胡椒粉瓶、精盐瓶放在烟灰缸左侧，牙签放在椒瓶、盐瓶左边，花瓶放在烟灰缸前面。

2. 西餐正餐摆台

西餐正餐需要根据客人所点菜品摆台，每上一道菜就要换一副刀叉，通常不超过七件，包括三刀、三叉和一匙，摆放时按照上菜顺序由外到内放置。

（1）先将垫盘摆好作为定位，垫盘左侧按顺序摆放餐叉、鱼叉、冷菜叉，垫盘右侧按顺序摆放餐刀、鱼刀、冷菜刀，刀刃朝左。

（2）前方摆汤匙，汤匙前边交叉摆放点心叉和点心匙。

（3）叉的左侧摆面包盘，盘内斜放黄油刀，盘的前方摆黄油碟。

（4）点心叉、匙的前方摆水杯、葡萄酒杯、白酒杯。口布折花放在垫盘内或插在水杯中。

（5）西餐宴会通常都有主人、副主人、主宾、副主宾及其他陪同人员，各自都有固定的座次安排。

① 背对着餐厅重点装饰面、面向众席的是上首，主人在此入座，副主人坐在主人对面，主宾坐于主人右侧，副主宾坐于副主人右侧。

② 主人与主宾双方携带夫人入席的，主宾夫人坐在主人位置的左侧，主人夫人坐在主宾夫人的左侧。其他位次不变。

③ 当客人在餐厅举行高规格的西餐宴会时，餐厅员工要协助客方承办人按位次高低排好座次，或将来宾姓名按位次高低绘制在平面图上，张贴到餐厅入口处，以便引导宾客入席就座。

（三）餐前检查

（1）检查西餐厅设施、设备是否正常运行，完好无损。
（2）检查西餐厅环境卫生、温度等是否符合规定要求。
（3）检查衣帽间的衣架等相关服务设施是否齐全、充足。
（4）开餐前30分钟，由餐厅经理按规定开餐前会，其主要内容是了解当日客情，介绍当日特别菜肴及其服务方式，了解宾客接待注意事项、任务分工，检查台面布置是否符合要求，检查服务员的仪容仪表是否符合服务要求。

二、迎宾服务

（一）热情迎宾

客人到达餐厅后，迎宾员要主动上前问候，如客人需要还应提供衣帽寄存服务。

（二）注意事项

（1）询问客人是否预订有餐位："晚上好，欢迎光临本餐厅！请问您订餐位了吗？"如果客人已订餐位，迎宾员要热情地引领客人入座；如客人没有预订，则根据客人需求和餐厅营业状况，或引领客人入座，或安排客人到休息处休息，或安排客人到酒吧喝些饮料。

（2）迎宾员在值台服务员协助下帮客人拉椅让座，注意女士优先原则。

三、餐中服务

（一）点菜服务

（1）服务人员待客人坐定后，将菜单和酒单递送给客人，向客人介绍开胃酒："请问，餐前喝点什么饮品？"服务人员要记下每位客人所点的酒水以免送错。

（2）当开胃酒服务结束后，客人已有足够的时间浏览菜单，这时服务员要主动上前询问客人是否可以点菜，如客人示意可以点菜了，服务员要主动向客人介绍推荐菜肴，同时应给予一定的时间让客人点菜，避免强行推销。

（3）客人点菜一般从主人位或主人右侧第一位主宾按逆时针方向进行，服务员记下点菜客人的餐位，认真记录每位客人所点菜肴及其要求，如生熟程度、口味要求、配菜、调料、上菜时间等。

（4）客人点菜完毕后，服务员要复述确认，礼貌致谢后收回菜单的同时送上酒单，根据客人所点的菜肴，介绍与之相配的各种佐餐酒水。

（5）将点菜单迅速传送至厨房和收银台。

（二）餐中服务

1. 传菜服务

传菜员要熟悉餐厅每一张餐桌的确切位置，熟悉每桌各餐位的编号，了解本餐厅所经营的各种菜点名称、分量、样式、配料及菜式所用器皿，把客人的点菜单交给厨师，从厨房取回客人所定的菜点，及时送到客人的面前。

当传菜员手中有几张点菜单，同时为一桌以上客人送菜时，要特别记住点菜单的先后顺序，做到先来的客人先服务，后到的客人后服务。在为同一桌不同的几位客人传菜时，要按照餐位编号一一为宾客传菜，应根据客人所定主菜全部同时上桌这一服务原则。

2. 上菜服务

按西餐上菜顺序进行上菜服务。

（1）面包、黄油及刀叉，同时给客人斟饮料。

（2）汤类：通常把合适的汤勺放到餐叉边，而后可从客人左边上汤。

（3）沙拉：在客人的左边用左手送上，吃完沙拉后，要准备上主菜，桌上所有吃沙拉用的碟子和玻璃杯都应撤走。

（4）副菜：上副菜后要立即把调味汁端上来，同时应斟上红葡萄酒，配菜盘的位置应放在面包盘上方，即餐叉的左上方。

（5）主菜：将主菜摆在靠近客人的前边，蔬菜和配菜在上端；如果客人还未吃完沙拉，应将沙拉盘移向左边，让出位置摆放主菜；如果客人点了白葡萄酒，此时为宾客斟酒。

（6）甜点：在主菜盘撤下后，要用一块叠好的干净餐巾，把洒落在餐桌上的菜、面包屑扫进一个小盘里，同餐桌上所用过的餐具一并撤下，摆上甜点用的刀、叉、匙，送上甜点。

（7）水果：在上水果前应将桌面上的餐具、菜盘全部撤下，餐台上只留下花瓶、蜡烛、水杯、烟灰缸和牙签筒，然后把刀和叉摆放好，根据水果的品种，放上大小合适的盘子，从客人左边服务。

（8）咖啡或茶：客人用餐完毕，喝一些热饮料，如茶、咖啡等。如果客人点的是咖啡，应将糖缸、奶壶放在餐桌上，壶把朝主宾方向，再摆上垫有杯垫的咖啡杯；客人如用红茶，应配上柠檬片和糖缸。

3. 席间服务

添加冰水、葡萄酒，撤换餐用具、烟灰缸，补充面包、黄油。

四、餐后结束工作

（一）餐后结账

（1）服务员在为客人结账前应仔细核对客人消费项目及金额。当客人示意结账时，应迅速、准确地按规范进行结账服务，并向客人致谢。

（2）西餐厅有些客人要求分单结账，因此应注意将同桌客人的分列账单记录准确。

（二）送客服务

当客人离座准备离开时，服务员要为客人拉椅，提醒客人带好随身物品，礼貌地与客人道别。

（三）餐后整理

服务员在客人离开后收拾餐台，同时检查有无安全隐患和客人遗留物品，如有及时处理。按收台的顺序进行餐台清理，更换台布，重新摆台，准备迎接下一批客人。

五、正餐服务注意事项

当服务员发现客人吃完菜后把刀叉平行摆放在盘内，即表示这道菜已用完，服务员可以将它们撤走；如把刀叉分搭在菜盘的两边，则表示还需继续食用，不能撤。

无论客人对刀叉的摆法如何，在撤走餐具之前，应以目光或手势示意，经客人同意后再撤，以免发生误会。

撤菜盘、餐用具时，服务员应该站在客人的右边。

任务四 送餐服务

客房餐饮服务亦称送餐服务，是星级饭店为方便客人所提供的一项服务，也是饭店的创收渠道之一。送餐部通常为餐饮部下属的一个独立部门，由于服务周到，涉及环节多，人工费用高，所以产品和服务的价格一般比餐厅售价高20%~30%。而作为送餐的服务人员也应该为客人提供更为尊贵和专业的服务。

一、接听送餐电话应具备的业务知识及注意事项

（一）接听送餐电话应具备的业务知识

（1）熟悉送餐菜单上的各种食物价格及名称。
（2）掌握酒店内客房分布、酒店各厨房电话。
（3）掌握基本的点餐英语，能准确记录外宾的送餐要求。
（4）夜间送餐时需提前和厨师沟通今晚能提供的菜品，方便推销。

（二）接听送餐电话注意事项

（1）送餐电话铃响三声内要接听，并按标准要求用服务敬语。态度热情、音色优美、音量适中、用语准确。
（2）接听电话时，应专心听取客人所说的内容，在记录本上写下客人的要求，在确认客人点菜完毕后要复述客人所点的食品名称、数量及是否有其他要求。送餐电话虽有来电显示，但也要与客人核实一下房号是否正确。要告诉客人送餐大致所需的时间，使客人清楚，如一些出品的制作时间较长，则一定要向客人说明大致需要的时间，让客人心中有数。一般来说，早餐送餐服务时间为20分钟内，午、晚餐送餐时间为30分钟内。
（3）宾客订餐完毕后，向宾客表示感谢，等宾客放下电话以后，送餐员才可挂上电话。

二、送餐服务程序

（一）电话订餐

（1）电话响铃三声内接听，接电话向客人问好并报部门（双语），如"Good morning (afternoon/evening), Room Service. May I help you？你好，送餐服务"。声音要清晰、柔和、自然。
（2）接订单前，应询问客人房间号及用餐人数，并记录在工作簿上。
（3）接受客人订单，应仔细聆听，并做好记录。
（4）询问客人对食品的特殊要求，如牛排几成熟，沙拉配哪种酱，面条是否配辣椒酱等。
（5）主动向客人推销食品、饮品等。（上夜班时可省去）
（6）客人点餐单以外的食物时，先请客人稍等，询问厨师后再答复客人，如满足不了客人时，应表示歉意，并介绍相应的食物给客人(在夜班开始前提前和厨师沟通好哪些西餐是不能提供的)。
（7）复述客人所点的菜品名称、房间号，告知客人送餐需要的时间（根据食物制作时间而定），30分钟内必须到达客房。
（8）在客人放下电话后才挂电话，并向客人致谢。

（二）下单备餐

（1）根据订餐信息，准确无误填写订餐单，包括时间、餐别、房间号、人数、送餐员姓名、菜品名称（特殊要求）、数量、价格、服务费（菜品总价×15%）、封单。

（2）确定订餐单信息准确无误后，交与收银盖章（上夜班，收银已经下班时，拿订餐单去前台询问该房间是否可以挂房账和准备找零。如送棋牌室，在送餐时直接把订餐单白联交给棋牌室服务员）。红联送到厨房并强调客人的特殊要求（如菜品出自其他厨房，则电话告知并强调客人特殊要求）。

（3）准备餐车，铺台布。

（4）根据菜品和用餐人数配备餐具。

（5）从收银处取账单，核对账单打印是否完整准确，并询问收银员客人可否挂房账。

（6）准备好账单、零钱（如客人现金支付）、签字笔（如客人签单挂房账）。

（7）填写房间送餐登记表。

（8）菜品出锅后，立即包上保鲜膜。

（9）客人点叫的食物或饮品不多时，可以用长托盘完成送餐服务（切记不能用圆托盘）。此时送餐车/长托盘上应该有客人点的菜品、账单（找零）、房间送餐登记表、餐具。

（三）客房送餐

（1）送餐时应按规定路线行走，尽快把食物送到客房，以免食物在途中变凉。

（2）用餐车送餐进出电梯时，一定注意防止电梯门槛卡到车轮发生意外。

（3）送餐到客人房门时必须核对房间号码是否正确，以免敲错房间而引起不必要的投诉。

（4）敲门三下，用适中的音量报"Room Service（送餐服务）"，后退半步，等候宾客开门（第二次敲门在30秒以后）。

（5）服务员应微笑问候客人，并征询："您好，方便进来吗？"

（6）如用托盘送餐，取出食品后将托盘带走；如用送餐车送餐，应征询客人意见："是在送餐车还是茶几上用餐？"如在送餐车上用餐，将车两翼打开成圆桌，并踩下刹车，避免客人用餐时滑动。为客人报菜名，摆放好餐具，如有酒水，将酒水开启。

（7）询问客人："保鲜膜需要给您拆掉吗？"

（8）打开收银夹，礼貌地将账单递给客人，询问："您是签单还是付现金？"如果客人签单，应核对是否是有效签单人；如果现金结账，当面把钱清点清楚，并注意检查是否有假币。

（9）告知客人："麻烦您在房间送餐登记表上签字，方便我们回收餐具，谢谢！"

（10）提醒客人："如果您用餐结束，请拨打订餐服务电话，我们在第一时间回收餐具，您也可以直接把餐具放在门外。"

（11）向客人致谢"祝您/二位用餐愉快"。退出房间，并轻轻地关上门。

（四）餐具回收

（1）当客人来电要求收餐时，应迅速通知服务员收餐（如客房没客人的情况下，服务员应通知楼层服务员开门，并一起进入房间收餐）。

（2）如客人没有来电要求收餐，在送餐结束40分钟以后，主动打电话给客人，询问："您好，这里是送餐服务部，现在可以收餐具吗？"

（3）服务员已收餐具返回部门后，填写房间送餐登记表：已回收、收餐具时间、姓名。

项目小结

西餐厅是展示西餐菜点、饮料和服务的餐厅，主要包括法式服务、俄式服务、美式服务、英式服务和综合式服务，各有很大的差别。在餐饮服务的四大环节中，摆台和对客服务为重点。总之，作为西餐厅的服务员，要有良好的沟通技巧，使得客人乐于接受推荐的酒品和菜品，有效提高西餐厅的经济效益和社会效益。

综合能力训练

一、判断题（下列判断正确的请打"√"，错误的打"×"）

1. 将刀叉呈"八"字形搭在盘子两侧，表明已经吃完，暗示服务员可以收走盘子。（   ）
2. 西餐铺台应根据菜肴来搭配餐具和酒具，铺台时应将菜单上的每道菜肴所须配备的餐具都铺设在餐台上。（   ）
3. 西餐早、午、晚餐铺台都应摆放咖啡杯具。（   ）
4. 美式服务方式简便而快捷，尤其适用于扒房的服务。（   ）
5. 法式服务是西餐中最豪华、最细致，比较讲究礼节的服务方式。（   ）
6. 通常红葡萄酒注入酒杯2/3，白葡萄酒斟倒1/2。（   ）
7. 西餐的上菜应按前菜—汤—副菜—主菜—甜品—咖啡和茶的顺序进行。（   ）
8. 服务员在记录完客人的点菜以后，为了避免差错，应向客人复述一遍所点的菜肴，以便客人确认。（   ）
9. 如客人用错刀叉时，服务员应及时将正确的刀叉递给客人，这样显示周到的服务。（   ）
10. 西餐餐具放置要按照菜单上的规定的次序，由里至外摆放。（   ）

二、单选题

1. 西餐中的第一道菜肴通常是（   ）。
A. 开胃菜　　　　B. 汤　　　　　　C. 副菜　　　　　D. 主菜
2. 西餐菜肴中的精华所在指的是（   ）。
A. 副菜　　　　　B. 主菜　　　　　C. 汤　　　　　　D. 甜点

3. 以下不符合法国菜的特点是（　　）。
   A. 注重原材料的选择
   B. 注重食材的鲜嫩程度
   C. 在菜肴制作过程中很少用到酒
   D. 注重沙司的使用
4. 焗蜗牛是（　　）的特色菜肴。
   A. 法国　　　　　B. 英国　　　　　C. 意大利　　　　　D. 美国
5. 在各类西餐铺台中是必摆餐具之一，也是用作食用西餐中的主菜的餐具是（　　）。
   A. 汤勺　　　　　B. 小刀叉　　　　C. 鱼刀叉　　　　　D. 主刀叉
6. 西餐杯子的铺设，由左至右顺序，正确的是（　　）。
   A. 红葡萄酒杯、白葡萄酒杯、水杯
   B. 白葡萄酒杯、红葡萄酒杯、水杯
   C. 水杯、白葡萄酒杯、红葡萄酒杯
   D. 水杯、红葡萄酒杯、白葡萄酒杯
7. 西餐宴会上菜顺序是（　　）。
   A. 汤、冷开胃品、鱼类、副盘、主菜、甜食、水果、咖啡或茶
   B. 冷开胃品、汤、鱼类、副盘、主菜、甜食、咖啡或茶、水果
   C. 冷开胃品、汤、鱼类、副盘、主菜、甜食、水果、咖啡或茶
   D. 冷开胃品、汤、鱼类、主菜、副盘、甜食、水果、咖啡或茶

三、问答题

1. 送餐部接听电话的操作标准是什么？
2. 送餐部送餐员的标准送餐程序是什么？
3. 美式早餐都包含哪些食品？
4. 欧陆式早餐都包含哪些食品？
5. 为客人撤换餐具时，应注意哪些问题？

职业英语拓展

1. 再见，欢迎下次再来！
   Good-bye! Welcome to come again next time.
2. 慢走，感谢您的光临。
   Mind your step and thank you for coming.
3. 请稍等。
   Please wait a moment. /Just a moment. /Just a minute.
4. 对不起，让您久等了。
   Sorry to have kept you waiting so long.
5. 请跟我来，请这边走。
   Come with me, please. /Follow me, please.
6. 请稍候，我们马上给您安排。

Just a moment, please. We will arrange it for you right away.

7. 您看坐在这里可以吗？

   Would you mind sitting here?

8. 不用谢，很乐意为您服务。

   Not at all. I'm glad to serve you.

9. 这是菜单，请问现在可以点菜了吗？

   Here is the menu. Are you ready to order now?

10. 您想吃中餐还是西餐？

    Which would you like, Chinese food or Western food?

11. 请问您想喝点什么？

    What would you like to drink, please?

12. 请问需要加冰块吗？

    Do you need any ice-blocks, please?

13. 请问需要冷饮还是热饮？

    Which would you like, a cold drink or a hot drink?

14. 请用茶。

    Have a cup of tea, please!

15. 祝您午餐（晚餐）愉快！

    Please enjoy your lunch (dinner)!

16. 打扰了，请问现在可以上菜吗？

    I'm sorry to disturb you. Shall I bring in your food now?

17. 对不起，我能把这个盘子撤走吗？

    I'm sorry, can I take this plate away?

18. 您先来杯啤酒好吗？

    Would you like to start with a glass of beer?

19. 如果您赶时间的话，我给您安排一些快餐。

    If you're in a hurry, I'll arrange some fast food for you.

20. 对不起，这个品种刚刚售完。

    I'm sorry, the variety is just out of stock.

21. 对不起，现在已经客满了。

    I'm sorry the restaurant is full now.

22. 很抱歉，我们立即采取措施，使您满意。

    I'm sorry, we'll take measures at once to satisfy you.

23. 先生您喜欢用筷子还是刀叉？

    Which would you like, chopsticks or a knife and fork, sir?

24. 服务员，我想买单。

    Waiter, I want to pay my bill.

25. 请给我一杯可乐。

Please give me a cup of Coca-Cola.

26. 请问卫生间在哪里？

    Where is the toilet?

27. 先生（女士），这是您的账单。

    Here is your bill, sir (lady).

28. 一共是128元，请问您付现金还是信用卡？

    The total amount is 128 *yuan*. Do you pay the bill by cash or credit card?

29. 请稍等，我马上来收拾。

    Just a moment, please. I'll clear it right away.

30. 先生，请问您的牛肉要几分熟的？

    How would you like your beef? Rare, medium or well-done, sir?

31. 先生，您的菜已经上齐了。

    Your dish is all here, sir.

32. 对不起，我到厨房给您催一下。

    Sorry, I'll tell the cook to hurry.

33. 哦！很抱歉这个菜的烹饪时间较长。

    Oh, very sorry, it takes quite some time to prepare this dish.

34. 对不起，我们这没有生力啤酒。

    Sorry, we haven't San Miguel beer.

35. 您试一下百威啤酒好吗？

    Would you like to try Budweiser beer?

36. 谢谢您提出的宝贵意见。

    Thanks for your precious opinions.

37. 我们将努力改进。

    We'll try our best to improve.

38. 对不起，那是整瓶卖的。

    Sorry, it is sold by bottle.

39. 这是发票和找头，请收好。

    Here's the receipt and change. Keep it, please.

40. 好的，我一定尽快给您做好。

    All right. I'll have it for you as soon as possible.

41. 好的，我去拿来。

    OK, I'll get it for you.

42. 哦，在大堂，我带您去好吗？

    Oh, at the lobby. Shall I show you the way?

43. 先生，请问是用餐吗？

    Will you have dinner, sir?

44. 这瓶葡萄酒每瓶98元。

The wine is 98 *yuan* a bottle.

45. 我要一杯不加冰的大/小可乐和一个菠萝派。

    I'll have a large/small Coke with no ice and a pineapple pie.

46. 希望再次为您服务，晚安。

    We hope to serve you again. Good night.

47. 对不起，恐怕我们没有这个菜，我可以向您推荐别的吗？

    I'm afraid that we do not have the dish now. May I suggest something else?

48. 我十分抱歉，先生/女士。这道菜已经卖完。我能向您推荐戴安娜牛排吗？

    I'm terribly sorry, sir/madam. This dish has been sold out. May I offer you Steak Diane instead?

49. 请问您是用自助餐呢，还是零点？

    Would you like to have buffet or a la carte menu?

50. 您的房间在四楼，你可以乘电梯上去。

    Your room is on the fourth floor, and you can take the elevator.

51. 要用早餐的话，请下一楼。

    On the first floor to have breakfast, please.

52. 自助早餐从上午6:30到上午10:00，50元/位。

    The buffet breakfast is RMB 50 per person, and the service hour is from 6:30 am to 10:00 am.

53. 请问喜欢喝点什么饮品？啤酒、果汁还是汽水？

    What kind of drinks would you prefer? Beer, juice or other soft drinks?

54. 谢谢，您就在大堂吧那边坐着等会儿好吗？一有空桌，马上请您入座。

    Could you take a seat in the lobby bar for a while and I will inform you when a table is free?

55. 我可以重复一下您的点单吗？

    May I repeat your order now?

56. 您的早餐在20分钟之内送到。

    Your breakfast will be delivered in 20 minutes.

57. 如需收餐具，请打电话8717到送餐部。

    Please dial 8717 for collecting the used dishes.

58. 您想要哪种啤酒呢？

    What kind of beer would you like to drink?

59. 请问现在可以为您结账吗？

    May I settle your bill now?

60. 您打算如何付款呢？付现，还是信用卡？

    How would you like to pay for your bill? By cash or by credit card?

61. 这是您的发票。

    This is your receipt.

62. 对不起，我不明白，我问一下我们经理可以吗？

I am sorry, sir. I can't understand. Would you mind if I ask my manager first?

63. 对不起，这种酒不卖零杯，如果想喝一杯红酒，我们有长城红或者有小支的红酒。
    Sorry sir, this wine does not sell by glass. We have Great Wall selling by glass or you may choose the small bottle of red wine.

64. 真对不起，这个菜需要一定的时间。
    I am afraid this dish will take some more time to prepare.

65. 实在对不起，我马上为您重做。
    I am sorry, I will change it for you now.

66. 谢谢，请慢走，欢迎下次光临。
    Thank you for your coming. Hope to see you next time.

67. 对不起，这个刚卖完！
    I'm very sorry, this is not available now.

68. 向左转！
    Turn left, please!

69. 一直往前走！
    Go ahead straightly!

项目五 菜单设计与制作

学习目标

★ 了解菜单的作用
★ 熟悉菜单的种类
★ 掌握菜单的设计与制作
★ 了解菜单销售状况的分析

案例导入

菜单是餐饮经营管理工作的基础,也是餐饮经营开展的出发点。菜单的设计与制作是餐饮经营中一个重要环节,在餐饮企业的经营过程中起着巨大的作用。菜单的类别多样,形式繁多,菜单的设计与制作要求严谨、务实,其内容的安排、定价方式、制作原材料及式样的选择都要求讲究科学性和艺术性。通过以下任务的学习,应了解菜单的作用和种类,系统掌握菜单设计与制作的内容与方法。

任务一 菜单的作用和种类

菜单是餐饮企业作为经营者和提供服务的一方向用餐者展示其生产经营的各类餐饮产品的书面形式的总称。从形式上看,菜单是餐厅提供商品的总目录,它实际上是餐厅将所能提供的各种菜品、饮料等经过科学的组合,排列于印刷品上,供就餐者从中选择的一种销售工具,也是餐厅向顾客提供有关餐饮服务的内容、特点及价格等信息的一个渠道。

一、菜单的作用

菜单是餐饮企业日常经营活动的起点,餐饮经营管理活动中的诸多业务内容,均由菜单确定。

(一)餐饮经营方面

1. 菜单是沟通餐饮经营者与消费者之间的桥梁

菜单是载有餐饮企业销售、生产、服务等信息的媒体,餐饮企业通过菜单向顾客介绍自己的产品,推销餐饮服务,传递餐饮企业的经营意图。而消费者则通过菜单了解餐厅的类别、特色、产品及其价格,选择自己需要的产品和服务。

2. 菜单是餐饮销售的控制工具

菜单是餐饮管理者分析菜肴销售状况的基础资料。餐饮管理者定期对菜单上每种菜肴的销售状况、顾客喜爱程度、就餐者对菜肴价格敏感程度进行分析和调查，会发现菜肴生产计划、菜肴烹调技术、菜肴定价以及菜肴选择方面的问题，从而帮助管理者更换菜肴品种，改进生产计划和烹调技术，改善菜肴的促销方案和定价方法。

3. 菜单是餐饮促销的重要载体

餐厅不仅通过菜单提供信息向就餐者促销，而且还通过菜单的艺术设计衬托餐厅的形象。菜单上不仅配有文字，往往还配有图案、色彩，附有食品和菜肴的图例。一份设计美观、艺术化的菜单，能给人以感性的认识和视觉的刺激。另外，菜单上内容的合理编排、菜肴和盛器的搭配会勾起就餐者的食欲，影响客人对菜肴的选择，能促进重点菜肴的销售。菜单还可以制作成各种漂亮精致的宣传品，可以陈列在潜在客人易见之处，可以在街头向路人散发，也可以刊登在报纸、杂志上或直接邮寄给潜在顾客，以进行各种有效的推销。

4. 菜单决定餐饮经营的档次和风格

菜单的设计与装帧，是餐厅主题氛围的缩影，应与餐厅的装潢布置互相协调，菜单所列菜式品种的数量、品质和总体价格水平，都应该体现餐厅的等级与特色。不同档次的餐厅，其菜单提供的产品是不一样的。餐饮产品的风格，与餐厅的风格密切相关。

5. 菜单是餐饮服务方式的基础和依据

餐饮服务的开展是由菜单内容来决定的，菜单的内容体现了餐厅经营取向、风格和价格策略等方面的思想。不同的国家、地区和民族，由于生活习俗的差异，其饮食规范、程序和标准亦有不同。不同的习俗和饮食习惯要求餐饮服务必须把握菜单的精髓，使菜单目标和服务工作完美地结合起来。

（二）餐饮管理方面

1. 菜单决定食品原料的采购与贮存方式

食品原料的采购、贮存是餐饮企业业务活动的重要环节，它们受到菜单内容和菜单类型的影响和支配。菜单类型在一定程度上决定着采购和贮存活动的规模、方法和要求。

2. 菜单决定餐饮设备的选购

菜单一经确定，餐饮产品的风味、花色、品种、技术要求、产品价格便随之确定，同时相应的烹调加工设备和服务用具也便确定，这样菜单上的菜点品种越多，所需的设备及用具也就越特殊，因此餐饮企业选择购置设备的种类、规格、数量、质量等均取决于菜单的菜式品种、水平和特色。

3. 菜单决定厨师和服务人员的素质要求

菜单的内容，标志着餐饮机构的菜肴特色和服务水平，而体现菜肴特色和水平，还必须通过厨师的烹调加工和餐厅的服务方能实现。因此，餐饮企业在配备厨师和服务人员时，应根据菜式制作的服务要求，招聘具有相应技术水平的人员。

4. 菜单是餐饮成本控制的依据

菜单在体现餐饮风格特色、水平的同时，也决定了餐饮的成本。用料珍稀、原料价格昂贵的菜肴过多，必然导致较高的食品原料成本；而煞费苦心、精雕细刻的菜肴过多，又会无端增加企业的劳力成本。实际上，各种不同成本的菜肴的数量之间应成一定的比例，这一比例是否恰当，直接影响到餐饮企业的赢利能力大小。因此，确定各菜肴的成本，调整整个菜单不同菜肴的品种数量比例，是餐饮企业成本管理的首要环节。

5. 菜单影响着厨房的布局

厨房是厨师加工制作餐饮实物产品的场所，厨房内各业务操作中心的选址，各种设备、工具的位置摆放，均以菜单内容的加工制作要求为依据来进行。由于烹调内容不同，过程不同，所用的设备和工具不同，中西餐厨房的布局安排差异很大，快餐厨房和正餐厨房的设备安排也相去甚远，即使同是中餐厨房或西餐厨房，也会因各家菜单的差异而形成自己独特的布局。

二、菜单的种类

从不同的角度和侧面，菜单可以划分成若干种类别，不同的类型产生不同的表现形式。这些不同的类别和不同的表现形式，为餐饮专业工作者和专业学校的师生全面、完整地了解菜单提供了方便。

（一）依据餐别划分

依据餐别划分的出发点是根据民族习俗发展而来的。从理论上讲，全世界有多少民族，就会出现相应数量的餐别，但在全球范围内，大家普遍接受并使用的餐别为数不多，已为大家接受的餐别及对应的菜单有以下3类。

1. 中餐菜单

中餐菜单是在中餐餐馆中使用的菜单，餐食的内容、所用的原料、烹饪的方法及服务的程式，反映的是中华民族的饮食风格和习惯。

2. 西餐菜单

西餐菜单以欧美国家的餐馆使用为主，它反映的是西方人的饮食习惯、风俗、菜肴的烹饪加工特点、口味特色等内容，同时也反映出相应的服务要求和服务方法。

3. 其他菜单

其他菜单是中西餐菜单以外的菜单的总称。目前，在国内外餐饮业常见的其他餐食有日本餐、韩国餐、泰国餐、越南餐、印尼餐、德国餐、墨西哥餐等。此类菜单就是为这些不同的餐食所配备的，它反映的是上述国家的餐食风格和服务方法。

（二）依据就餐时间划分

不同的餐饮营业点，其供餐时间不一样。即使是同一个餐饮营业点，依据每天的不同时间，其经营服务的内容也存在着差异，不同时间使用的菜单也不尽一样。这些菜单主要有以下3类。

1. 早餐菜单

早餐菜单专为早餐设计，主要用于早餐服务。餐单上所列的经营品种，具有鲜明的早餐食品特点。

2. 正餐菜单

正餐菜单专为正餐而设计，菜单所含餐饮品种较完整、齐全。此类菜单既可用于午餐，又可用于晚餐。

3. 消夜菜单

中餐馆使用较普遍，主要为习惯于夜生活的人而设计。使用时间通常是子夜前后。

（三）依据餐饮产品的品种划分

餐饮部是饭店唯一生产实物产品的部门。其生产的实物产品呈多样性特征，以满足就餐者的不同消费需求。菜单的表现形式有以下3种。

1. 菜单（此处的菜单概念为狭义的）

菜单是餐厅向就餐者提供的包含菜肴名称、价格等信息内容的，供就餐者挑选菜肴品种的书面清单，属于菜单（广义概念）中最典型的形式，它反映的是餐饮部的主体产品——菜肴。

2. 饮料单

饮料单是餐饮部所辖的各营业点向宾客提供的包含酒品、饮料及其价格等信息内容的，供就餐者挑选酒水品种的书面清单。饮料单普遍用于餐饮各消费场所。其包含的产品品种通常分为三类：纯饮的各种酒类，如白兰地、威士忌、葡萄酒及啤酒等；软饮料类，如果汁、汽水等；混合饮料类，如鸡尾酒、宾治等。

3. 餐酒单

餐酒单主要用于西餐厅，是西餐厅向就餐者提供包含各类葡萄酒名称、价格等信息内容的，供就餐者挑选合适的佐餐葡萄酒的书面清单。西餐的佐餐饮品有红葡萄酒、白葡萄酒、桃红葡萄酒、葡萄汽酒、加强葡萄酒等。

依据餐饮产品的表现形式看，菜单、饮料单和餐酒单最为常见。除此以外，有些餐厅还将其生产的各色咸、甜点心，糕饼的名称、价格汇于一份清单上，谓之"点心单"，以方便宾客选择各种点心。

（四）依据服务地点划分

餐饮部拥有众多的营业地点，其经营内容、表现形式存在着很大的差异。除了咖啡厅、零点餐厅、酒吧这些普通的营业场所之外，餐饮部经营管理范围之外的客房、楼面等地也有餐饮部设计制作的菜单踪迹。

1. 咖啡厅菜单

咖啡厅的服务特色是快捷、方便，餐厅通过快捷有效的服务加大客流量并增加利润。咖啡厅菜单的设计要符合餐厅经营的方针。欧陆式咖啡厅通常备有早餐零点菜单，午、晚餐零点菜单，而美式咖啡厅则通常只备有午、晚餐零点菜单。

咖啡厅菜单的特点是菜肴品种以简单、快捷的西餐为主；菜单的制作比较简单、轻巧，项目不太多，色彩和图案等和餐厅主题与气氛相协调；有固定菜单、附加菜单、台卡式菜单、纸垫式菜单和招贴式菜单等不同形式。

2. 餐厅菜单

餐厅菜单普遍适用于各类中西餐零点餐厅，餐单上所列的经营品种，一般能反映出餐厅日常烹饪制作风格和水平，同时也体现出餐饮服务档次和特点。

3. 酒吧菜单

酒吧菜单的主要表现形式为饮料单。在饮料单上除供应酒类等饮品之外，许多酒吧还供应各类佐饮小点和简单的餐食，如三明治等。

4. 客房送餐菜单

客房送餐服务是饭店为方便宾客、增加收入、体现饭店服务水准而提供的服务项目。其菜单一般有两种类型：

（1）门把手早餐菜单：这种客房送餐菜单是为了方便宾客而挂在门把手上的一种纸质早餐菜单，上面列有各种早餐菜肴、冷热饮品和套餐的名称、价格及供应时间。宾客订餐时，只要在菜点名称前的小方框内打钩即可。它由夜班客房送餐服务员收集至客房送餐部后由专人登记在预订记录单上，并下单入厨房备餐。

（2）午、晚餐菜单：放置在客房床头柜上或服务指南中的客房送餐菜单。客房送餐菜单要选择质量好、加工不太复杂、保存时间相对较长的菜肴。菜肴品种要搭配适当，不宜太多，可精选饭店各餐厅的风味菜肴。

（五）依据市场特点划分

1. 固定性菜单

固定性菜单，也称标准菜单，是一种菜式内容标准化而不作经常性调整的菜单，一般用于就餐宾客人数较多且流动性强的旅游饭店、社会餐馆。这种菜单相对稳定，能长期使用，能省去管理者不少精力和时间。它与其他形式的菜单相比，优点在于：

（1）有利于食品成本控制。有些餐厅当餐或当天未能销售出去的菜肴在下一餐或许还可以销售，不至于造成浪费而增加食品成本。

（2）有利于控制食品采购，减少食品库存。因菜式固定不变，所需的食品原材料亦不变，因而只需采购、贮存必要的原料，减少了食品库存量，降低了库存成本和资金占用。

（3）有利于餐厅正确选择、确定所需的设备及用具。使用固定性菜单使设备及用具的种类相对固定，设备可重复使用，数量减少，提高设备利用率，防止盲目购置设备和闲置设备所造成的浪费。

（4）有利于员工劳力的安排和设备及用具的充分使用。由于劳力和设备较易调配，核算控制相应变得容易，从而使餐厅能更合理、更有效地使用人力和物力。

这种菜单的不足之处在于：难以提供多种风格的餐饮，厨师和服务员每天重复劳动易产生厌倦感，赢利能力易受食品原材料价格成本的牵制。

2. 循环性菜单

循环性菜单，是指按固定周期循环使用的菜单，适用于团体包餐、长住型商务客人及企事业单位员工的工作餐。

循环性菜单必须按预定的周期天数制定一系列的菜单，每天使用一份。通常一种是季节性菜单，即以四季的交替为循环周期，以时令菜为主，每一季节周期会以典型的时令、节日为重点，并能借此减少不同季节原料短缺及成本过高的现象。另一种是针对团体和长期客户的循环菜单，其周期长短根据市场特点而定，一般使用周期较短，企事业单位工作餐周期可长一些（三至四星期为一个周期即可）。对于长住的商务客人的餐饮，则应注意提高菜单的循环频率，以增加对客人的吸引力。

与固定性菜单相比，循环性菜单有其较为明显的优点。其设计丰富多彩，变化多端，与市场结合紧密，顾客也不容易对菜单厌烦，厨房工作人员也不会因工作单调而产生厌倦感，但循环性菜单的使用也增加了餐饮生产及管理的难度，劳动力、设备及管理等方面的成本也大大增加。

3. 即时性菜单

即时性菜单，是指根据一定时期内原料的供应情况制定的临时性菜单，它既不固定也不循环，仅供限定的天数内或某一餐饮活动使用。

编制这种菜单的依据是菜品原料的可得性，原料的质量、价格及厨师的烹调水平等。美食节餐饮促销活动菜单、宴会菜单、每日精选菜单、自助餐形式菜单等多采用即时性菜单形式。这种菜单因其灵活性，有利于采购、使用新鲜廉价的原料，还可大大提高餐饮管理和营销人员的积极性。

（六）依据菜单价格形式划分

1. 零点菜单

零点菜单是使用最广泛的一种菜单形式，也是餐厅中最主要的菜单形式。

这种菜单上分门别类地标明菜式品种的名称、规格及相对应的价格，宾客可根据自己的喜好和消费能力，自己点菜。其核心菜式品种比较固定，组合上兼收并蓄，高、中、低档次并存，品种繁多，当场点菜，重点推荐，顾客的选择范围比较大。它不但适用于一般社会餐馆，而且适用于各类正餐厅和风味餐厅等，能满足不同消费者的需求。

2. 套餐菜单

套餐菜单，又称定食菜单、公司菜单，是为满足顾客各种需求或为方便促销而推出的组合菜单。

它通常由一系列不同规格和标准的菜品组成，是以包价形式出售菜品的一种形式，不标明每一道菜的价格，宾客不能任意删减或增加。这种菜单还包括以下3种类型。

（1）普通菜单：针对一个或几个客人的就餐需求特点而设计，价格比较便宜，菜品组合较简单。

（2）团体菜单：这种菜单是针对旅行社组织的团队、各种会议团体等设计的菜单。

（3）宴会菜单：也是一种套餐菜单，是由一定规格、质量的一整套的菜点饮品，按照约定俗成的进餐顺序和礼仪组合而成的菜单，其主食、菜肴和饮品的组合搭配等方面的要求均远高于团体套餐和普通套餐，具有主题多样化、菜单执行的规格和标准灵活、设计技术性强、易于批量加工制作等特点。

3. 混合性菜单

混合性菜单，是零点菜单与套餐菜单的结合，将零点菜单和套餐菜单印刷在一起，一部分菜式以零点形式出现，一部分以套餐形式出现；或以套餐形式为主，同时欢迎顾客再随意选择点菜，或以零点形式为主，主菜同时列有供零点或套餐选择的两种不同价格，客人就有了一定的自由选择菜品的机会，餐厅同时也会因此而增加收入。

任务二　菜单的设计与制作

菜单是将餐饮产品的信息直接传递给就餐者的十分有效的媒介。它是将销售者与消费者连接起来的纽带和桥梁。媒介敏感程度的高低，"纽带和桥梁"顺畅与否，直接影响信息传递是否到位。菜单的筹划、设计与制作，既是餐饮经营活动的重要形式，又是餐饮业务活动的核心。

一、菜单设计的依据

菜单设计，包括菜单的制定和修订，需要考虑许多方面的因素，将这些因素归纳起来，不外乎两个方面，即知己、知彼。

（一）对自身技术力量的分析

在制定和修订菜单之前，应该对自身的餐饮技术力量进行分析，分析的目的是明确根据现有的人员和设备条件能够制作何种风格、何种档次的菜肴，这种菜肴经制作人员加工出来之后，前台的服务人员有无能力提供与之相适应的配套服务。

1. 对人力技术力量的分析

对人力技术力量的分析主要体现在两个方面：

（1）对餐饮产品制作人员的情况分析。在分析时，应本着全面、完整、发展的原则认真进行。餐饮产品制作人员主要是指厨房的各类厨师、厨房的点心制作师和餐厅、酒吧的调酒师。分析的项目可分为：这些人员的年龄状况结构（个体的和整体的）、餐系（中餐、西餐）和帮系结构、从事本专业工作经历状况（个体的和整体的）、受教育及文化层次结构（个体的和整体的）、各自的技术等级状况及整体的技术等级状况、整体性别比例结构等。以对性别比例结构分析为例，厨房虽然基本上属于男性世界，但并非所有的工作都适合男性去做，像菜肴烹饪之前的准备、切配和饼房中的点心制作等，女性则略强于男性。另外，从工作效果上看，在男性世界中，安排适量的女性一起工作，能使工作量和工作效率提高许多，这已为实际情况所证实。

（2）对餐饮服务人员的情况分析。从理论上讲，对服务人员技术状况分析的指导思想和方法，与对餐饮产品制作人员分析的指导思想和方法相同，但着重点有所不一。在对餐饮服务人员进行分析时，重点应放在年龄、性别、职业形象、工作态度、服务技能、技巧等方面。这是由于餐饮服务人员所从事的是面对面的服务工作。

2. 对餐饮设备的技术先进水平及适用性的分析

随着社会经济水平的提高和科学技术的日新月异，现代化的管理思想和方法、工业化的操作过程和手段逐渐进入厨房，引发了一场厨房革命，使得当今餐饮厨房对先进设备的依赖程度越来越大。这在西餐厨房中显得尤为明显，厨房中原来由手工完成的工作，越来越多地被机器设备所代替。这种变革在中餐厨房中不是十分明显，但这一趋势正渐渐地初显端倪。因此，无论是西餐餐单还是中餐餐单，在制定、修订时，都应充分考虑到设备在餐饮生产中所起的作用。

餐饮设备的适用性是应该考虑的另一个因素。同样是中餐，由于菜系的不同，对设备需求的程度是不一样的，如今天的粤菜，由于受西餐的影响较大，对设备的依赖程度就较高。

（二）对经营环境及状况的分析

1. 对餐饮消费市场需求形势的分析

对餐饮消费市场需求形势的分析，有赖于日积月累的统计数据及变化多端的餐饮消费需求。依据这些数据和需求，指导菜单的制定。

2. 对食品原料市场供应形势的分析

随着国家经济形势的发展，全国的经济体制已从计划经济的模式向市场经济的模式转变。市场机制的自然调节，在食品原料的供应市场方面也日臻完善。食品原料是饭店制定、修订菜单的分析重点，餐饮企业也由寻找原料供应市场变为在众多的原料卖主中，挑选最佳的卖主，然后确定菜单内容。

3. 对销售统计数据的分析

前期销售统计数据是对前一阶段经营工作的总结。这样的总结对下一阶段的工作往往具有很大的指导意义。这些销售统计数据主要来源于目前饭店中广泛使用的电脑记录。这些数据计有原料成本数据、销售收入数据、各种费用数据、毛利状况数据、人均消费额数据、餐位周转率数据等。

二、菜肴的选择

选择菜肴，就是指将那些顾客喜欢的同时又能使餐饮企业获得利润的菜肴经过筛选，使之出现在餐厅的菜单上。

（一）掌握菜肴销售的趋势

一份好的菜单应能适应菜肴销售的发展趋势。在选择菜肴时，应密切注意有关菜肴的销售状况，阅读各种有关餐饮情况的专业杂志和报纸；同时，还要定期访问各类餐饮同行，通过亲自品尝，了解他们的经营品种、烹饪特色和销售、服务状况，了解哪些菜尤其受顾客欢迎，哪些菜销售不佳、乏人问津，从而修订或制定自己餐厅的菜单，并使经营使用的菜单能反映以下信息：菜肴流行、发展的潮流，销量最大的菜肴帮系，当地人最喜欢的菜肴品种。

餐厅的菜单，不能一成不变，必须定期进行销售动态调查、研究，并辅之以菜单分析，确定本餐厅各种菜肴的销售情况。

（二）菜肴销售状况分析

菜肴销售状况的分析是菜肴选择的一项十分重要的工作。菜肴销售状况的分析就是对菜单上各种菜肴的销售情况进行调查，分析哪些菜肴最受顾客欢迎，用顾客欢迎指数表示；分析哪些菜肴赢利最大，一般价格越高的菜毛利越大，用销售额指数表示。

菜肴销售状况分析的第一步就是对分析对象——"菜肴"进行分类。菜单一般分几类列出菜名。各类菜肴间内部会相互竞争，例如，人们点了"铁板牛肉"，一般就不会再点"青椒牛肉片"；点了"乡下浓汤"，不会再点"新鲜蔬菜汤"。这表明，在同类菜肴中，一道菜的畅销会夺取其他菜的销售额。所以在分析时，先要将菜单的菜肴按不同类别划分出来，对相互竞争的同类菜肴进行分析。

例如，某中餐厅菜单上的汤类品种共有 5 个，某统计期各种汤品的销售份额、顾客欢迎指数和销售额指数如表 5-1 所示。

表 5-1 菜肴销售状况分析

菜名	销售份数	销售数百分比	顾客欢迎指数	价格（元）	销售额（元）	销售额百分比	销售额指数	结论
花螺炖凤翅	300	26%	1.3	25	7 500	16.1%	0.8	畅销，低利润
上汤螺片	150	13%	0.65	20	3 000	6.5%	0.3	不畅销，低利润
冬虫炖鲍	100	9%	0.45	40	4 000	8.6%	0.4	不畅销，低利润
洋参炖乌鸡	400	35%	1.75	50	20 000	43%	2.2	畅销，高利润
薏米水鱼	200	17%	0.85	60	12 000	25.8%	1.3	不畅销，高利润
总计/平均值	1 150	20%	1		46 500	20%	1	

菜肴销售状况分析的原始数据来自点菜单，汇总账单上各种菜的销售份额和价格，便可算出顾客欢迎指数和销售额指数。由于电脑的普及，这些统计与计算工作均由电脑处理，既准确又快捷。

顾客欢迎指数表示顾客对某种菜肴的喜爱程度，以顾客对各种菜肴购买的相对数量表示。我们将顾客欢迎指数高的菜认作为畅销的菜肴。顾客欢迎指数的计算是将某种菜销售数百分比除以每种菜应售百分比。

$$顾客欢迎指数 = \frac{某种菜销售数百分比}{各菜应售百分比}$$

$$各菜应售百分比 = \frac{100\%}{被分析项目数}$$

在表 5-1 中,"花螺炖凤翅"的销售数百分比为 26%,共有 5 个汤类品种,"花螺炖凤翅"的顾客欢迎指数的计算为:

$$\frac{26\%}{\frac{100\%}{5}} = 1.3$$

仅分析菜肴的顾客欢迎指数还不够,还要进行菜肴的赢利能力分析。我们将销售额指数高的菜认作高利润的菜。销售额指数的计算如下:

$$销售额指数 = \frac{某菜肴销售额百分比}{各菜应售百分比}$$

各菜应售百分比的公式如前所述。上述中,"花螺炖凤翅"的销售额指数的计算为:

$$\frac{16.1\%}{\frac{100\%}{5}} = 0.8$$

不管分析的菜肴项目有多少,任何一类菜的顾客欢迎指数和销售额指数的平均值总是 1,顾客欢迎指数超过 1 的菜肴一定是顾客欢迎的菜,超过越多,表示越受欢迎,因而顾客欢迎指数较菜肴销售数百分比更科学、更直观。菜肴销售数百分比只能比较同类菜的受欢迎度,但与其他类的菜肴比较时,或当菜肴分析项目数发生变化时就难以比较。而顾客欢迎指数却不受其影响。同理,销售额指数超过 1 的菜肴一定是销售额、利润状况良好的菜,超过越多,销售额与利润状况则越佳。

根据对顾客欢迎指数和销售额指数的计算分析,我们可以将被分析的菜肴划分成四类,并根据不同的状况,制定出相应的对策。表 5-2 显示了这种对应关系。

表 5-2 菜肴销售状况分析对策表

菜名	销售特点	相应的产品政策
洋参炖乌鸡	畅销、高利润	保留
上汤螺片	不畅销、低利润	取消或保留
冬虫炖鲍	不畅销、低利润	取消或保留
花螺炖凤翅	畅销、低利润	作为诱饵或取消
薏米水鱼	不畅销、高利润	吸引高档客人或取消

(1)畅销、高利润的菜,既受顾客欢迎又赢利,在调整菜单时,理应保留。

(2)不畅销、低利润的菜,一般应取消,但有的菜肴如果顾客欢迎指数和销售额指数都不是很低,接近 0.7,又是原料平衡、营养平衡、价格平衡方面所需要的,仍应保留。

(3)畅销、低利润的菜,一般可用于薄利多销的低档餐厅,如果价格和赢利不是太低而顾客又较喜欢,可以保留,使之起到吸引顾客到餐厅来就餐的诱饵作用。餐饮消费是种典型的组合消费,就餐者一般至少点上三个或三个以上的菜肴就餐,虽然低利润畅销菜有时会赔一点,但就整体而言,它能带动其他菜的销售。但有时赢利很低而又十分畅销的菜,可能会转移消费者的注意力,挤掉那些赢利能力强的菜肴。如果这些菜肴已明显地影响赢利能力强的菜肴的销售，那么就应果断地取消这些菜肴。

（4）不畅销、高利润的菜，可以用来迎合一些愿意支付高价的客人。高价菜毛利大，如果不是极为不畅销则可以保留。但如果销量太小，会使菜单失去吸引力。因而，长时间销量一直很少的菜肴就应予以取消。

三、菜单的内容及其安排

（一）菜单的内容

菜单是一种菜肴广告。它的任务是告知宾客餐厅能向他们提供的菜肴品种及这些菜肴的价格，饭店厨师就根据菜单品种进行原料准备和加工并生产菜肴。从整体上看，一份完整的菜单，应有5个方面的内容。

1. 菜肴的名称和价格

菜品的名称会直接影响顾客的选择。顾客未曾尝试过的菜，往往会凭菜品的名称去挑选。菜单上菜品名称会在就餐客人的头脑中产生一种联想，并对菜品产生一种期望。宾客对就餐是否满意，在很大程度上取决于餐厅提供的菜品是否能够满足宾客的期望，所以菜品名称的确定应科学、合理。

根据国际通行的做法，菜品名称和价格要具有真实性。这种真实性要求体现在以下4个方面：

（1）菜品名称真实。菜品名称可以好听，但必须真实，不能太离奇。餐饮业中曾经流行过使用充满想象力、离奇而不精确的菜品名称。国际餐饮协会对宾客进行调查发现，故弄玄虚、表面离奇的菜名、宾客不熟悉或名不副实的菜名，不容易被宾客接受。只有那些经过世代流传、约定俗成的传统菜、经典菜的菜名可以沿用世代相传的富有传奇色彩的菜肴名称，如粤菜中的"龙虎斗"、川菜中的"麻婆豆腐"、闽菜中的"佛跳墙"等。向大众开放的餐厅，应该采用名副其实并为宾客熟悉的菜名。当然有些餐厅用独特菜名也有成功的，但这些名称刚进入市场时，一般都配有一些辅助说明。

（2）菜品价格真实。菜单上的价格应该与实际供应菜品价格一样。如果餐厅加收服务费，则必须在菜单上加以注明。若有价格调整，要立即更换菜单而不能在原菜单上涂改，否则会使宾客产生被欺骗的感觉。

（3）外文名称拼写正确。菜单是餐厅服务质量的一种标志。如果西餐厅菜单的英文或法文名称搞错或有拼写错误，说明该西餐厅对该国的烹调根本不熟悉或质量控制不严，会使宾客对该餐厅产生不信任感；如果中餐厅菜单上的英文名称译错或书写出错，将会使外国客人茫然无措。

（4）菜单上列出的产品应保证供应。有些餐厅管理人员认为本餐厅能制作的菜品应该全部列在菜单上，多给宾客选择的余地。但由于许多菜品的原料不能保障供应，致使宾客点菜时许多菜品无法出菜，这样就显得菜单不可靠、不严肃。

2. 菜肴的介绍

菜单上要对一些菜肴作简要介绍。这可代替服务员临时再向宾客介绍，可减少宾客点菜时间，提高工作效率。菜品介绍的内容有以下3个方面。

（1）主料、配料及一些独特的调料。有些要注明规格，如肉类要注明是里脊还是腿肉等；有些需要注明质量，如鲜榨果汁、活鱼等。

（2）菜品的烹调和服务方法。某些菜品具有独特的烹调方法和服务方法，必须加以介绍，而普通的方法则不必介绍。

（3）菜品的份额。有些菜品要注上每份的数量或重量。如果以重量表示，是指烹调后菜品的重量。有的菜品要注上数量，如美式早餐套餐注明有两个美式煎蛋，以方便宾客根据数量来选择。

此外，菜品的介绍要便于推销。菜单上的介绍要注意引导宾客订那些餐厅希望销售的菜肴，因此要着重介绍名牌菜、特色菜。同时，在介绍一些名称比较复杂的菜品时，应对菜品的原材料和烹调方法作一些简要介绍，以让宾客产生兴趣，愿意去尝试。

3. 告示性信息

每张菜单都应提供一些简明的告示性信息，包括：

（1）餐厅的名字：通常安排在封面。

（2）餐厅的特色风味：如果餐厅具有某些特色风味而餐厅名称中未得到反映，就要在菜单封面的餐厅名称下列出其特色风味。

（3）餐厅的地址、电话和商标记号：一般列在菜单的封底下方。有些餐饮企业的菜单还附有简易地图，列出该餐厅在城市中的地理位置。

（4）餐厅营业时间：一般列在封面或封底。

（5）餐厅加收的费用：如果餐厅加收服务费，要在菜单的内页上注明。

4. 机构性信息

有的菜单上还有介绍餐饮企业的质量、历史背景和餐厅特点、连锁机构、发展现状等内容。许多餐厅需要推销自己的特色，而菜单正是最佳的推销工具。例如，肯德基餐厅的菜单介绍了该国际集团的规模、炸鸡的烹调特色以及它产生的历史背景。

5. 特色菜推销

在菜单上推销特色菜品，一是可以大力宣传畅销菜、名牌菜，二是可对一些利润高但不太畅销的菜品作重点推销，使之成为既畅销又利高的菜品。需特殊推销的菜品有以下四类：

（1）特殊的菜品：是指畅销或高利润的菜。这种特殊菜品可以是经常服务的某种菜品，也可以是时令菜。时令菜容易吸引客人，增强推销效果。

（2）特殊套餐：推销一些特殊套餐能提高销售额，增强推销效果。

（3）每日时令菜：有的菜单上留出空间以推荐每日的特色菜和时令菜，增加菜单的新鲜感。

（4）特色烹调菜：有些餐厅以独特的烹调方法来推销一些特殊菜。例如，有的餐厅推出主厨特色菜系列：主厨特色汤、主厨特色沙拉、主厨特色主菜等。

（二）菜单内容的安排

1. 内容安排的总原则

菜单的内容一般按就餐顺序排列。这既符合人们正常的思维步骤，又能让顾客很快找到菜肴的类别，不致漏掉某些菜肴。例如，西餐菜单的排列顺序一般是开胃品、汤、沙拉、主菜、三明治、甜点、饮品，中餐的排列顺序则为：冷盘、热炒、汤、主食、饮料。

2. 西餐菜单的表现形式及主菜的相应位置

西餐菜单的表现形式通常有如下几种：单页式菜单、双页式菜单（对折式菜单）、三页式菜单、四页式菜单。

在西餐菜单中，主菜的地位举足轻重，分量很大，应该尽量排在显要的位置。根据人们的阅读习惯和餐饮同行们的经验总结，单页菜单上主菜应列在菜单的中间位置，双页菜单上主菜应放在右页的上半部分，三页菜单中主菜须安排在中页的中间，四页菜单里主菜则通常被置于第二页和第三页上。

3. 中餐菜单的表现形式

中餐菜单最常见的表现形式仍是书本杂志式，一份中餐菜单形同一本薄薄的杂志，打开之后，菜名、菜价平铺直叙，无重点、无起伏，这就是中餐菜单亟待改进之处。

4. 重点促销菜肴的位置安排

重点促销菜肴可以是时令菜、特色菜、厨师拿手绝活菜，也可以是由滞销、积压原料经过精心加工包装之后制成的特别推荐菜，总之是饭店希望尽快介绍、推销给就餐者的菜。

既然是重点促销菜肴，就应该将这些菜肴安排在醒目之处。在菜单上的位置对于此类菜肴的推销有很大的影响。要使推销效果明显，必须遵循两大原则：首部和尾部，也就是将重点促销菜肴放在菜单的开始处和结尾处，因为这两个位置往往最能吸引人们阅读的注意力，并在人们头脑中留下深刻的印象。有些饭店将赢利最大的菜肴放在人们第一眼和最后一眼注意的地方。经统计，顾客几乎总是能注意到同类产品的第一个和最后一个菜肴。菜单上有些重点推销的名牌菜、高价菜和特色菜或套菜可以采用插页、夹页、台卡的形式单独进行推销。

另外，不同表现形式的菜单，其重点推销区域是不同的。

单页菜单。用横线将单页菜单对分，菜单的上半部就是重点推销区域。

双页菜单。双页菜单的右上角为重点推销区域，该区域上边及右边的 3/4 做出一个三角形。

三页菜单。三页菜单对菜肴推销很有利，中间部分是人们打开菜单首先注意的地方。依据对人们眼睛注意力研究的结果表明，人们对正中部分的注视程度是对全部菜单注视程度的七倍，因而中页的中间部分是最显眼之处，应放上餐厅最需要推销的菜肴。

四、菜单的制作

递送到客人面前的菜单，形式可以五花八门、各式各样，但不论其呈圆形、长方形或其他形状，尺寸属大号或小号，是单页或折叠，由纸质或由其他材料制成，菜单必须制作得能恰如其分地反映出一家餐厅的面貌和经营特色，使就餐者仅从菜单的外观，便能推断一家饭店的餐饮管理水平和服务质量。

（一）菜单的设计与制作应注意艺术、美观

一张漂亮的菜单会增加人们就餐的兴趣，营造合适的就餐气氛。菜单的设计要与餐厅的经营宗旨相匹配，要体现和推销餐厅的形象。这里面涉及的因素较多，菜单材料的选择、颜色的搭配、尺寸的大小、字体和字号的选取等，均直接影响到菜单的艺术与美观。

（二）菜单的材料与尺寸

1. 菜单内页的材料

如何选取菜单的制作材料，取决于菜单的使用方式。一般而言，饭店的菜单有"一次性"和"耐用"两种方式。"一次性"即使用一次后就处理掉，"耐用"当然指尽可能长期地使用。如果菜单每天更换，那么"一次性"使用便是选择制作材料的依据。这种每日更换的菜单内容应当印在比较轻巧的、便宜的纸上。由于仅使用一天后就丢弃不用，因而不必考虑纸张的耐污、耐磨等性能。但是，菜单的一次性使用并不意味着可以粗制滥造。另外，饭店在设计制作长期使用的菜单时，应当选用质地精良、高克数的厚实纸张，同时还必须考虑纸张的防污、去渍、防折和耐磨等性能。当然，耐用的菜单也不一定非得完全印在同一种纸上，不少菜单是由一个厚实耐用的封面加上纸质稍次的活页组成的。

2. 避免使用塑料、绸、绢料等作菜单封面

饭店应该避免使用塑料、绸、绢作菜单封面。避免使用塑料作菜单封面就像餐桌上应避免使用塑料花一样，因为塑料制品在现代人看来是极其低廉的东西，使用塑料菜单不免有贬损餐厅形象之嫌；绸、绢之类固然高雅，但却因极易被玷污染渍，也不宜用作菜单封面。其他材料，如漆纸、漆布，虽不易弄脏，但因油漆常发生龟裂、剥落而有碍观瞻，也不宜用作菜单封面。

3. 菜单的尺寸大小

菜单的尺寸大小，有一定的规律可循：一般单页菜单以30厘米×40厘米大小为宜，对折式的双页菜单合上时以其尺寸为25厘米×35厘米最佳，三页式的菜单合上时，尺寸为20厘米×35厘米为宜。当然，其他规格和样式的菜单也并非罕见。重要的是菜单的样式必须与餐厅风格相协调，菜单的大小必须与餐厅的面积、餐桌的大小和座位空间相对应。

另外，菜单在篇幅上应保持一定的空白，篇幅上的空白会使字体突出，易读，并避免杂乱。如果菜单的文字所占篇幅多于50%，会使菜单看上去又挤又乱，妨碍顾客阅读和挑选菜肴。菜单四边的空白应宽度相等，给人以均匀之感。左边首字应排齐。

（三）菜单的字体与字号

菜单的字体要为餐厅营造气氛，反映餐厅的环境。它与餐厅的标记一样，是餐厅形象的一

个重要组成部分。菜单的字体和餐厅所用的标记、颜色一样,是鉴别餐厅的重要特征。菜单上的字体一经确定,就和餐厅标记、颜色一起用在菜单上,同时还用在火柴盒上、餐巾纸上、餐垫上、餐桌广告牌上及其他推销品上。使用令人容易辨认的字体能使顾客感到餐厅的餐饮产品和服务质量具有一定的标准并留下深刻的印象。仿宋体、黑体等字体,较多地被用作餐单正文,而隶书则常用作菜肴类别的题头说明。在引用外文时,应尽量避免使用圆体字母,宜用一般常见的印刷体。

菜单的字号,即印刷菜单时所用字的型号大小。根据调查情况统计,最易被就餐者阅读的字形是二号字和三号字,其中以三号字最为理想。

(四) 菜单的颜色和照片

在菜单上使用颜色和照片是当代餐厅的一种潮流。菜单的颜色能起到推销菜肴的作用。菜单颜色具有装饰作用,使菜单更具吸引力,令人产生兴趣;通过色彩的安排、组合,能更好地介绍重点菜肴。颜色能显示餐厅的风格和气氛,因此菜单的颜色要与餐厅的环境、餐桌、桌布、餐巾和餐具的颜色相协调。一般来说,鲜艳的大色块、五彩标题、五彩插图较适合用于快餐厅之类的菜单,而以淡雅优美的色彩如浅褐、米黄、浅灰、天蓝等为基调设计的菜单,点缀性地运用色彩,便会使人觉得这是一家具有档次的餐厅。

彩色照片也能对食品、饮料起推销作用。彩色照片能直接展示餐厅所提供的菜肴和饮品。一张令人垂涎三尺的菜肴彩照胜于大段的文字说明,它是真实菜肴的证据与缩影。许多菜肴、点心、饮品唯有用颜色和照片才能显示其质量,如描绘新鲜牛排、对虾的质量只能使用彩色照片。彩色照片能使顾客加快点菜速度,它是菜肴有效的推销工具。顾客见到菜肴诱人的照片,很快就能点好菜,无疑这样能加速餐座周转率。

印上彩色照片的菜肴应该是餐厅欲销售的,并希望顾客能注意并决定购买的菜肴。餐厅常将高价菜、名牌菜和顾客最欢迎的菜做成彩照印在菜单上。另一类常有彩照的菜是形状美观、色彩丰富的菜。

彩色照片的印刷要注意质量。如果印刷质量差,反使顾客倒胃口,如果一块牛排被印成绿色,苹果馅饼被印成灰色,那还不如不要彩色照片。彩色照片边上要印上菜名,注明配料和价格,便于顾客点菜。

项目小结

本项目共分两大任务,主要内容包括菜单的作用、菜单的分类,讲述了菜单制作的注意事项以及不同类型的菜单的内容、菜单的大小、文字的选择、色彩的搭配等,让同学们在完成本项目学习后,对菜单的管理有一定的了解和掌握。

综合能力训练

1. 菜单的作用有哪些?
2. 菜单制作过程中应注意哪些问题?

3. 菜单应提供哪些简明的告示性信息？
4. 固定性菜单有哪些优点？
5. 什么是套餐菜单？

职业英语拓展

一、单词

menu 菜单
normal 正常的
feast 宴会
napkin ring 餐巾环
coffee cup 咖啡杯
brandy 白兰地
vodka 伏特加酒
champagne 香槟酒
yellow wine 黄酒
flower vase 花瓶
gin 金酒
candlesticks 蜡烛台
rice bowl 饭碗

二、会话

1. Could you recommend a nice restaurant near here?
   是否可介绍附近口碑不错的餐厅？
2. I want a restaurant with reasonable prices.
   我想去一家价位合理的餐厅。
3. I'd like a quiet restaurant.
   我想去一家不嘈杂的餐厅。
4. Do you know of any restaurants open now?
   你知道现在哪里还有餐厅是营业的吗？
5. I'd like to have some local food.
   我想尝试一下当地食物。
6. Where is the nearest Chinese restaurant?
   最近的中餐厅在哪里？
7. I'll bring you the menu.
   我去为您拿菜单。
8. Sorry to have kept you waiting. Now we have a table for you.
   抱歉让您等着，现在我们为您准备好了一张桌子。
9. Would you like to order now, sir?
   您现在想点菜吗，先生？

项目六 厨政管理

学习目标

★ 熟悉厨房组织机构
★ 了解厨房主要岗位职责
★ 掌握餐厅前台与后厨沟通技巧

案例导入

一天,餐厅里来了三位衣着讲究的客人,服务员将其引至座位坐定,其中一位客人便开了口:"我要点××,你们一定要将味调得浓些,样子摆得漂亮一些。"同时他转身对同伴说:"这道菜很好吃,今天你们一定要尝尝。"菜点完后,服务员拿菜单去了厨房。再次上来时,服务员礼貌地对客人说:"先生,对不起,今天没有这道菜,给您换一道菜可以吗?"客人一听勃然大怒:"你为什么不事先告诉我?让我们无故等了这么久,早说就去另一家餐厅了。"发了脾气,客人仍觉得在朋友面前丢了面子,于是,拂袖而去。

分析与思考:

这位服务员犯了两个错误:

一是未了解厨房备货、菜式情况,致使客人点这道菜时未及时指出无货。

二是在语言上用词不恰当,未朝有利于事情发展的方向做出解释。

如果知道无货,服务员可换个方式向客人说明,像"先生,这道菜是这里的特色菜,今天点这道菜的人特别多,已经卖完了,您能不能换道其他的菜?××菜也是我们这里的特色菜,您不妨尝尝"。这时,客人会想酒店生意真不错,看来英雄所见略同,自己很有品位,能够吃到这里的特色菜,这样在朋友面前也有面子,很自然地接受服务员推荐的其他菜。服务员或者说"先生,对不起,您点的菜因原料没有及时进货,原有的有点不新鲜,不能给您做出可口菜肴供您品尝,十分抱歉"。这显然是顾及客人利益之举,客人会对酒店产生极大的信任感,很自然地放弃这道菜,而点别的菜去了。

任务一 厨房组织结构及分工

一、厨房组织结构设计

为了酒店的营销运作,酒店根据生产目标控制生产过程,制定切合实际的有用的厨房组织结构,建立明确的岗位分工,将人员进行科学的劳动组合,使每项生产都有具体的人直接负责。

设计厨房组织结构最终目的是有效地组织生产,使厨房各部门运转正常,各项工作都有人负责。对岗位规定工作职责、组织关系、技能要求、工作程序和标准,使在岗的每个员工都明确自己在组织中的位置、工作范围、工作职责和权限,知道向谁负责,接受谁的督导,同谁在工作上有必然的联系,知道工作要承担的责任。

(一)厨房组织结构设计的原则

1. 以满负荷生产为中心,最精练、高效的人员配备原则

应以满负荷生产为基准,按需设置岗位,明确岗位作用与任务,再按岗位确定编制。

2. 管理层责任、权力相当的原则

树立管理者权威,有一定的权力是担负某项职责的保证。责任必须明确,具体落实到相应的岗位。要坚决消灭集体承担,共同负责,而实际上无人负责的现象。

3. 管理跨度适当的原则

(1)行政总厨由于考虑问题的深度、广度不同,管理跨度应小些,管理的主要对象以各部门主管为主。

(2)部门主管与厨房员工沟通和处理问题比较方便,管理跨度在10人左右,主要管理对象为各岗位领班。

(3)岗位领班是厨房中层人员、主要技术骨干,主要管理对象是各岗位下线员工。

4. 分工协作的原则

出品部工作是多工种、多岗位、多种技术协同进行的,任何环节不协调都会对工作产生影响。因此,既要明确工作岗位,又要强调合作与谅解。

(二)厨房组织特点

现代厨房组织主要是指根据企业规模、菜单内容、厨房设计与布局、厨房生产量等因素,围绕菜肴生产这一目标建立起来的组织结构,并在组织中为全体厨师和辅助人员制定职务,明确职责,交流信息并协调工作,以便在既定的生产目标中获得最大的生产效率。

现代厨房组织作为一种管理机构是一个人工系统,有不同的组织层次和相应的责任,各岗位厨师和辅助人员为实现共同经营目标而分工合作。厨房组织管理的关键是将厨师、职务、设备、时间和空间等要素合理组合,使厨师与生产、厨师与设备在时间和空间上、速度和方向上工作一致并协调。

(三)传统式厨房组织结构

1. 大型传统式厨房组织结构

大型传统式厨房组织结构将厨房分为若干专业生产部门。由于大型厨房不仅为零点(散客)餐厅制作菜肴,还负责宴会菜肴生产,因此菜肴种类较多而且生产量大,其下属专业加工部门比中型或小型厨房设置多,厨房内部加工和生产分工较细。有时,大型传统式厨房中的某一生产部门相当于一个小型厨房的人员编制。这类厨房常设一名行政总厨师长,全面负责厨房

生产管理工作，另设两名副总厨师长做助手，厨房中的下属部门生产管理由领班或部门主管负责，如图6-1所示。

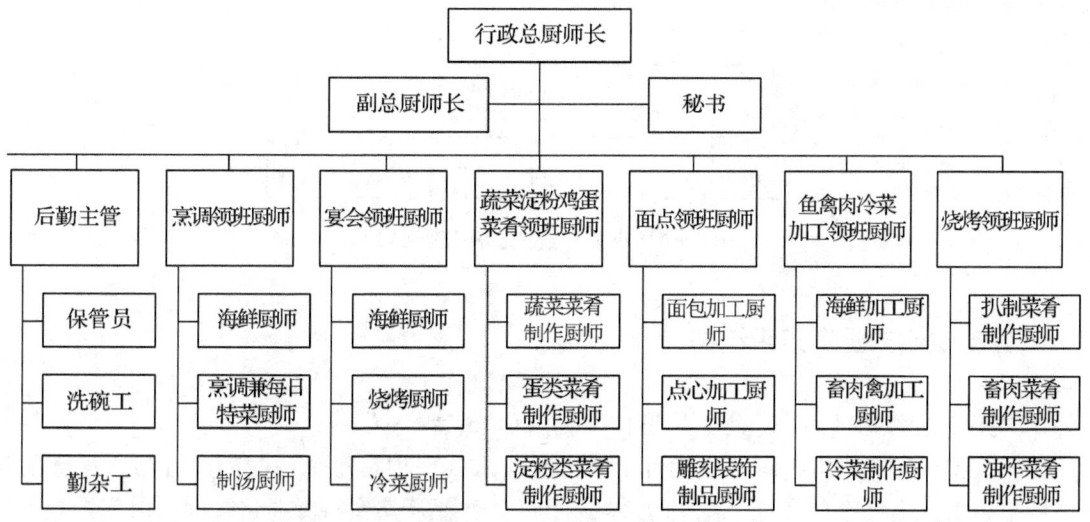

图6-1 大型传统式厨房组织结构

2. 中型传统式厨房组织结构

中型传统式厨房的特点是厨房按菜肴生产需要，分为若干部门，每个部门由一名领班厨师负责管理。厨房全部管理工作由一名脱产厨师长负责。（见图6-2、图6-3）

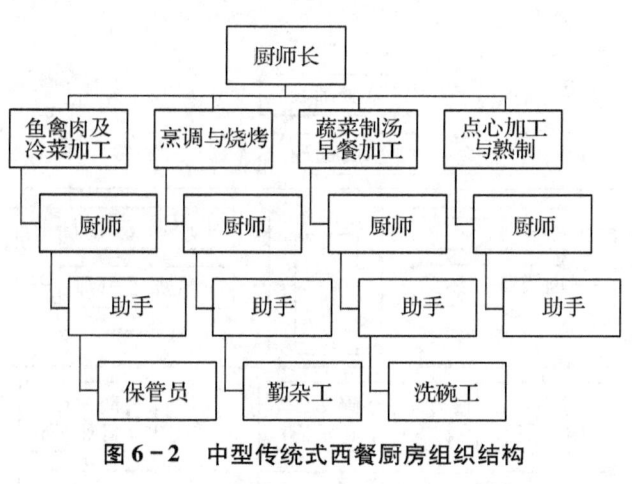

图6-2 中型传统式西餐厨房组织结构

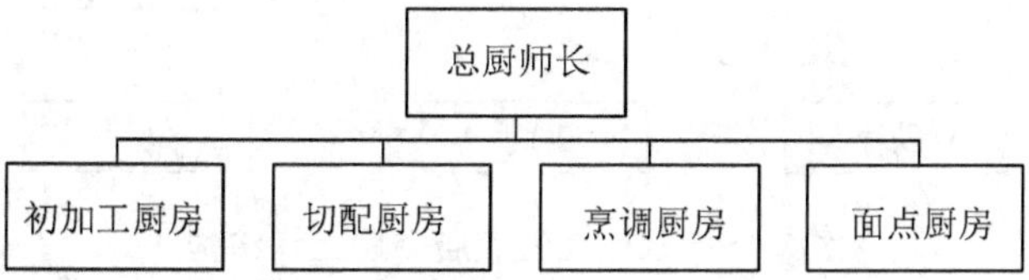

图6-3 中型传统式中餐厨房组织结构

3. 小型传统式厨房组织结构

小型传统式厨房全部生产管理工作由一名不脱产的厨师长负责。该厨房配有若干名厨师和厨工一起完成菜肴生产工作，如图6-4所示。

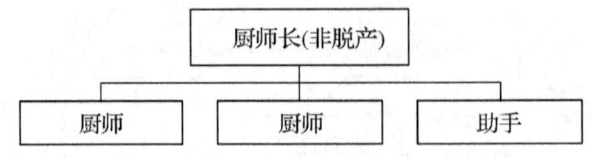

图6-4 小型传统式厨房组织结构

（四）现代式厨房组织结构

1. 现代大型饭店的厨房组织结构设置（见图6-5）

现代大型饭店的厨房组织结构设计上有两种模式：一种是每个餐厅都设有与之配套的厨房，各个厨房分别负责自己对应餐厅的菜品制作；一种是厨房实行专业化管理，饭店设立中心厨房，各个餐厅设立"卫星"厨房。中心—卫星式厨房模式（见图6-6）是指设立一个集中加工的中心厨房（又叫加工厨房），负责所有经营产品的原料加工和切割，甚至配分。卫星厨房称为餐厅厨房，是将半成品加工为成品的厨房。

饭店厨房组织一般包括总厨师长、总厨助理、主厨房（厨师长）、二炉、三炉、四炉等岗位。

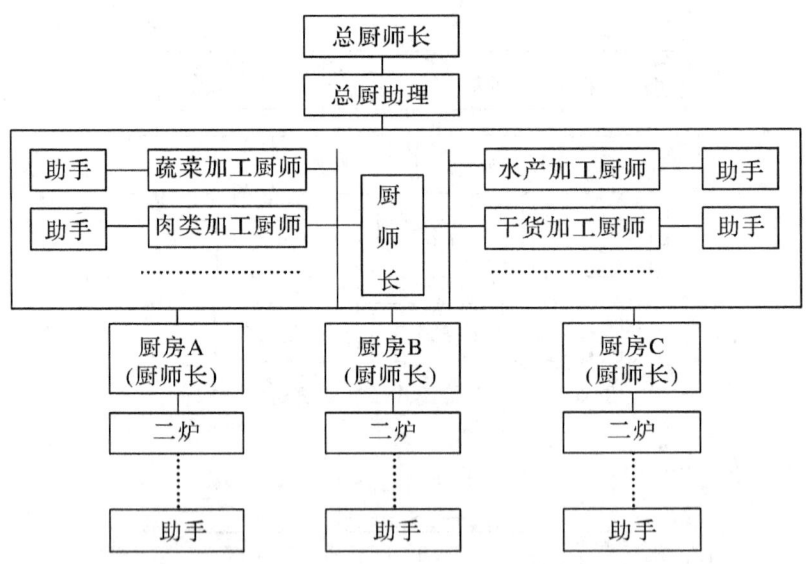

图6-5 现代大型饭店厨房组织结构

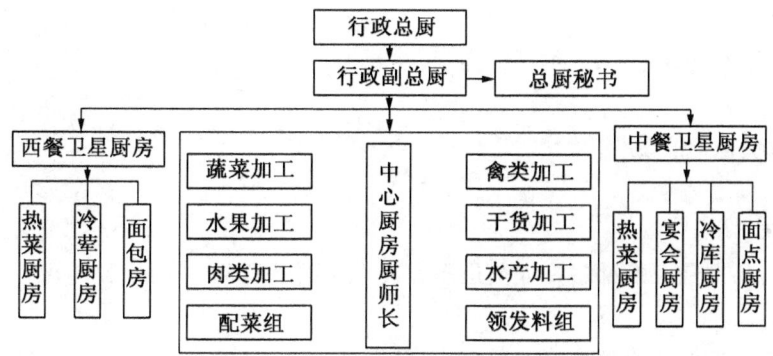

图6-6 中心—卫星式厨房组织结构

2. 中型厨房组织结构（见图6-7）

中型厨房组织结构通常分为中餐和西餐两部分。

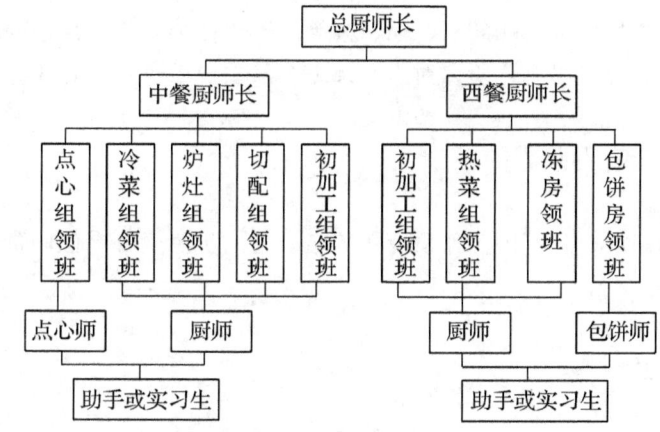

图6-7 中型厨房组织结构

3. 小型厨房组织结构（见图6-8、图6-9）

小型厨房组织结构可设几个主要的职能部门，更小的厨房可以不设部门直接设岗。

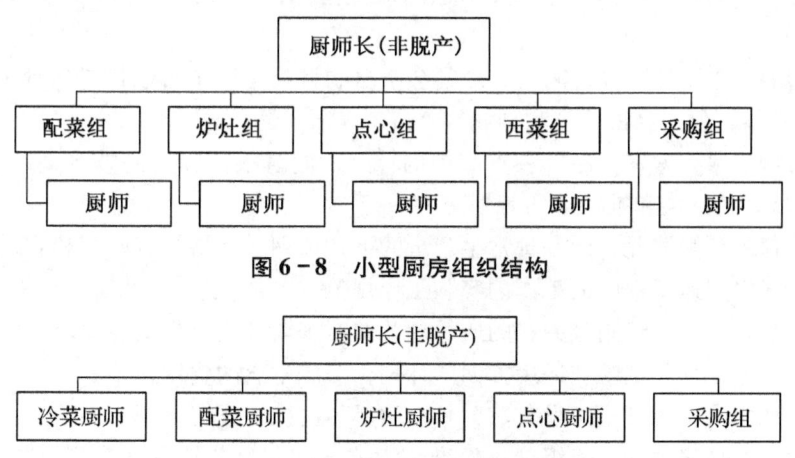

图6-8 小型厨房组织结构

图6-9 更小型厨房组织结构

二、厨房各部门、岗位及职责

（一）厨房各部门职能

1. 中厨部

中厨部是出品部最大的部门，人员最多，技术层面最复杂，岗位最多。

2. 烧味部

烧味部负责制作所有凉拌菜式、餐前小食以及卤水、烧烤、煎扒菜式。烧味部明档通常在餐厅最显眼地方，因此，无论卫生或装饰的要求都相当高，人员不多，但菜式精致，分量小巧，起到点睛作用。

3. 点心部

如果有早、午、晚茶市，点心部亦是仅次于中厨部的大部门，负责制作各茶市的绝大部分品种，包括以粤点为主的各种风味的粉、面、粥等。现代社会对茶市品种要求越来越高，茶市品种基本上包罗万象，应有尽有，所以对点心部综合素质要求也越来越高。

（二）厨房各岗位工作职责

厨房管理架构确定后，各部门工作便有了界定。进一步明确各岗位职责，厨房的工作分工便更加清晰。

1. 行政总厨职责

负责对象：驻店总经理。

管理对象：厨房各部门主管。

职责概要：负责整个出品部组织、指挥、运转的管理工作；通过设计、生产，提供富有特色的菜肴吸引客源；进行食物有效成本控制，为公司创造最高效益。

（1）工作计划：

① 根据餐饮部的经营目标、方针和下达的征税指标，负责各餐厅的菜单筹划更换，负责产品规格的制订。

② 对大型的、重要的宴会、酒会、冷餐会亲自制订菜单，亲自制订进货计划和生产安排，并进行检查和督导，保证获得信誉和利润。

③ 根据市场情况，做好食品节和食品周的计划。同时根据厨房的技术情况、市场货源情况、库存情况做好特选菜和推销菜的筹划。

④ 根据销售和预测情况，做好日常生产量的下达计划，严格控制库存和剩余食品。

⑤ 制订厨房生产运行程序的工作内容和工作规范。

⑥ 根据产品要求，组织制订原料的质量规范并对采购部门提出上述要求。

⑦ 制订新产品开发、试验和运用方面的计划，形成本店的餐饮风格。

⑧ 根据生产要求，制订厨房设备、工具、用具的更换、添置计划。

⑨ 负责菜肴的规格制度，组织制订标准菜谱或分别制订各流程的生产规格，并以此来检

查生产规范。

⑩ 制订厨师的业务培训计划。

（2）组织管理：

① 组织和指挥厨房工作，监督食品制备，按规定的成本生产优质产品，满足顾客需求。

② 督导、检查、协调各厨师长的工作，负责对他们考核，评估。

③ 根据各厨房的生产特点，编制工作时间表，检查下属出勤情况。

④ 根据厨师的业务能力和技术特长，决定各岗人员的安排和调度工作。

⑤ 根据酒店要求，制订厨房工作的规章制度和直接下属的岗位职责，制订各项工作的控制、检查表。

（3）食品制作：

① 检查开餐前的各项准备工作。

② 检查食品的制作方法和操作规范。

③ 检查各份菜肴的数量、规格。

④ 对已烹调的菜肴品尝试味。

⑤ 检查装盘规格和盘饰要求。

⑥ 检查生产过程中的卫生情况。

⑦ 检查出菜速度和温度。

⑧ 指导厨师长和厨师做精细的烹调。

⑨ 对食品原料的利用、贮藏进行检查控制，保证菜肴符合成本核算。

（4）食品销售：

① 定期征求餐厅对产品质量和生产供应方面的意见，并将意见实施解决。

② 制订直接下属与餐厅协作的原则和要求，并进行协作方面的指导。

③ 重视客人意见，处理客人对厨房生产方面的投诉。

（5）其他方面：

① 负责厨房生产任务的安排和协调。

② 负责对厨房环境和生产过程中的安全检查。

③ 检查员工的仪容仪表和个人卫生，使之符合酒店的要求，提醒员工遵守员工守则，并对他们的行为负责。

④ 做好厨师的技术档案工作。

⑤ 签署有关工作方面的报告与申请。

2. 总厨职责

负责对象：行政总厨。

管理对象：镬线主管（领班）、打荷主管（领班）、明档主管（领班）、上什主管（领班）。

（1）接受行政总厨的指令，并汇报工作。

（2）制订主管工作职责，负责对主管的考核评估，根据其工作实绩提出奖惩意见，报行政总厨批审，督导和协调班组工作。

（3）根据厨师的业务水平，提出岗位人员的安排和调动方面的建议，根据生产要求编排工作班次。

（4）参与菜单、产品规格、食品采购规格的制订，参与新产品的开发和研究。

（5）对本厨房的生产进行策划，根据菜单和销售情况，每天提出所需原料的订货要求。

（6）每天根据菜单和生产任务，指挥各组做好工作。

（7）开餐供应时，现场指挥，并督促检查，保证菜品质量、规格和出菜速度符合酒店要求。

（8）亲自负责和参与大型宴会和重要客人的菜肴烹调工作。

（9）制备供应工作结束，督导各班组做好清扫、收藏、安全工作。

（10）督导厨房员工个人仪表、卫生，提醒下属对员工守则的执行并对他们的行为承担责任，签署有关材料申请。

3. 主管的职责

（1）做班次编排，合理安排休息。

（2）制订各岗位的工作职责，考核本班厨师的工作，依据工作实绩提出奖罚建议。

（3）参与岗位工作，承担岗位职责。

（4）掌握当天菜单和任务情况，并将任务明确分配给各岗。

（5）检查开餐的准备情况，保证产品质量，符合工作标准。

（6）指挥班组卫生工作和能源开关安全，负责设备和食品贮存。

（7）每天提出本部的订货要求，定期向总厨汇报工作，使上级清楚班组的工作、生产情况。

4. 厨师工作职责

（1）接受主管的工作指示，掌握当天的供餐菜单，明确工作任务，按手续领取原料，做好每餐的开餐准备工作。

（2）开餐前对工作检查一次，并承担责任，对不能解决的问题及时汇报。

（3）操作中严格按操作程序和产品规格、标准执行，注意卫生、安全检查和节约。

（4）操作中发现问题应及时汇报：食品质量不符合要求，上道工序的操作不符合要求，操作的设备有异常现象，工具或用具无法使用等。

（5）负责操作处的设备保养和工具清洁及收藏。

（6）负责工作结束后的原料收藏、工具清洁、环境的清洁、能源的关闭。

（7）接受上级的其他任务。

5. 卫生、设备主管职责

（1）该职位由各班组主管轮值担任或各班组员工担任，使整个厨房员工对卫生设备工作加以重视。

（2）督促卫生专干加强厨房卫生工作。

（3）保持加工食物原料用的设备、厨具（如厨刀、绞切机、拌面机等）的清洁卫生。

（4）杜绝烹调设备和工具不良气味的产生，并提高设备效率。

6. 砧板岗位工作职责

（1）由头砧领导日常全部工作，营业时间头、二、三、四砧全职看单、执码，五、六砧备料支援。

（2）对所有原材料进行精细加工后入柜保存。

（3）对所有原料的切配加工，均要科学且实用地统一做法、数量，不能擅自改变；所有蔬菜、肉类执码要过称。

（4）全部腌制由头砧负责指导，二砧完成。

（5）所有砧板应对各种原料的保存质量、数量高度重视，不可因工作不力而导致原料变质、损坏。

（6）保养好本岗位的刀具、冷柜等用具，时刻注意使用情况。

（7）开、收档时，搞好本岗位卫生清洁、原料保存工作（不能由水台代劳）。

7. 上什岗位（兼管燕翅鲍工场）工作职责

（1）负责各种蒸、炖、焗、扣、煲、汤水等菜式的烹调。

（2）负责各种鲍、参、翅、燕等干货的涨发工作，了解起率。

（3）鉴别各种药材种类、特性和运用。

（4）熬制各种高质量汤水，如蛇汤、鸡汤等。

（5）熟悉并保养本岗工具、炉具、蒸柜等，保持其高性能工作。

（6）开、收档时，做好本岗位卫生清洁工作，各种汤水原料保存好。

8. 打荷岗位工作职责

（1）根据宴会要求，负责灶台上的小料、围边盘饰、插花和灶台调料的领用。

（2）负责宴会所用餐具并加热。

（3）负责菜品初步熟处理的沾粉、糊等的调制。

（4）协助厨师长负责菜品出品的把关，不合格菜品让灶台厨师重新制作。

（5）负责宴会走菜的先后顺序，先大菜，后行件。

（6）负责炸制品、熟制品的改刀、装盘。

（7）负责刀、墩等的消毒并作记录。

9. 面点工作岗位职责

（1）熟练掌握点心的制作技能，能熟练制作中点、西点、花点、薄饼等。

（2）掌握不同的季节原材料和使用情况，经常更换花色和品种，使客人常吃常新。

（3）根据营业状况注意生产，尽量做到产销平衡，避免不够供应或者生产过剩。生产过程中，注意节约原材料，节省费用开支，避免造成浪费，熟悉成本核算，掌握每一道点心售价，控制好成本的毛利率。

（4）努力学习点心的制作和理论知识，不断提高业务水平，抓好部门的安全卫生，做好卫生的防御工作。

任务二　餐厅前台与后厨沟通技巧

案例导入

案例1　滑肉不滑

南宁某大酒店坐落在南湖风景区旁,因其周边有众多写字楼,再者价格合理、用餐环境优良,故生意兴隆。看到餐厅高朋满座,忙碌的厨房师傅、服务员和餐厅经理由衷的开心,当经理走到一食客身边询问菜式评价时,听到的却是:"这青椒炒滑肉怎么炒得这么老,多次提过意见却一直没改善。我们只能硬着头皮吃,选择这里用餐也是很无奈。"

分析:经调查发现,问题出在餐厅服务员身上,他们没有将食客意见反馈给厨师,他们的理由是:"厨师这时段特别忙,谁敢这时提意见,过后也就忘说了。客人说多了也就麻木了。"

评析:餐厅有了天时地利优势,是否就能留住回头客?前台应该如何与后厨配合好,服务好顾客?这是餐饮经营中不容忽视的问题。

案例2　少了一份菜

某酒店前台反映:506房客人昨日在餐厅用晚餐,餐后客人另外点了鱼头和排骨,要求打包带到客房。晚上客人回到房间发现只有一份排骨,非常不满。

分析:经调查,当时客人所点的鱼头沽清,服务员已向客人说明并将此菜退掉,可能客人未听清楚,误以为此菜已收钱未打包。大堂副理已向客人解释清楚,客人无异议。

评析:客人的投诉是解决了,如何才能避免类似问题的发生,规范员工服务过程是非常有必要的。

餐厅前台与后厨配合默契,是酒店餐饮管理中的重要环节。二者配合得好,不仅能节约成本,增加利润,还可以根据客人的意见和要求,提高服务水平,提高出品速度和质量。怎样才能让前厅和后厨配合默契?出具沽清单、点菜、意见反馈、沟通协调是必要的管理手段。

一、出具沽清单

目前,后厨整理原料的最普遍形式是出具沽清单。沽清单是当日菜品供应的清单,是前厅和后厨沟通的一个桥梁。内容包括酒店当天供应菜品、暂缺菜品、推荐菜、招牌菜,以及调料和原料的新鲜程度,便于服务人员了解当日菜式和原料的余缺情况,避免在服务时出现差错。每天中餐和晚餐前,后厨开出沽清单,张贴在传菜通道里,或者由前厅主管传达给服务人员,避免服务员在当日为客人服务时遇到尴尬、难堪,或受指责等情况,从而造成不必要的换菜、退菜,使酒店声誉受到影响。因此厨师长要及时开出沽清单,迅速使所有服务人员了解沽清的情况,避免客人点好菜之后,因后厨当天原料短缺,而造成客人换菜、退菜,既浪费了时间,又损害餐厅的声誉。

二、点菜

客人落座点菜时,服务人员不仅要记录客人所点的菜品,还要"指导"客人点菜。点菜员首先要推销沽清单着重推荐或标明保存期的菜品,以避免不必要的浪费;接下来介绍菜肴的原材料特点、烹调方法、口味特点、营养价值、季节特点等专业知识。对于客人的一些特殊要求,点菜人员应在菜单上注明,如客人要求水煮肉片要少放辣椒,就要在菜单上标明"微辣";如客人还需要等人,不需要马上出菜,要标明"叫起"和出菜时间。点菜完毕,向客人核实菜单,看是否有遗漏,然后迅速向后厨递单。

当客人点到当天没有的菜品时,可说"对不起,今天刚刚卖完",然后要及时为客人介绍一道口味相近的菜品,这样客人从心理上比较容易接受,也不会引起客人不满和抱怨。推销菜品时,最好是先建议高、中等价格的菜式,再建议便宜的菜式。因为高、中档菜的利润较高,且有一部分的制作工序较简单,如清蒸蟹、鳜鱼、清炖甲鱼等。在生意高峰期尽量少点一些加工手续比较烦琐的造型菜与加工时间较长的菜,否则这样会加重后厨的工作负担,并且由于太忙,可能会影响上菜速度造成客人的投诉。

三、上菜与传菜

后厨在接单后,凉菜应在两分钟内出一道成品菜,热菜在三至五分钟内出一道成品菜,上菜前应注意菜肴的色泽、新鲜程度,有无异味、不洁物等,检查菜肴卫生,严禁用手翻动或嘴吹,必须翻动时,要用消毒过的器具。尤其是对凉菜要注意新鲜程度,不能做变质、变味、发黏等不符合卫生条件的菜肴。由于宴席的不同,上菜的程序也不会完全相同,这就需要前厅服务员熟悉菜单,逐步形成上菜的先后顺序,熟练掌握上菜操作程序的方法,特别是一些特殊菜的上菜方法,更应该注意如火锅、拔丝菜、有声响的菜等。所以说这就要求传菜人员应与后厨相配合,以最快的速度把菜品传递下去,保证菜肴的色、香、味、形俱佳。若客人需要演讲、祝酒或要求暂停上菜,服务员应及时通知后厨暂停上菜,之后要通知恢复上菜,后厨不仅要出菜快,造型点缀擦边快,更需要划单与传递快。

四、退菜、换菜

一般来说,客人要求退菜和换菜大致有这样几种情况。一是说菜肴质量有问题,如菜有异味、欠火候或过火等,如确实如此,那就是属于酒店自身的问题,服务员应无条件地退菜,并诚恳地向客人表示歉意;二是说没有时间等了,这时服务员就要马上与厨房联系,尽可能先做;三是客人自己点得过多吃不完,也尽可能与后厨联系叫停。如果已做帮助他打包带走。总之,如果要想让客人感觉到你的诚意就应该多与后厨联系及配合。在客人就餐后主动询问客人对饭菜的评价,及时反馈给厨房,以便后厨做必要的调整与安排,不要两者相互推卸责任,指责对方不足。只有共同分析问题、解决问题,才能使工作做得更好。

五、客人意见反馈

客人意见反馈是客人对酒店整体印象的评价。它包括环境、服务、饭菜和其他方面。客人的评价能促使饭菜品质改进，服务质量提高，环境改善，这样做可使酒店的名声远扬，可信度提高，大大增加酒店客源的稳定性，效益也就随之而来。常言道"旁观者清"，酒店也许感觉不到自身有哪些不足，这都需要从客人那里反馈回来，客人提的意见不是找茬，而是便于酒店整体水平的提高。因此，前台服务员应该及时反馈客人的意见，为提高客人满意度尽一份责任。

作为厨师长，要主动到前台询问客人对菜品和出品速度等各方面的意见，并对客人吃剩的菜品进行分析，哪道菜点的人较多，哪道菜剩得较多，剩下的原因是什么，以掌握客人的喜好和菜品的受欢迎程度，指导厨师改进厨艺。

六、协调例会

很多时候，由于后厨与前台之间的协调不够充分，造成前台点菜上不来，后厨的创新菜出不去。服务员因为上菜慢而怪罪厨师，厨师因为点的菜费工费时而迁怒服务员，久而久之，形成恶性循环，最终损害的是顾客和酒店老板的利益。与之相反，前台与后厨配合默契，使客人对酒店的建议及想法能够及时地反馈回来，使酒店能够在最短时间内进行调整，改进服务水平，提高饭菜质量，这样能够持续不断地加强客人对酒店的满意程度，使酒店财源广进，宾朋八方。协调的重要性在此可见一斑。

厨师长、前台主管和经理每天都要开一次例会。例会上，前厅主管就客人对上菜速度、菜品质量、特价菜的推销情况、新菜品的受欢迎程度做全面介绍。厨师长据此对菜品品质、出菜速度等进行调整。厨师长还会对菜品特点，以及需要前台服务人员配合的事情进行讲解，如酒店推出哪些新菜品，需要服务人员特别向顾客推荐；在就餐高峰，服务人员应推荐制作工艺相对简单的菜品，如清蒸鳜鱼、清蒸蟹等，减少后厨的压力，提高出菜速度。

每星期厨师与前台员工最少开一次座谈会，看客人有哪些建议、意见，学菜谱，谈看法，举行一些活动，增加部门人员感情与理解，为默契配合注入生机。

总之，只有不断加强后厨和前厅的沟通协作，才能保证菜品质量，加快出菜速度，提高客人的满意度，赢得更多的回头客。

项目小结

厨房与餐厅是两个密切关联的部门，作为餐厅服务人员，必须了解厨房的构架、不同类型厨房的设置、人员的分类及岗位职责。同时，餐饮前台与后厨的配合是酒店餐饮管理中的重要环节。二者配合得好，不仅能节约成本，增加利润，还能提高客人满意度。因此，只有不断加强后厨和前台的沟通协作，才能保证菜品质量，加快出菜速度，提高服务质量，赢得更多的客人。

综合能力训练

1. 简述大型厨房的组织结构。
2. 厨房组织结构设计的原则是什么？
3. 简述行政总厨的主要工作职责。
4. 案例分析题：

许先生带着客户到北京某星级饭店的餐厅去吃烤鸭。这里的北京烤鸭很有名气，客人坐满了餐厅。由于没有预订，许先生一行入座后，马上开始点菜。他一下就为8个人点了3只烤鸭、十几个菜，其中有一道"清蒸鱼"。由于忙碌，小姐忘记问客人要多大的鱼，就通知厨师去加工。不一会儿，一道道菜就陆续上桌了。客人们喝着酒水，品尝着鲜美的菜肴和烤鸭，颇为惬意。吃到最后，桌上仍有不少菜，但大家已酒足饭饱。突然，同桌的小康想起还有一道"清蒸鱼"没有上桌，就忙催服务员快上。鱼端上来了，大家都吃了一惊，好大的一条鱼啊！足有3斤重，这怎么吃得下呢？

"小姐，谁让你做这么大一条鱼啊？我们根本吃不下。"许先生边用手推了推眼镜，边说道。

"可您也没说要多大的呀？"小姐反问道。

"你们在点菜时应该问清楚客人要多大的鱼，加工前还应让我们看一看。这条鱼太大，我们不要了，请退掉。"许先生毫不退让。

"先生，实在对不起。如果这鱼您不要的话，餐厅要扣我的钱，请您务必包涵。"服务小姐的口气软了下来。

"这个菜的钱我们不能付，不行就去找你们经理来。"小康插话道。

最后，小姐只好无奈地将鱼撤掉，并汇报领班，将鱼款划掉。

问题：
1. 餐厅因此事损失的原因是什么？
2. 与此事相关的服务人员有哪些？
3. 他们应该如何做才能避免类似问题再次出现？

职业英语拓展

一、单词

fry 煎
deep-fry 炸
sauté 炒
boil 煮
braise 焖
stew 烩
roast 烤
bake 焗

grill 铁扒

broil 串烧

vegetable 蔬菜

appetizer 开胃品

salad 沙拉

soup 汤

poultry 家禽

game 野味

seafood 海鲜

dairy products 奶制品

condiment 调味品

dessert 甜品

fruit 水果

二、会话

1. What kind of soup would you prefer?
   您要什么样的汤？

2. Your dish takes ten minutes to prepare.
   您的菜需要十分钟准备。

3. It's our chief's recommendation.
   这是我们主厨的招牌菜。

4. It's the specialty of our restaurant.
   这是我们餐厅的特色菜。

5. How would you like your steak?
   您的牛排要几成熟？

6. Would you like it rare, medium, or well-done?
   您喜欢煮得生一点、中等程度，还是老一点？

7. I'm sure you will like it. It's tasty.
   我相信你会喜欢，这道菜的味道很好。

8. This dish takes quite some time to prepare.
   这道菜做起来需要一些时间。

9. The chief is cooking a new one right now.
   大厨正在重新做一个。

10. Please wrap it up to take out.
    请打包让我带走。

项目七 餐饮营销管理

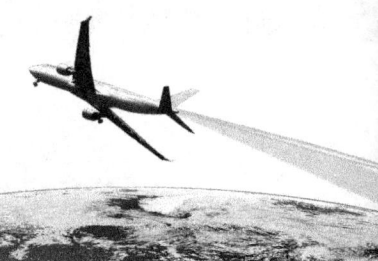

学习目标

★ 了解餐饮市场营销，熟悉餐饮市场营销的观念及其演变
★ 熟悉餐饮市场营销策略
★ 了解餐饮市场营销管理的新发展

案例导入

泰国餐厅的亮点促销

当一家在老牌四星级酒店中成功经营了13年的泰国餐厅设想和追求新的利润增长点的时候，其难度和力度要比新开一个餐厅和改造一个餐厅大得多。尽管没有经过装修改造，酒店本身经营在所在城市已经属于第一，但为了满足目标市场顾客的新需求，为了促使餐厅本身能有新的利润增长点，酒店的餐饮部管理人员开展了"头脑风暴法"的新增利润研讨。

菜肴平均价格在50元左右的老牌泰国餐厅，原来的目标市场客源为周围办公楼和商务楼的顾客，2~3人，4~5人，独特的风味，优雅的环境，正宗的泰餐。由于价格不菲，人均120元左右的消费，只能为餐厅在午餐时带来6成的顾客，而晚餐时间段，餐厅往往只有3成的生意。

庆祝13周年开业经营是一个宣传和促销的机会。宣传什么？促销什么？整个餐厅在当地已经无人不知，菜肴的质量也是无可非议。如何争取更多的目标市场的客源？附近由于泰国餐厅的平均消费较高，办公楼人员在此个人消费人数不多。如果有新的价位合适的产品，这一目标市场的空间很大。在所有菜单中，有几个极具特色的地道泰菜，如木瓜沙拉、大虾冬荫功汤、香煎石鱼等，由于一人份额的价格在40~50元，单菜的销售量只能排在后部。如果对这类菜肴采用促销价，销售量将会有一个大的突破，泰餐能否采用部分自助的形式？众多的想法和思路出来以后，餐厅管理人员对目标市场开展了进一步的调查，厨房管理人员进行了各类方案的细化成本核算。在各路人员的共同努力下，几套新颖的促销方案推出试行。一套方案是38元的午餐自助餐：一冷菜——粉丝沙拉，三热菜——咖喱牛肉、鸡肉碎、炒杂素，加上泰国香米饭和水果。这套促销方案在一周时间内，只有周二和周四两天采用，周围办公楼的白领闻讯纷纷前来品尝。第二套促销方案是除了周二和周四，木瓜沙拉的优惠价为18元，大虾冬荫功汤的优惠价为25元，香煎石鱼的优惠价为25元。两套方案同时推出后，再加上对餐厅开业13周年的宣传，竟然出现了午市天天爆满的令人振奋的场景，晚市也有了6成的生意。

点评：

泰国餐厅新增利润的成功案例是一个改变个别产品而提高整体效应的创新。如果保证每天供应推出38元自助餐的话，整个餐厅的利润率会受到影响；如果把特色菜都实行优惠价的话，整个餐厅的利润率同样也会受到影响。群策群力研究出来的创新促销的成功关键，是设计了个别亮点来带动整体效应。而这些个别亮点又能够和细分市场的目标顾客形成"对话"，这样创造利润就有了前提。

任务一　认识餐饮市场营销

餐饮企业要继续保持和发展其竞争优势，进一步扩大市场占有率，用科学的发展观来经营管理企业，就必须提高其经营管理的科学性，用先进的、科学的、系统的理论来指导实践。市场营销学将对餐饮业的发展起到至关重要的作用。

一、市场营销与餐饮市场营销

（一）市场营销的含义

要了解餐饮市场营销，首先必须了解市场营销的概念。市场营销的定义有很多种，国际上对市场营销的定义还没有一个统一的定论。

被誉为"现代营销学之父"的美国著名市场营销大师菲利普·科特勒认为，市场营销是个人和集体通过创造产品和价值，并同别人进行交换，以获得其市场营销概念模型所需所欲之物的一种社会和管理过程。

美国市场营销协会（AMA）于1985年对市场营销下了更完整和全面的定义：市场营销是对思想、产品及劳务进行设计、定价、促销及分销的计划和实施的过程，从而产生满足个人和组织目标的交换。

从以上各种定义中可以看出，市场营销概念包含以下几个方面的内涵：

（1）市场营销是一种企业的活动，是企业有目的、有意识的行为。

（2）满足和引导消费者需求是市场营销活动的出发点和重心。企业必须以消费者为中心，以消费者的需求为导向，面对不断变化的环境，做出正确的反应，适应消费者不断变化的需求。

（3）细分并选择目标市场，确定和开发适合消费者的产品，并制定相应的销售组合策略。

（4）企业营销活动的目的是达到企业预期的目标。不同企业的经营环境、发展时期、产品生命周期等会有所不同。因此，企业的利润、产值、产量、市场份额、销售量以及社会责任等都有可能成为企业的目标。但无论是哪种目标，都需要通过有效的市场营销活动与消费者完成交易方能实现。

（二）餐饮市场营销的含义

餐饮市场营销是指餐饮企业为使顾客满意，并实现餐饮经营目标而开展的一系列有计划、有组织的整体活动。

餐饮市场营销的含义包含三层意思：

（1）餐饮市场营销是一种餐饮产品和服务的交换活动，因此是一种社会性的管理活动。营销最根本的目的是实现企业与顾客之间产品或者服务的交换。

（2）餐饮市场营销是以满足顾客需要为出发点和归宿点的交换活动。因此，如何满足顾客需要成为餐饮市场营销的核心。营销活动是一个双方共赢的活动，必须随时着眼于顾客，随时着眼于需要。

（3）餐饮市场营销是一个完整的过程，而不是一些支离破碎的零星活动，更不是零碎的推销活动。

（三）餐饮营销观念及其演变

餐饮企业的市场营销活动总是在一定的营销观念指导下开展的，餐饮经营的效果受制于经营者所持有的市场营销观念。了解餐饮市场营销观念及其演变，可促使餐饮经营者更新观念，发现和摒弃头脑中的旧的、与经营背景不相适应的观念，并建立起适应当代餐饮经营的顾客导向和社会营销导向观念。

1. 生产导向观念

生产导向观念的内容是"餐厅能提供什么就销售什么"。生产导向观念形成的背景是餐饮产品供不应求，消费者的消费需求在数量上不能得到满足，因此消费者的主要兴趣是餐饮产品的有无。对企业而言，生产的餐饮产品没有销售的障碍，它们只关心是否能大量生产出产品，而不用关心顾客是否需要。这一市场营销观念指导下的餐饮企业的经营行为，就是想方设法扩大生产能力，大量组织生产。为降低生产成本，获得更大的利润，企业通常会减少产品的品种，增大同种产品的生产规模，取得规模效益。所以，这一时期的餐饮供应品种非常单调，服务项目单一。

2. 产品导向观念

产品导向观念认为"顾客喜欢良好的菜品、设施和服务，因此餐饮企业要做的工作就是提供上述东西"。

随着社会生产规模的扩大，餐饮产品的供给数量增加，供求关系得到一定程度的缓和，消费者对餐饮产品的选择要求逐渐增强。他们不再仅仅追求数量的满足，而开始以质量和价格作为选择产品的基础。在这一背景下，企业的经营理念也随之发生变化，产生了产品导向观念。

持这种市场营销观念的经营者，会致力于为顾客提供所谓物美价廉的餐饮产品，如注重菜品、服务、设施、环境等方面的改进和提高等。但由于他们没有意识到消费者的需求正在发生着变化，没有去关心消费者的需求和愿望，所以很容易导致"营销近视症"，即餐饮企业迷恋于自己的产品，却看不到市场消费需求的变化，只注重菜品、服务、设施、环境等方面的改进和提高，忽视对顾客需求的研究，缺乏产品的销售推广。

3. 销售导向观念

销售导向观念认为"餐厅一方面要创新菜品，增加设施，改进服务，另一方面还需加强推销"。

这一市场营销观念产生的直接背景，是生产规模继续扩大，市场上的餐饮产品供给数量进一步增加，餐饮企业间的竞争日趋激烈，原本较为顺畅的销售环节出现了较大的障碍。实践中，餐饮企业感到仅靠物美价廉已经不足以实现销售，必须狠抓推销才能卖出更多的餐饮产品。此时，餐饮企业担心的已不再是如何大量生产，而是如何销售。此时，有关推销的各种研究应运而生，餐饮企业也很注重推销队伍的建设，工作中非常强调推销。餐饮企业的一切营销活动，包括打折、赠送或其他促销活动，都只是把产品推销出去了事，而对产品是否满足顾客需求漠不关心，甚至采取不正当的手段侵害消费者利益。所以，销售导向观念的弊端，是没有把顾客需求放在第一位，推销工作只是从自身利益出发，难以形成长期竞争优势和知名品牌。

4. 顾客导向观念

顾客导向观念即市场营销导向观念，产生于20世纪50年代，它的出现是企业市场营销上的一场变革。顾客导向观念在餐饮企业经营中认为"满足顾客需求是餐饮企业一切工作的核心，企业不是考虑什么可供销售，而是考虑顾客需要什么"。"顾客第一"是这一观念的直接体现。顾客导向观念在一些企业已得到了充分的理解，它们的理念性口号已不只是"顾客第一"这种抽象表述，而演绎为更有实际指导意义的语句。例如，拉萨的西藏朝天骄餐饮有限公司餐厅的进门处，郑重地宣称"餐饮是良心与道德之事业"。这是对顾客导向观念的现实性诠注。

5. 社会营销导向观念

社会营销导向观念是20世纪70年代以后形成的营销观念。由于社会生产的进一步发展，以及消费需求的进一步多样化，企业市场营销中常出现社会资源浪费和引起环境污染的现象，损害了社会利益。企业在满足消费者需要的同时，也出现了大量损害消费者利益的事件。比如，餐饮消费者喜好野味，餐饮企业为满足这种需求，追逐企业利润，不惜大量捕猎国家保护的野生动物，破坏生态环境，损害了消费者对环境方面的要求，使消费者的长远利益受到侵害。又如，为满足消费者日益增长的数量要求，餐饮企业大量采用人工种植和养殖的农副产品原料，有些原料存在过量的有害残留物，直接损害了消费者的利益。因此，20世纪70年代后，在世界范围内兴起了此起彼伏的消费者权益保护和环境保护运动。在这种背景下，企业迫于压力，不得不对自己的经营行为进行调整，在营销观念上就形成了新的认识，产生了社会营销导向观念。

社会营销导向观念的内容是企业的经营行为应寻求企业利益、顾客利益和社会利益的和谐统一。餐饮企业应生产和经营那些既是消费者需要，又是自身擅长的餐饮产品项目，同时注意把消费者需要、社会利益和企业专长密切结合起来。这是现代餐饮企业可持续发展的正确指导思想。餐饮企业发起的不销售野生动物的联合签名行动，积极参与绿色餐饮企业认证，都是这一营销观念的具体体现。社会营销导向观念是顾客导向观念的进一步延伸，它们都是适应现代餐饮经营的正确的营销观念。

二、餐饮市场营销过程

任何一项餐饮产品和服务项目的推出和成功都不是盲目的，也不是通过单纯的推销就能实现的，都要经历从塔基到塔尖的操作程序，即从市场营销分析、市场细分、制定目标市场策略、制定市场营销组合策略到实现销售这样一个过程。

（一）市场营销分析

市场营销分析是餐饮市场营销的基础性工作，它能帮助企业了解市场情况，包括市场容量、供给量、消费者特征等，有助于企业把握市场上餐饮产品的基本情况和各类产品的实际销售情况等产品信息，可以对竞争者进行分析研究，还能获取宏观层面的相关信息。

（二）市场细分

市场细分就是指按一定的方法把一个整体的市场划分成若干个具有不同消费特征的亚市场，如将完整的餐饮市场细分成中餐餐饮市场、西餐餐饮市场或中老年餐饮市场、儿童餐饮市场、青年餐饮市场等亚市场。通过市场细分，餐饮企业可以更清晰地了解和认识市场结构，准确把握需求，找准市场机会，为餐饮企业确定目标市场提供帮助。

（三）制定目标市场策略

制定目标市场策略是建立在市场细分基础之上的，即从各细分市场中结合市场营销分析的信息，选择适当的亚市场作为餐饮企业自己的目标市场，即确定企业准备为之服务的消费群体，针对目标顾客的需求特征和市场竞争状况、本企业资源等因素，确定自己的产品方向、产品特征、产品或品牌的形象定位、可能的价格范围等市场营销策略，为日常的经营提供依据。

（四）制定市场营销组合策略

制定市场营销组合策略是餐饮企业常规性工作，即组合产品、价格、渠道和促销（4Ps）这四个从产品产出到产品售出所采用的市场营销工具的使用策略。这也是确定4Ps市场营销组合策略的过程。所谓"组合"是指产品、价格、渠道和促销四个营销因素不是孤立的，它们之间要形成有效的组合配置才能实现市场营销的目标，否则很有可能无法实现销售或让消费者满意。

因此，依据目标市场策略所指明的市场营销方向，合理地进行产品规划、价格决策、销售渠道选择和促销宣传，并使之相互协调，就是确定4Ps市场营销组合的基本任务。

（五）实现销售

有效的4Ps市场营销组合，意味着顾客将接受喜欢的餐饮产品，愿意支付价格，合理的促销行为又更加激发顾客的消费意愿，方便而畅达的渠道会使顾客更加容易地获得产品。其结果是使销售成为一种必然。

任务二 餐饮市场营销策略

餐饮市场营销的成功直接取决于企业运用市场营销组合的能力，即如何通过各种市场营销因素的有效组合使用，来把自己的产品销售给目标顾客。根据尼尔·波顿的市场营销组合概念，餐饮市场营销组合的含义可以表述为：餐饮企业按照市场营销战略的要求，为在目标市场上实现预期的市场营销目标，所使用的一整套市场营销工具。餐饮市场营销组合也就是餐饮企业对可控制的、与市场营销活动有关的市场营销变量（因此具有"工具"性质）的组合运用，形成与特定目标市场相适应的市场营销方式。

一、餐饮目标市场策略

（一）餐饮市场细分

社会交往愈加频繁，各种交往的质量和目的表现出不一致，导致消费选择的倾向性和顾客需求上的差异性，而企业销售人员的时间、精力都有限，把握全部市场的可能性不高，做细分市场便是较为务实的做法。因此，餐饮企业必须在市场营销调研的基础上，进行市场细分，细分是为了发现未被满足的需求并预测大众的喜好。选择适合本企业的目标市场，并根据目标市场顾客的需求特点，设计适合消费者的餐饮产品。

餐饮市场细分的概念可以描述为：餐饮企业把整个餐饮市场的消费者，按一种或几种因素加以区分，使区分后的消费者需求在一个或几个方面具有相同的特征，以便企业用相应的市场营销组合，去满足这些不同的消费者组群的需要。

1. 按年龄细分

消费者按年龄可大致分为少年、青年、中年和老年。餐饮消费中，少年喜玩物、好新奇；青年人讲排场、好面子、重情调；中老年人讲实惠，注重价格。在口味上，青年人喜欢干香辛辣，老年人喜好柔软清淡。

2. 按性别细分

男女两性在餐饮消费上也有一些区别，尽管有些区别很细微，但对于餐饮服务环节来说，仔细研究男女两性要求上的差别，还是很有必要的。例如，女性喜欢有情调的菜品，像浪漫的菜名、鲜艳的色调、活泼的造型、调制的酒水等。

3. 按支出意愿细分

消费者按支出意愿可以简单地分成高档消费、中档消费和低档消费。不同支出意愿的消费者对餐饮产品的消费需要差距很大，细分市场时应借助市场调查，确定哪种支出意愿的消费者是适合的目标顾客。例如，在许多城市中，人均消费70~100元的火锅对应的是高档消费者，人均消费40元左右的适合中档消费者。

4. 按生活方式细分

生活方式是指人满足生存和发展需要而进行的全部活动的基本特征。生活方式的外在表现是生活观念和生活意识。① 生活节奏变快。各式快餐的需求增长较快；对正餐的需求也同样增加，家庭更多地选择在外就餐；同时餐饮的社交平台功能越来越强。② 重视保健和身体健康。无污染的绿色消费、绿色餐厅、绿色餐饮产品应运而生，并且已有一批专门以绿色、健康为主题的差异化餐饮经营项目。在餐饮服务方面，分餐制也已开始提上议事日程。③ 追求美化和多样化生活方式。顾客追求餐饮设施的审美和文化内涵，追求不同风味的美味佳肴，追求菜肴的精致程度，以及对服务人员及其服务提出更高要求。

5. 按利益（动机）细分

餐饮顾客购买餐饮产品多数不是为了得到产品本身，而是为了获得产品给顾客带来的利益。根据餐饮顾客追求的利益，刘易斯将餐饮市场划分成"便利型大众餐饮市场""气氛型餐饮市场""高档餐饮市场"三种类型。便利型以经济型餐饮为特征，气氛型以特色餐饮消费为特征，而高档型以服务正规、菜品精细、价格高昂、装修豪华为特征。

（二）餐饮目标市场选择

餐饮企业在进行市场细分后，会发现一个或若干个值得进入的细分市场，企业必须做出选择，从而能够更主动、更科学、更有效地开展营销活动。目标市场范围的选择模式就是指餐饮企业如何选择细分市场作为其目标市场。目标市场范围的选择模式共有五种。随着企业的发展和壮大，模式之间可互换，随之，目标市场也发生改变。

1. 产品/市场集中模式

产品/市场集中模式就是指餐饮企业只生产一种产品，服务于一个细分市场的模式。这种模式是小规模企业或大企业首次进入某市场时采用的策略。

我国餐饮企业绝大多数规模较小，这种模式比较适用。发展起来的大型连锁餐饮企业进军海外市场时也常采取这一策略，把这个分市场作为进一步扩大的起始点。企业在创业初期，资源不够或认识度不够，产品在市场的经验不足，新产品在市场上的饱和度不够，利用这一模式可减少经营风险，增加收益。

2. 产品专门化模式

产品专门化模式是指餐饮企业向各个细分市场提供同一种餐饮产品。例如，麦当劳、肯德基等洋快餐企业的目标市场选择模式，基本上属于此类，国内的菜根香、小肥羊、全聚德、谭鱼头等企业早期采取的也是该选择模式。

如果一个企业产品非常具有特异性，适应需求广，在地域上不受限制，而且企业对该产品运作成熟，产品单一，容易复制，在这种情况下，企业可能走向产品专门化的道路。企业可以把该产品进一步用好、用尽，充分发挥它的价值，来吸引更多的市场。产品专门化的模式是连锁店。

3. 市场专门化模式

市场专门化模式是指餐饮企业向同一市场提供其所有的餐饮产品。

如果企业对一个市场运作熟练，市场人脉关系好，就可以继续挖掘该市场的潜力，不断提供新产品，形成所谓的集团化，也就是不放弃原有市场，在原有市场上不断提供新产品，增加新产品序列，最后往往一类产品成立一个子公司，这就是市场专门化的策略。例如，济南某企业在济南市场开设了川菜餐厅、火锅餐厅等。利用自己的地域性品牌，在当地市场使用市场专门化策略，这值得餐饮企业考虑。

4. 选择性专门化模式

选择性专门化模式是指餐饮企业用不同的餐饮产品同时进入不同的分市场，其中每个分市场都有机会，但彼此之间很少或根本没有任何联系。事实上这是一种多元化经营的模式。无论是产品专门化，还是市场专门化，都要面临饱和的问题，要么是该产品在所有市场饱和，要么是在该市场上所有产品饱和，不能再创建新的产品，这时就需要进行选择性专门化。在这个市场，哪一个产品合适，就上哪一个产品，哪一个产品不合适，就不上，这就是选择性专门化过程。有些餐饮企业同时涉足不同行业，就是选择性专门化。

很多餐饮连锁企业，由于产品逐渐老化，市场逐渐占满，如果继续用原有的模式，企业就面临倒闭。因此，要考虑走选择性专门化的道路，产品去任何适合的市场，只有这样才能给企业的发展带来突破和创新。

5. 覆盖整个市场模式

覆盖整个市场模式是指企业为所有不同的细分市场提供其所有的产品，这是较典型的大企业为谋取市场领导者地位采取的策略，如可口可乐公司在饮料市场上就是如此。企业所开发的产品，面向所有的市场。

但是这种大企业策略，在我国餐饮企业中，现在只有少数有成效的餐饮企业在逐步利用，距离全面覆盖整个市场还有相当长的距离。因此，整个企业在发展过程中，要清醒地了解整个目标市场的选择、企业未来发展的路径，走利于企业发展的模式。

二、餐饮产品组合策略

从市场观念的角度说，餐饮产品的概念所包含的内容非常广泛。广义的餐饮产品是指向市场提供的、能满足人的某种需要的物质产品和非物质形态的服务。物质产品主要包括餐饮产品的实体及其品质等，它们能满足宾客对使用价值的需要。非物质形态的服务主要包括产品形象、质量保证、声誉等，给宾客带来实际的心理上的满足感、信任感，具有象征价值，能满足人们心理上的需求。这种对餐饮产品的理解称为餐饮整体产品概念。市场观念下的整体产品概念具体有三个层次的含义：核心含义（或称核心产品）、形式含义（或称实际产品）和延伸产品。

餐饮产品的核心含义是指产品提供给顾客的基本效益或利益，主要回答顾客购买餐饮产品所需要解决的问题是什么。这对不同的宾客来说是不一样的。餐饮产品的形式含义是指产品向市场提供的实体和外观，是扩大化了的新产品，也是餐饮企业的真实产品。它包括餐饮企业的所在位置、建筑、装潢、设备、设施、服务项目、服务水平和声誉等。餐饮企业的延伸产品是指宾客购买产品所得的其他利益总和，是另外附加到产品上去的、能给宾客带来更多的利益和更大的满足的产品。

餐饮产品整体概念不同层次的有机组合就形成以下四种餐饮产品组合策略。

（一）扩大或缩小经营范围

扩大经营范围的策略是指扩大产品与服务组合的广度，以便在更大的市场领域发挥作用，增加经济效益和利润，并且分散投资危险。

缩小经营范围的策略是指缩减产品和服务项目，取消低利产品和服务项目，从经营较少的产品和服务中获得较高的利润。

企业是采用扩大经营范围，还是缩小经营范围的策略，往往取决于餐饮企业管理人员的经营思想。有些管理者认为，应发挥企业的潜力，多开辟经营服务项目，以增加营业额，如开设广东早茶、晚场戏剧或电影结束后的夜宵、西点外卖等项目，或是将娱乐寓于饮食，从而推出舞厅酒吧、伴唱餐厅、有文艺节目的聚餐会等，也有增设房内用餐、房内酒吧等服务项目或者在餐厅开辟富于民族特色的旅游纪念品及餐具、菜谱小册子等的销售柜台。

（二）"高档"或"低档"产品与服务组合策略

所谓"高档"产品与服务组合策略，就是指在现有产品的基础上，增加高档高价的产品与服务。例如，菜单上增设高档菜肴，开辟古玩摆设空间，附带庭园及衣帽间，放置伴奏钢琴等，逐步改变餐厅仅供应低档产品的形象，使消费者更乐意来此用餐。企业一方面增加了现有低档产品的销售量，另一方面又进入高档产品与服务市场。

所谓"低档"产品与服务组合策略，就是指在高价的产品与服务中增加廉价的产品与服务。采用这种策略的原因有以下 4 点。

（1）企业面临着采用高档策略的企业的挑战，从而决定发展低档产品应战，以增强竞争力。

（2）企业发现高档产品市场发展缓慢，因而决定发展低档产品，以增加营业额和利润。

（3）企业希望利用高档产品与服务的声誉，先向市场提供高档产品与服务，然后发展低档产品与服务，以便吸引经济情况更适合低档产品与服务的客人，扩大销售范围和领域。

（4）企业发现市场上没有某种低档的产品与服务，以填补空缺，扩大销售量。

（三）产品与服务的差异化策略

企业在同性质市场，通过营业销售推广强调自己的产品的不同特点以增加竞争力，希望消费者相信自己的产品更优越，进而使消费者偏爱自己的产品。当然，这种策略同样适用于服务。这种策略称作产品与服务的差异化策略。例如，具有相当规模的汽车停车场，经营城市中唯一的香槟酒吧，由著名粤菜厨师掌勺烹饪，甚至出现由一批特选的"小矮子"充当服务员的餐厅等。又如，采用一些先进的烹饪用具及各式新颖咖啡煮壶和应用电脑查询、记账等，来显示餐厅在产品与服务上领先一步的气质，以吸引客人和市场。

产品与服务的差异化的理论基础是消费者的爱好、愿望、心理活动、收入、地位等方面存在差别，因此产品与服务也必须有所差别。如果企业要在市场上获得生存和发展，就必须使自己的产品与竞争者的产品有所差别，向消费者提供更多利益和享受，并不断努力，保持和扩大这种差异，力求在竞争中立于不败之地。

（四）发展新产品策略

企业应根据市场需求的变化，随着消费者的爱好、市场技术、竞争等方面的变化，向市场不断推陈出新，向市场提供新产品和新服务。这是企业制订最佳产品策略的重要途径之一，也是企业具有活力的重要表现。

餐饮企业的经理可以经常"改动"产品，有的是小改，有的是大改。例如：

（1）更新装潢，调换餐具和桌椅。

（2）组织专题周和食品节以及各种文娱活动。

（3）更换人员服饰。

（4）菜单多样化，烹饪灵活化。

（5）调整价格，按质论价和按需论价。

（6）散发新的宣传品、纪念品。

（7）改善服务，不断修改服务项目，提高人员的素质和修养。

（8）最大限度地保证服务质量。餐厅要利用每年一度的喜庆佳节，如国庆节、情人节、圣诞节、母亲节、儿童节等，或重大的社会活动、文艺活动、体育比赛等时机，隆重推出不同凡响的特种菜单、超群夺魁的烹饪大师技艺和适应于各种活动的服务项目，作为实施新产品策略的良机和妙策。

三、餐饮产品定价策略

餐饮产品定价策略是指企业根据餐饮市场的具体状况，从定价目标出发，灵活运用价格手段进行定价，以实现企业的营销目标。一般说来，餐饮企业的产品定价策略主要有新产品定价策略、心理定价策略、折扣定价策略和差别定价策略等。

（一）新产品定价策略

新产品定价策略既包括新开业餐厅的产品价格策略，也包括已开业餐厅推出新产品的价格策略。对于餐饮新产品的定价，经营者可以根据具体的情况，采取以下3种策略。

1. 撇脂定价策略

撇脂定价策略是一种高价格策略，是指餐饮新产品在上市初期，市场上还没有竞争者，餐厅可以将价格定得高些，以便在较短的时间内获得最大利润。这种定价策略因类似于从牛奶中撇取奶油而得名。随着市场上别的餐饮企业也模仿制作出了这种产品，餐厅再把价格降下来，这样较为符合消费者对价格从高到低的心理预期，而且因为餐厅事先得到了利润，甚至可以把价格定得比别人更低些，使产品仍然具有竞争力。采取这种策略能在短期内获得尽可能多的利润，尽快收回投资成本。

2. 渗透定价策略

渗透定价策略是一种低价格策略，即在新产品投入市场时，价格定得较低，以便消费者容易接受，迅速打开和占领市场，从而获取较高的市场份额，尽早在市场上取得领先地位，扩大市场销售量，增加赢利。由于此策略价格较低，竞争者觉得无利可图，因此，还能有效地排斥竞争者进入市场，从而使餐厅在较长时间内居市场主导地位。

3. 满意定价策略

满意定价策略是一种介于撇脂定价和渗透定价之间的定价策略，所定的价格比撇脂价格低，而比渗透价格要高，是一种中间价格。撇脂定价策略定价过高，对消费者不利，既容易引起竞争，又可能被消费者拒绝，具有一定的风险；渗透价格策略定价过低，对消费者有利，对餐饮企业最初的收入不利，资金的回收期也较长，若企业实力不强，将很难接受。因此，在这种情况下，经营者可考虑满意定价策略。

（二）心理定价策略

心理定价策略就是经营者在制定餐饮产品价格时，不但要考虑消费者对餐饮产品的理性分析，而且更注重消费者在心理情绪上对餐饮产品价格的反应。因此，在定价时，利用消费者对价格的反应心理制定适宜的价格，可以刺激消费者对餐饮产品的消费，一般常用的有以下3种策略。

1. 吉利数定价策略

根据我国餐饮企业的经营经验，中国消费者有吉利数的偏好，会倾向于购买使其产生积极联想的吉利数定价的商品而放弃购买使其产生消极联想的不吉利数定价的商品。消费者在首次购买决策以及再次购买决策等消费者行为方面更容易接受6、8等较为吉利的数字，同时对吉利数定价商品产生高的期望，反之，对那些非吉利的数字，在定价时要慎用，如4、250、314等。因此，餐饮企业在具体定价时必须充分考虑那些吉利数字。

2. 尾数定价策略

尾数定价策略是指在确定餐饮产品的价格时，利用消费者求廉的心理，制定非整数价格，以零头数结尾，使消费者在心理上有一种便宜的感觉，从而激起消费者的购买欲望，促进产品的销售。利用尾数定价，可以使消费者产生特殊的心理效应：首先是感觉便宜，标价99.95元的商品和100.05元的商品，虽仅相差0.1元，但前者给购买者的感觉是还不到100元，后者却使人认为超过100元，因此前者给消费者一种价格偏低，商品便宜的感觉，使消费者易于接受；其次是精确，带有尾数的定价可以使消费者认为商品定价是非常认真、精确的，连几角几分都算得清清楚楚，进而对餐饮企业产生一种信任感。

3. 声望定价策略

声望定价策略是针对消费者"便宜无好货""价高质必优"的消费心理的一种定价策略。高价与高档次比较协调，能显示出产品的高层次，给消费者留下高档的印象，甚至使消费者感到购买此产品可提高自己的声望、档次。因此，这种定价方法主要抓住了消费者崇尚名牌的心理。该定价方法主要有两种目的：第一，能提高产品形象；第二，能满足某些消费者对地位和自我价值的欲望。

（三）折扣定价策略

折扣定价策略是指餐饮企业在既定的产品价格基础上打折优惠消费者，目的是吸引、鼓励消费者积极消费。这是一种以实惠针对顾客、适应需求、灵活经营的策略，对提高餐饮企业的竞争能力、扩大销售、增加利润都有很大的作用，为餐饮企业普遍采用。常用的折扣定价策略有以下两种。

1. 数量折扣

数量折扣是指餐饮企业的生产经营者为了鼓励消费者大量购买，根据购买者所购买的数量给予一定的折扣。数量折扣分为以下两种。

（1）累积数量折扣。累积数量折扣是指在一定时间内，消费者购买总数超过一定数额时，餐饮企业按消费总数给予一定的折扣。一般情况下是消费者消费数量越大，折扣越多。这种定价策略有利于加强餐饮企业与消费者之间的联系。

（2）一次批量折扣。消费者一次购买数量达到企业所规定的数量，就可得到一定的折扣优惠，超过数量越多折扣越大。这能刺激顾客多消费，增加企业利润，又能减少交易时间，节约开支。例如，餐饮经营者为促进销售，提高本企业在社会上的知名度，往往对旅游团队、会议用餐等大批量用餐的客人给予折扣。

2. 现金折扣

现金折扣又称付款期限折扣，是指对现金交易或按期付款的消费者给予价格折扣。具体操作方法是，若在卖方规定的付款期限以前若干天内付款，卖方就给予一定的折扣。其目的是鼓励买方提前付款，以便尽快收回货款，加速资金周转。

（四）差别定价策略

在激烈的市场竞争中，餐饮企业采取相同的餐饮产品以不同价格出售的策略，其目的是通过形成数个局部的市场而扩大销售，增加企业赢利来源。

1. 地区差价策略

地区差价策略是指餐饮企业以不同的价格在不同地区营销同一种产品。形成这种差价主要是不同地区的消费者具有不同的爱好和习惯，因而各地市场就有不同的需求曲线和需求弹性，如沿海地区与内陆地区的消费者的饮食习惯和偏好有很大的不同，对同样的海鲜菜品的需求有明显的不同，价位也存在不同。

2. 时段差价策略

时段差价策略是指根据客人就餐的不同季节等采取不同层次的优惠价格策略，主要包括的内容有季节优惠、周末优惠、时段优惠等。

时段优惠一般多用于生意较好的餐厅，这种做法既可以将餐厅的利用率大大提高，将顾客分流，使生意较淡的时间段被充分利用，同时又能调节菜式结构，保证菜肴的新鲜和优质。

3. 顾客差别定价策略

顾客差别定价又称顾客细分定价，是指企业按照不同的价格把同一产品或服务卖给不同的顾客。该定价策略是根据顾客的付款能力来定价的。一般来说，收入水平、年龄、职业、性别等不同的消费者对价格的接受程度有较大的差异。对于低收入者、弱势群体定价水平要低，对于高收入者定价水平要高。

这种定价策略根据具体情况灵活掌握价格，差别对待，同时也表明顾客的需求强度有所不同。

四、餐饮促销策略

餐饮促销是指将有关餐饮企业及其产品等信息通过各种方式传递给顾客，促进顾客了解、信任并购买，最终达到扩大销售的目的。实际上，餐饮促销就是顾客与餐饮企业之间信息沟通的过程。

餐饮企业促销的时机包括：

（1）光顾的新顾客不够多时。

（2）占领市场的速度必须加快时（如新店开业）。

（3）顾客的购买力较低或光顾的频率较低时。

（4）某一地区或特定时期竞争特别激烈时。

（5）想加强广告力，扩大影响时。

（6）为获得消费者的信任，积极举办促销活动时。

（7）在特殊的日子如节日、企业年庆，为更大地刺激消费，增加营业额时。

（一）餐饮广告

餐饮广告是指餐饮企业支付费用，通过各种各样的传播媒介，向社会公众或特定市场中潜在的顾客传递产品和服务信息，诱发顾客需要，劝导顾客购买，提醒顾客注意餐饮企业产品和服务的变化，进而实现扩大产品销售、增加赢利目的的一种营销工具。"酒香不怕巷子深"这句古语所存在的局限性，已经被越来越多的人所认识，在现代餐饮营销中，广告是必不可少的重要手段，主要广告媒介有以下四种。

1. 报纸

报纸是餐饮广告常用的媒介。报纸的优点：① 时间性强，消息迅速；② 广告费比电视宣传低；③ 可直接引起消费者的购买行为；④ 灵活性较大，覆盖面广。

要树立餐饮企业良好的市场形象，一是经常刊登广告，反复传递重要广告词句；二是偶尔刊登广告介绍最新信息、新的服务项目等。

在选择刊登广告的报纸时，应考虑报纸编辑的内容特点，读者对象，出版时间，报纸声望，广告位置、大小、色彩和费用等因素。

报纸的缺点：① 色彩单调；② 无法传播声音和动作；③ 外观缺乏吸引力，其作用时间短暂。

2. 电视

电视宣传的优点：① 宣传范围广泛；② 表现手段和形式丰富多彩；③ 宣传的影响和作用巨大；④ 便于重复宣传，直观性强；⑤ 声誉高。

电视宣传的缺点：① 广告费用高；② 缺乏选择性，且转瞬即逝，观众看后极易忘记。

3. 户外广告

户外广告是指在交通路线、商业中心等行人和车辆较多的地方设立路边广告牌、标志牌，进行餐饮推销。

户外广告的优点：① 信息传播面广；② 费用较低；③ 持续时间长；④ 可选宣传地点。

常用的户外广告有以下3种：

① 广告牌：设在行人较多的马路边、交通工具经过的道路两旁或主要商业中心、闹市区。

② 空中广告：利用空中飞行物进行的空中广告宣传。

③ 餐厅招牌：酒店建筑物外部的指示牌。

4. 交通广告

交通广告是指设在飞机、火车、轮船、汽车等交通工具上的广告。这些广告内容一般有酒店餐厅的名称、地址、电话、服务项目及如何前往等。这类广告可引起顾客的兴趣，其效果相当显著。

（二）餐饮营业推广

营业推广也称促销，餐饮营业推广是指餐饮企业在特定时间，在一定的预算内，对某一目标顾客群体所采取的能够迅速刺激顾客购买欲望以达成交易的临时性促销措施。与广告、人员推销等沟通方式不同的是，餐饮营业推广限定具体的时间和地点，以提供顾客一定利益的形式促使其进行购买。这些提供利益的形式多种多样，或是金钱或是实物或是一种附加价值的体现，但大多是短期或是临时的，带有馈赠性质或奖励性质，以这种方式来快速激发需求。

1. 餐饮营业推广常见形式

（1）赠品或是礼物。餐饮企业通过赠送纪念品或是礼物的方法进行营业推广，如向客人赠送带有企业标识的小礼物、卡片等，赠送果盘或饮料。

（2）抽奖。顾客通过购买餐饮企业的产品或是服务就可以参加抽奖。比如，每年圣诞节期间一些餐厅就会举办大型现场抽奖活动，中奖的客人就可以获得免费的高档礼物，或是入住酒店一天等。

（3）赠折价券。这是吸引回头客的一种做法，折价券不可兑付现金，但可以为下次消费冲抵相同金额的现金。这是制造回头业务的一种有效形式。

（4）免费试用。通常是品尝新菜或是试用新的娱乐设施进行营业推广。

（5）会员卡。顾客缴纳一定的会费或是消费达到一定金额以后即成为会员，可以享受一些异于普通顾客的待遇。这是制造回头业务的另一种有效方法。

（6）优惠券。优惠券是餐饮企业常用的促销方式之一。在举行特殊活动期间或新产品推广期间，餐厅事先通过一定的方式将优惠券发到顾客手中，顾客持券消费时，可以得到一定的优惠。优惠券的种类很多，常见的有普通优惠券、贵宾卡、特殊优惠券和回赠券等。

（7）联合促销。这类促销是指将某一产品或服务拴系于另一公司的产品或服务中进行促销。一般而言，可以是酒店和旅行社、景区景点、航空公司等单位联合促销，从而提升餐饮企业和联合单位的知名度，也会降低促销成本。

（8）美食节推销。美食节是一些有一定实力的餐饮企业为推销本企业的菜品而采取的具有一定规模的系列促销活动，也可以说美食节是企业精美食品的展示会。它可以给餐饮经营者提供一个全面展示自己实力的机会。首先，美食节是企业经营菜系的整体推销，有助于改进现有菜品的质量，发展拳头产品和"拿手"菜。其次，美食节有利于扩大餐饮企业的声誉和影响，使企业树立良好的社会形象。顾客可通过美食节了解企业、认识企业。企业可以由此争取新客户，巩固老主顾，获取竞争优势。

2. 餐饮营业推广时机

（1）节日特殊推销活动。节日是人们庆贺和娱乐的时光，是餐饮工作人员举办特殊推销活动的大好时机。在节日搞餐饮推销,需要将餐厅装饰起来,烘托节日的气氛,并且餐饮管理人员要结合各地区民族风俗的节庆传统组织推销活动,使活动多姿多彩,使顾客感到新鲜。

在一年的各种节日里,如春节、圣诞节、国庆节、情人节、中秋节等都可以举办各种活动。

(2)清淡时段的推销活动。餐饮企业为增加清淡时段的客源和提高座位周转率,促进其餐饮产品在清淡时段的销售,可在这段时间举办各种推销活动。例如,有些餐厅将清淡时段的推销活动称为"快乐时光"活动,在这段时间中对饮料进行"买一赠一"的销售活动;还有的餐厅进行限时折扣活动、抽奖活动、赠送活动等,这些都可以增加餐饮企业在清淡时段的销售。

(3)季节性推销活动。对不同的季节,餐饮企业可以结合该季节的特点,进行多种推销活动。由于季节的原因,消费者的就餐习惯和上市的新鲜原料不尽相同,企业可根据这些变化,适时地推出适应顾客就餐习惯的产品和服务。在季节性推销中,最常见的就是时令菜的推销。

(三)人员推销

餐饮销售人员推销是指餐饮销售人员通过面对面与客户洽谈业务,向顾客提供产品或信息服务,诱导顾客光临餐厅,购买餐厅产品和服务的过程。

1. 餐饮销售人员推销的优势

餐饮销售人员直接向顾客推销商品和服务具有以下三点优势。

(1)具有很强的针对性。因为推销人员可以直接接触顾客,所以有机会把产品卖给愿意购买的顾客。

(2)具有很大的灵活性。餐饮人员推销与顾客保持着最直接的联系,可以根据顾客需求或动机及顾客的反应来调整自己的推销策略和办法,可以随时回答顾客的提问,有助于交易的实现。

(3)具有公关的作用。餐饮销售人员留给客户的良好形象有助于加深顾客对餐饮产品和服务的印象。餐饮销售人员有机会纠正顾客对产品和服务的偏见,树立企业良好的形象,这样既可以留住老客户又可以开拓新市场。

2. 餐饮销售人员推销的程序

(1)收集信息。收集信息的主要工作包括明确推销对象,了解推销对象的需求、偏好及支付能力等。餐饮销售人员要建立各种资料信息簿,建立宴会客史档案,注意当地市场的各种变化及本市的活动开展情况,寻找销售机会。特别是那些大公司和外商机构的庆祝活动、开幕式、产品获奖、年度会议信息等,都是极有意义的。

(2)计划准备。在了解了相关情况之后,推销人员应做好推销计划,确定访问的目的、访问的对象、推销方式和辅助工具,如推销用的餐饮菜单和图片,以及推销过程中容易出现的一切问题等。

(3)销售访问。访问时一定要守时,注意自己的仪容和礼貌。自我介绍并直截了当地说明来意,尽量使自己的谈话吸引对方。

(4)介绍餐饮产品和服务。着重介绍餐厅餐饮产品和服务的特点,针对所掌握的对象需求来介绍，以引起对方的兴趣，突出餐厅所能给予客人的利益和额外利益，还要设法让对方多谈，从而了解对方的真实要求，再证明自己的产品和服务最能适应客人的要求。介绍餐饮产品和服务还要借助于各种资料、图片、场地布置图等。

（5）处理异议和投诉。碰到客人提出异议时，餐饮推销人员要保持自信，设法让顾客说出怀疑的理由，再通过提问的方式让他们在回答中自己否定这些理由。对顾客提出的投诉和不满，首先应表示道歉，然后请求对方给予改进的机会，千万不要因自己的一次争论而得罪客人。

（6）商定贸易和跟踪推销。要善于掌握时机，商定交易，签订预订单。这时要使用一些技巧，如代替客户下决心，给予其额外利益和优惠等来争取订单。一旦签订了订单，还要进一步保持联系，采取跟踪措施，逐步达到确认预订。即使不能成交，也应通过分析原因、总结经验，保持继续向对方进行推销的机会，以便日后进行合作。

任务三 餐饮市场营销理念发展

传统的4Ps市场营销理论强调产品、价格、渠道和促销，认为企业只要围绕这四个因素制定灵活的市场营销组合策略，产品的销售就有了保证。但是，随着经济的发展，餐饮市场营销环境发生了很大的变化，餐饮消费个性化、理性化、多样化和人文化特征日益突出，传统的4Ps理论在市场营销实践中已经显现出一些不适应。为此，餐饮市场营销应引入更新的4Cs（顾客、成本、便利、沟通）市场营销理论思想，开拓适应市场变化的新市场营销方法。

一、餐饮企业的4Cs市场营销理念

餐饮企业的4Cs市场营销是由顾客（Customer）、成本（Cost）、便利（Convenience）和沟通（Communication）4个对餐饮市场营销有影响的因素组合而形成的市场营销方式。这种餐饮市场营销方式的理论基础是4Cs（顾客、成本、便利、沟通）市场营销组合理论。

（一）顾客

4Cs市场营销方法把产品的重要地位让位给了顾客，认为顾客是餐饮企业一切经营活动的核心。餐饮企业要取得市场营销的成功，对顾客的关心要甚于对产品的关心。这种观念体现在两个方面：一是创造顾客比创造产品更重要，二是满足顾客的欲望和要求比提升餐饮产品的性能和质量更重要。

（二）成本

4Ps市场营销的价格是以餐饮产品本身的成本为依据的，而4Cs市场营销方法将价格的基础延伸为餐饮市场营销全过程的成本。4Cs市场营销的成本包括以下两点。

1. 餐饮产品成本

餐饮产品成本是指餐饮企业提供餐饮产品所付出的成本，是餐饮价格的下限。

2. 餐饮顾客的购买成本

餐饮顾客的购买成本除了对餐饮产品消费的货币支出外，还包括购买和消费餐饮产品的时间耗费、体力耗费、精力耗费以及消费者承担的风险（如顾客购买到质价相背或假冒伪劣餐饮产品带来的损失）等形成的成本。

4Ps市场营销的价格思维模式是"餐饮产品成本＋适当利润＝餐饮产品价格"，此时的价格实际是一种企业的"指示"价格；4Cs市场营销的价格思维模式则是"消费者接受的价格－适当的利润＝餐饮成本上限"，这里的餐饮成本是指餐饮顾客的购买成本，这里的价格变成了餐饮顾客的接受价格。在新的价格思维下，餐饮企业必须通过各种营销安排来降低顾客的购买成本，使其达到成本上限之下，才能保证餐饮企业的正常利润。

（三）便利

所谓便利，是指方便顾客，维护顾客利益，为顾客提供尽可能多的全方位服务。4Cs市场营销强调餐饮企业提供给顾客便利比选择营销渠道更加重要，便利原则贯穿于餐饮市场营销的全过程。

1. 购买前

通过咨询向顾客提供有关餐饮产品的质量、特点、能给顾客带来的利益等充分、准确的信息。

2. 购买和消费过程中

为顾客提供尽可能大的消费方便，如减少等候、方便停车、提供便于食用的菜肴和工具、快速结账等。

3. 购买后

对餐饮顾客的意见及时处理和回复，注重收集顾客的反馈信息，为顾客提供外带食品的包装、外卖送货等。

（四）沟通

4Cs市场营销强调餐饮企业与顾客的双向沟通，力图将顾客和餐饮企业的关系建立在共同利益基础之上，通过沟通来协调矛盾，融合感情，培养忠诚顾客，而忠诚顾客就是餐饮企业最理想的推销者。4Cs理论试图用沟通去取代促销。

二、4Cs市场营销理念在餐饮市场营销中的体现

（一）认真研究餐饮消费者的需求

1. 研究餐饮消费者现实的需求特征

餐饮市场营销者应对特定时期内餐饮顾客的消费特征进行认真分析和研究，掌握消费者不同层次的需要和特点，为餐饮消费者提供他们需要的餐饮产品。

餐饮顾客的消费需求多种多样，总结起来有以下一些共同点：

（1）价格上求公道。即顾客对其消费的餐饮产品有质量和价格相符的需要。应该注意，所谓的公道，也是因消费者不同而不同的。温饱型的餐饮消费者，关注的是餐饮产品中菜肴部分的实际质量所体现的价值，他们评价价格的标准是菜品性能、价格比。小康型的消费者开始将关注的对象扩展到菜肴之外的餐饮产品的其他成分上，如追求更好的环境、更优的服务等，他们愿意为此付出更高的价格。富裕的消费者更将其对餐饮产品的理解扩充到包含方便、获得尊重、体现人生价值等层面上，这些消费者对公道的理解又达到一个更高的境界。餐饮营销应根据不同顾客的求公道价格的心理，为其提供相应的餐饮产品。

（2）卫生上求信得过。餐饮产品的卫生是消费者普遍关心的问题，他们通常会重视菜肴的原料卫生、加工制作过程卫生、就餐环境卫生。保持餐厅的卫生和餐具、杯具的清洁，提供干净整洁的厨房制作环境，采用无公害原料，是餐饮经营的基本思路。同时，餐厅也应在营销措施上向顾客展示产品卫生的特点，让顾客感受到卫生与整洁。例如，上海西湖饭店，采取了两项小措施：一是在顾客就餐前一律用消毒水将餐桌擦抹一遍；二是如果顾客发现变质、变味菜肴一律原价退菜并额外奖励 5 元。这两个小措施在让顾客感受卫生的餐饮产品方面提供了很好的范例。

（3）服务上求尊重。现在的餐饮顾客愈来愈多地追求餐饮消费中的尊重因素。顾客受尊重的需要，因其社会地位、风俗文化、餐饮消费习惯、收入等不同表现出很大的差异，但多数消费者对尊重的需要可以归纳成：尊重顾客自主意愿、不嫌贫爱富、尊重老弱病残等。对更高层次的尊重需要则体现在追求被重视的需要上，为此餐饮营销可以采用一些措施让顾客感到受重视。比如，关于重要客人的称呼，在先生、小姐或太太前一定要加姓氏，甚至直接称呼客人职务等。

（4）菜品上求质量。消费者追求制作精细、原料上乘的菜肴质量，这体现在顾客对菜品的色、香、味、形、器的要求上。为此，餐饮营销一定要通过一系列质量保证体系来确保菜肴质量。例如，以经营"三黄鸡"出名的"小绍兴"鸡粥店，从原料采购到成品制作都有一套严格的措施，原料一定要浦东的三黄鸡，调味一定要用 18 种调料按比例投放。一个小餐饮店因此保证了菜品的品质，大中型的餐饮企业更应在这方面做得更好。

（5）环境上求舒适。越是追求享受的餐饮顾客对环境舒适的要求越高。他们追求的环境舒适包括就餐环境高档气派或富有特色，座椅舒适，灯光、音响和气味营造出柔美温馨的感受等。

2. 研究餐饮消费者需求的变化规律

餐饮消费者需求变化越来越快，餐饮市场营销必须在研究现实需求特征的同时，重视对需求变化规律的研究，只有这样才能不断改进菜肴质量、花色品种，推出新的服务方式和项目，使顾客更加满意。

（二）提供附加服务，尽可能为餐饮消费者提供方便

餐饮市场营销应把为顾客提供方便贯穿于整个营销活动过程，改变过去那种从自身出发而不考虑顾客方便的行为方式。按照 4Cs 营销的方便理念，在餐饮市场营销活动中餐厅可以制定

许多措施,增加附加服务来使顾客感受方便。以下仅举几例:

例如,某餐厅销售的"罐罐鸡"采用很大的瓦罐,一般三四个人就餐根本无法吃完,由于该菜肴是本餐厅的特色菜肴,许多顾客想点又苦于餐厅不愿半份销售而放弃消费。如果餐厅从方便顾客的角度出发,设计不同菜品分量就可以增加顾客的消费量。类似的问题还有顾客要求拼盘、要求增减特殊调味品等,对这些要求的满足,都可以理解成为顾客提供消费方便。

又如,开车就餐的顾客越来越多,怎样使顾客在泊车时感受方便也有很多文章可做。停车场较小或较远的餐厅尤其需要在这方面做出考虑。对于较放心的顾客可以采取代客泊车的服务方式;对自己停车的顾客,餐厅可提供摆渡车服务。

(三)加强与餐饮消费者的有效沟通

4Cs市场营销方式通过与消费者的双向沟通来创造忠诚顾客,并发挥他们的口碑作用来为餐饮企业推销产品。沟通的机会、方式或手段有以下5点。

(1)重视店名、服务标识、菜单等的设计。
(2)重视餐厅建筑物、装修和装饰设计。
(3)利用餐饮促销过程向顾客传递具有特定目的的信息。
(4)通过市场调查,收集顾客意见和建议来掌握信息、把握商机。
(5)加强餐饮客户关系管理,增进对顾客的了解和信息交流。

例如,西安某饭店在接待一个老年旅游团时,通过了解得知他们都是宁波人,饭店没有按照通常的菜单制作菜肴,而是专门为他们设计制作了一桌地道的宁波风味菜。客人在久别家乡后,为能在异乡吃到可口的家乡菜而大受感动。这就是一种与客人的沟通方式。

(四)降低顾客成本,增加餐饮产品的让渡价值

前面谈到的新价格思维模式中,顾客是以其愿意支付的价格来决定消费的。因此,餐饮企业须努力降低成本,使餐饮产品的总成本降到上限以下。在餐饮经营中,一方面应通过控制原料采购、加工制作、服务消耗、管理费用、营销费用等途径,减少餐饮产品成本;另一方面,特别要注意顾客购买成本的降低,为顾客提供更多的让渡价值。可考虑的降低顾客购买成本的重要途径有以下4点。

(1)尽可能节省顾客的时间,降低顾客购买的时间成本。例如,减少顾客候餐的时间,加快供餐和服务速度,快速结账,快速预订等。

(2)减少顾客的体力支出,降低顾客购买的体力消耗成本。例如,增加电梯服务,采用送餐服务,通过摆渡车接送来减少顾客步行的距离等。

(3)减少顾客的精力支出,降低顾客购买的精力消耗成本。例如,为婚宴顾客设计婚礼程序、填写请柬,为会议顾客提供接待和部分会议组织服务等。

(4)减少顾客消费风险,降低顾客购买的心理风险成本。例如,加强质量管理,提供安全的餐饮设施,使用安全的食品原料,向顾客做出承诺等。

项目小结

通过本项目学习，我们应了解餐饮市场营销是指餐饮企业为使顾客满意，并实现餐饮经营目标而开展的一系列有计划、有组织的整体活动，餐饮市场营销对餐饮企业的生存发展是至关重要的。餐饮企业市场营销观念经历了五个发展阶段，了解每个发展阶段的来由及表现，有助于改进企业的经营管理。餐饮市场营销组合是餐饮企业对可控制的、与市场营销活动有关的市场营销变量（因此具有"工具"性质）的组合运用，餐饮企业通常采用目标市场策略、餐饮产品策略、餐饮价格策略，以及餐饮促销策略的组合运用实现对顾客需求的管理。餐饮市场营销理念应从4Ps向4Cs的策略发展，以更好地实现以顾客为中心的企业管理。

综合能力训练

1. 餐饮市场营销的观念经历了哪些阶段？各有什么表现？
2. 餐饮市场细分有哪些方法？
3. 餐饮企业如何实现差异化营销策略？
4. 餐饮企业有哪些常用的营业推广手段？
5. 简述餐饮推销程序。
6. 如何运用4Cs的新理念指导餐厅经营？
7. 案例分析：

餐饮巨头做足市场细分

随着"必胜比萨站"在深圳等全国三大城市成立，百胜餐饮完成了比萨三大品牌的市场开发和战略布局。

众所周知，市场很大，即使是大型企业也无法独霸某一商品市场，但成功的企业往往能够做足做大它所涉足的某一细分市场。著名洋快餐肯德基所属的百胜餐饮对于比萨这一产品的经营，可算是做足了文章，并逐渐做大了市场。

百胜餐饮将比萨这种风靡世界的食品介绍给中国消费者始于1990年。也许是先入为主的原因，"吃比萨就去必胜客"的概念影响了20世纪90年代的众多都市白领，必胜客也由此成了很多中国人心目中的"比萨专家"。必胜客在多年的探索中逐渐确立作为百胜餐饮第一个比萨品牌——欢乐餐厅的市场定位，即较高档的西式休闲餐饮，门店坐落于城市中心地带和高档社区，主要目标群体为年轻时尚的白领阶层。从产品上看，欢乐餐厅提供以比萨为特色招牌的西式全餐，即沙拉、汤品、餐前小吃、主菜、甜点和饮料。必胜客的环境雅致舒适，服务也是西餐特有的全程式服务，因此成为都市人朋友聚会、情侣相约等休闲活动的场所。

必胜客欢乐餐厅开店的速度不断在加快，但是，还是赶不上人们对它的追捧，往往是到了用餐时间，尤其是晚餐时间，顾客就要排长队等候，于是，2001年，由需求创造的商业机会产生了比萨的第二个品牌"必胜宅急送"。

"必胜宅急送"专为外送范围内的消费者提供送餐服务。一般从点餐到送达为30～40分钟，外加5元的送餐费。这就挖掘出一个不愿意或没时间等候但又以一尝比萨食品为快事的消费者的市场，拓展了消费者群体和市场空间。据称，"必胜宅急送"的诞生为中国百胜餐饮的全球首创而非引进品牌，不但在品牌名称上独立出"必胜宅急送"，而且坚持场地分开、人员分开，用专门的人做专门的服务。

在"必胜客欢乐餐厅"快速占领全国市场，"必胜宅急送"也站稳脚跟进入二线城市后，百胜餐饮又把目光投向了新的市场机会。如果说这两个品牌分别满足了需要在外面坐下来和需要在家里坐下来享受美食的人群的话，那么"必胜比萨站"就是在看到了需要在忙碌生活中享受美食的人之后产生的。

"必胜比萨站"为消费者提供以比萨、焗饭为主的西式快餐，采用快餐式的自取服务。顾客既可以在餐厅堂食，也可以外带。其产品以个人份为主，包括纯珍比萨、西式焗饭、经典小吃、蔬菜沙拉和各式饮料。

在人们对比萨的接受度日益提高的今天，人们能在路过机场、车站、大型百货公司购物中心的餐饮区、旅游景点、展览中心等地，在赶时间或紧急情况下以最快的速度获得一份信得过的简餐，对这类人群需求的理解创造了比萨食品的第三个市场。

问题：

（1）为什么必胜客这样的餐饮巨头也做市场细分？

（2）必胜客做市场细分的依据是什么？

（3）请根据本章所学内容，对必胜客不同的细分市场给出你的促销建议。

8. 实操训练：

请在授课教师的帮助下，与你的学习小组成员走访一家当地的餐饮企业，了解该企业通常采用的价格手段，并结合学习小组成员的知识与经验，为该餐厅提出促销的价格建议。

实操指导：

（1）需要收集哪些方面的信息？

（2）有哪些方法和渠道可以帮助收集全面的价格信息？

（3）完成本工作时间应如何分配？

（4）小组成员如何分工？

（5）各项工作在哪些地点进行？

（6）可能会碰到哪些困难？要如何预防及应对？

职业英语拓展

一、单词

marketing 营销

marketing strategy 营销策略

public relations 公共关系

FIT（Free Independent Traveler）散客

party 团队、聚会

booklet 小册子

billboard 广告牌

media 媒体

二、会话

1. Can I have some fruit instead of the dessert?
   可不可以不要甜点改要水果？
2. Is coffee included in this meal?
   有咖啡作为附餐吗？
3. May I smoke?
   我可以抽烟吗？
4. My order hasn't come yet.
   我点的食物还没来。
5. This is not what I ordered.
   这不是我点的食物。
6. Check, please.
   麻烦请结账。
7. Can I pay here?
   我可以在这儿付账吗？
8. We'd like to pay separately.
   我们想要分开算账。
9. I think there is a mistake in the bill.
   账单有一个错误。
10. Could you check it again? Can I pay by credit card?
    可不可以麻烦再确认一次账单？可以用这张信用卡付账吗？

项目八 餐饮服务质量管理

学习目标

★ 熟悉餐饮服务质量的内容，掌握餐饮服务质量的特点
★ 掌握餐饮服务质量的控制方法
★ 掌握餐饮服务质量的监督管理
★ 掌握餐饮员工的培训内容及方法

案例导入

某三星级饭店一行 15 人由总经理率领慕名来到本市一家饭店用晚餐。他们此行的主要目的是学习该饭店的管理和服务，看看菜肴如何。晚 7 时他们来到单间"春"厅，虽有预订，因多来了几个人，使得服务员和领班手忙脚乱地加椅子和餐具。他们还没有坐下，其中一位指着墙上那幅字，问服务员写的是什么？服务员答："不清楚。"他又问领班，答："不知道。"入座后，客人点菜，问："最近咱们餐厅推出什么特色菜没有？"领班回答："不清楚，我到厨房问一下告诉你。"客人点完菜，领班把菜单一收离开了，15 分钟后才开始上凉菜。客人们发现转盘底下爬出一只蚂蚁，叫服务员赶快处理；同时，一位客人在啤酒杯里打死一只小虫子后，让领班换一只杯子，换后，客人觉得更换的这个杯子似乎就是刚才那个杯子，因为杯子里有手拿过的痕迹，要求再重新换一个。领班不情愿地拿来一个与原来杯子不同的高脚杯，往桌子上"砰"地一放，客人讲："怎么是这种杯子？"领班答："杯子没有了，这才是喝啤酒的杯子。"席间，客人流露出对领班的不满，就对服务员讲："你服务得不错，你们那个领班真不像话。"后来领班也就没有出现了。结账时客人提出要打折，一位自称是部长的小姐讲："我做不了主，得上报。"客人中的主人（即总经理）对那个部长小姐开玩笑地讲："你可得注意，这个人不好惹（指要求打折的同事），他是黑社会的头儿。"部长小姐回敬道："没关系，我们敢开这么大一个店，就不怕有人来捣乱。"10 分钟后，部长小姐把投诉客人叫出去了。餐饮部经理（一个老外，会讲中文）出面说："可以考虑打折，但只能打八五折。"客人讲："不行，你们服务出现这么多问题，菜肴也不好，怎么也得打六折。"餐饮部经理讲："我做不了主，得上报。"这样僵持不下，10 分钟又过去了。最后值班经理（饭店的人力资源总监）来了，听了投诉经过后说："你们讲的那个领班服务不好我知道，她不代表我们饭店。""你们不能指责服务员，你们是人，他们也是人。"最后，双方以八折达成协议。可是，客人一看账单觉得价格不对，打折下来应为 3 200 多元，怎么是 3 600 多？仔细一算，发现饭店将基围虾和另一个菜按两份结账。这下客人火了，客人说："本来是想来考察、学习学习，没想到不仅没学到东西，反而让人生气。""钱不在多，关键是要一口气。"

问题：
1. 这家饭店管理和服务质量问题很多，具体出现了哪些问题？
2. 应该如何提高该饭店的服务质量？

任务一　餐饮服务质量概述

一、餐饮服务质量的含义

服务质量是指服务水平能满足宾客服务需求的特性的总和。这里所指的"服务"包含为顾客所提供的有形产品和无形产品,而"服务需求"是指被服务者也就是宾客的需求。

服务质量是餐饮工作的生命线,任何餐饮企业要想在激烈的餐饮市场竞争中占得一席之地,就要不断提高餐饮服务质量,靠质量求生存,靠质量求信誉,靠质量求效益。要保证服务质量,首先要对服务质量有清晰的认识。

餐饮服务是通过适应需求的有形设施、质价相符的有形产品和服务员热情周到的无形服务相结合来体现其特性和价值的。

餐饮服务质量是在餐饮服务实践中从业人员向宾客提供的可以被感知、评估的餐饮服务及产品的优异程度。餐饮服务的一系列行为之间互相影响,共同作用于宾客,最终形成了对餐饮服务质量的总体评价。

二、餐饮服务质量的内容

(一)端庄的仪容仪表、礼貌待客

仪容仪表是一个人精神面貌的外在体现,包括姿态、表情、衣着及修饰等方面的内容,它与一个人的道德修养、文化水平、审美情趣和文明程度有着密切的关系。良好的仪容仪表不仅体现了服务人员的修养和内在品德,同时也体现了饭店的企业形象。

一名优秀的餐饮服务人员要时时、事事、处处保持端庄大方的仪容仪表,表现出彬彬有礼的服务态度,让客人真正体会到"宾至如归"的亲切感。

(二)主动热情的服务态度

良好的服务态度是取得宾客信任与好感的基础,它可以使员工在对客服务时与宾客建立良好友善的关系。服务人员只有具有热情、友好、亲切的服务态度,才能向宾客提供主动、周到、细致的服务。因此,我们说良好的服务态度是提高餐饮服务质量的基础,是"宾客至上"服务理念的具体体现。

在餐饮服务中,体现良好的服务态度要做到以下6点。

1. 一流的微笑

微笑所表达的是对人亲切、友善、理解、尊重、宽容等美好的情感。它可以缩短人与人之间的距离,解决客我之间的矛盾,给人以希望和鼓励。餐饮服务是面对面的接触,发自内心的真诚、主动的微笑服务,使宾客得到的是愉悦的心情。餐饮服务离不开微笑,否则再规范、再娴熟、再周到的服务，也不会使客人感到温暖、热情，有诚意。希尔顿酒店的成功经验就是竭力倡导微笑服务，微笑是良好服务态度的基础。

2. 敏锐的观察力

服务质量就是顾客需求的满足程度。顾客对餐饮服务的满意度要求越来越高。这就需要服务人员在工作中要留意观察，对顾客需求具有敏锐的观察力。要做到这一点首先是要发现与识别顾客的需要；其次是要对顾客的需求做出敏捷的反应；最后是要记住客人的需求，提供个性化服务。例如，在服务中当发现客人用左手用餐时，服务人员应主动上前为客人重新调整餐具的摆放位置，并将这一信息记入客史档案，当客人再次光临时，餐具已经按客人习惯调整到位。如此针对性、个性化的服务会使客人有一种满足感，提高顾客对本企业的忠诚度。

对顾客的需求保持敏感体现了以顾客为中心，"宾客至上"的服务理念，是提高餐饮服务质量的重要内容。

3. 把握服务时机和分寸

服务人员主动、热情地服务宾客，但又要与宾客保持一定的距离。优秀的服务人员不会一味地主动、热情，不分对象、不分时机地表现自己。热情是服务的基础，但"适度"才是服务的最高境界。要做到"适度"，就要把握分寸。要让客人充分享受服务，优质服务的核心是做到恰到好处的服务。

4. 平等待客

平等待客的服务理念是每一名餐饮从业人员应该具有的基本道德修养，它要求我们在服务中一视同仁，平等地对待宾客，它是良好服务态度得以体现的前提。

5. 坚持"客人至上"的服务理念

宾客是饭店收入的来源，是餐饮企业的衣食父母，在服务中要牢记"客人至上"的准则。无论处理任何事情，都要站在客人的立场上，把客人总是放在第一位，只有这样才能保证良好的服务态度。

6. 注重细节服务

服务中最能体现服务质量的常常是一个细小的动作，最能让客人感动的也往往是一些小事。老子曰："天下难事，必作于易；天下大事，必作于细。"餐饮服务质量要想精益求精，就必须达到"举轻若重"的境界，向每一位客人提供细致周到的服务，如帮助宾客照顾孩子，为客人唱生日歌，为特殊客人提供个性化服务。细微之处见精神，细微之处见态度，细节做得好坏决定服务的成败。

（三）熟练的服务技能

客人到餐厅用餐是来享受服务的，娴熟的服务技能、恰到好处的服务技巧，使服务赏心悦目，提升了服务的价值和品位。每一位员工都要经常进行培训，掌握过硬的服务技能，这样才能保证餐饮服务的质量。

(四)高效快捷的服务

随着生活节奏的加快,人们对服务速度的要求也越来越高。日本的麦当劳快餐连锁店做过调查,顾客能耐心等待服务的时间只有37秒,之后就会逐渐失去耐心。长时间的等待会使客人极为不满。为解决这一问题,许多餐饮服务的规范中都加入了时间标准,如第一道热菜要5分钟之内上桌,客房送餐时间不超过20分钟等。还有一些餐厅采用高科技服务手段,如电子点菜、自助点菜等方法提高服务效率。高效快捷的服务是衡量餐饮管理水平、服务质量的重要标志。

(五)卫生与安全

卫生与安全工作是餐饮服务质量管理的重要内容。它包括餐饮部各岗位的环境卫生与安全、服务人员的个人卫生、厨房的操作卫生及食品安全。要保证宾客的就餐卫生与安全,首先要制定严格的卫生及安全标准,并落实到岗位、个人;其次要制定规范的卫生与安全工作程序并加强监督检查,使卫生与安全工作做到制度化、标准化、常态化。

(六)创新的服务

创新对一个企业来说,意味着生命力,意味着发展和成功。随着经济生活水平的日益提高和价值观的变化,人们对餐饮服务的要求也越来越高,餐饮服务要满足顾客的不断变化的需求,就要不断改革与创新。餐饮服务创新包括服务设施、设备的创新,服务方式和方法的创新,菜品的创新等。创新的目的不在于彻底改变原有的一切服务形式,而在于打破原有的条条框框,提高顾客的满意度。

三、餐饮服务质量的特点

(一)综合性

餐饮服务是一个复杂的过程,环节众多。餐饮服务的实现有赖于餐饮的计划,业务控制,设备、物资、劳动组合,服务人员的综合素质,财务控制与其他部门的协同配合,以及餐饮环境、餐饮营销、餐饮价格等多方面的保证与顺利运转。餐饮服务的任何一个环节、一个部门出现问题,都会导致服务链条的断裂,最终影响到服务质量的整体水平。餐饮服务质量的综合性提醒我们,餐饮服务质量管理是一个系统工程,要从系统观念出发,进行多方面评价,全面、综合地探讨餐饮服务质量及管理问题。

(二) 关联性

从饮食产品生产的后台服务到为宾客提供餐饮产品的前台服务，有众多环节，而每一个环节的好坏都关系到服务质量的优劣。良好的服务质量是由众多因素构成的，缺一不可，任何一个因素的缺失都可能使服务出现问题。餐饮服务每个环节之间都有很强的关联性，这就要求餐饮各部门、各服务过程、各服务环节之间协作配合，做好充分的服务准备，确保每项服务的优质、高效，确保餐饮服务全过程和全方位的"零缺点"，才能够保证优质服务的实现。

(三) 短暂性

餐饮服务从生产到销售到服务几乎是同时进行的，在很短的时间内向宾客提供尽善尽美的服务，这对每一个餐饮从业人员都是一个严峻的考验。

(四) 一致性

餐饮服务质量各标准应保持一致，即消费环境、产品质量、服务水平应相辅相成，共同提高。餐饮服务质量可以有自己的强项和特色，但不能有明显的弱项和不足，否则就会影响服务质量的整体水平。

(五) 主观性

虽然餐饮服务质量水平是客观存在的，但由于服务的主体是顾客，客人对服务质量的认定存在较大的主观性，而且客人的评价直接影响到饭店的声誉与客源市场的稳定。因此，我们应该特别注意客人对服务质量的评价，特别是某些"偏见"。服务中应有意识地引导客人，将客人吸引到餐厅的整个经营活动中来，影响和改变客人，与客人建立融洽的客我关系。

(六) 一次性

客人对餐饮服务质量的认定同时具有一次性的特点。如果客人经历了一次不愉快的用餐，饭店很有可能就失去了再次提供服务的机会。因此，要重视客人的投诉，把它看作改进服务、补救与客人关系的良机，尽可能让客人对处理结果满意，以不断提高服务质量。

(七) 依赖性

餐饮产品生产、销售及消费的同时性特点决定了餐饮服务质量与餐饮服务人员表现的直接关联性。餐饮服务质量是通过员工的劳务服务创造并表现出来的，因此，宾客是否满意取决于服务人员素质的高低和管理人员水平的高低。所以，餐饮服务质量对员工的素质有较强的依赖性。

任务二 餐饮服务质量控制

案例导入

某天晚上,北京一家五星级宾馆的中餐厅正在接待外宾会议团。孙先生是某公司负责接待外宾会议团的翻译,他把外宾安排好后就和同事一起到旁边的工作餐厅用餐。这一天,外宾团队订的都是"北京烤鸭"的餐宴,翻译、导游员和司机等也享受和外宾同等的用餐标准。孙先生入座后,服务员端上了茶水和凉菜,但等候良久仍不见其他的菜上桌。他忍不住去催问服务员,服务员告诉他,今天太忙,请他再等一下,马上上菜。孙先生又等了半天,仍不见上菜,此时其他桌的菜已经上得差不多了。孙先生和同事又去催问了两次,但就是他们这桌不给上菜,孙先生赌气不再催问。

外宾用完餐,孙先生直接带他们上车。此时,服务员追到车门前请孙先生签单结账。孙先生没好气地说:"我根本就没吃上饭,结什么账。""先生,实在对不起。今天的确太忙了,把您那一桌给疏忽了,要不然给您包上菜和鸭子带走,但是请您先把账结了。"服务员着急地说。"我们虽然也是服务人员,但到你饭店也是客人,待遇应该是平等的。你们给外宾和其他桌都上了菜,就是不给我们上菜,催了几次还不行,搞得我们现在都没吃上饭。要结账就找'老外'吧。"孙先生说着就要上车。其他人见状忙劝解孙先生,车上的外宾也有人问及此事。

最后,孙先生还是和服务员一同回到餐厅结账。他拒绝了餐厅给他包装好的"晚餐",只是对服务员说:"请你们记住这次教训,以后不要忽视每一位客人。"

问题:
1. 本案例中餐厅在管理方面有哪些不足之处?
2. 该酒店应如何避免上述问题再发生?

一、餐饮服务质量控制的基础

要进行有效的餐饮服务质量控制,必须做好以下三项基础工作。

(一)制定餐饮服务质量标准

服务质量标准就是指各项服务的工作程序所要达到的标准及规格,是各岗位员工必须遵守的准则,是管理人员进行监督检查的依据,是餐饮服务得以实现的基本保障。

制定餐饮服务质量标准时,首先,要针对餐厅的客源市场,对客户群进行多方面的调查和分析,如顾客的消费水平和服务需求等;其次,标准的制定不应生搬硬套,应在充分吸收国内外先进服务经验的基础上,结合本餐厅的产品及服务特点,制定适合自己的有特色的服务规程和标准;再次,服务质量标准的制定要全面、细致,对每一个服务环节都要仔细推敲,制定出最合理的服务流程、最佳的服务时机,包括服务员的标准服务用语、服务技能,以及对特殊客人的服务和突发事件的处理等都要做详细规定;最后,每一项服务质量标准的开始和结束都要有上下工序的衔接规定，使各个环节相互协调又责任明确。

餐饮服务质量标准用以统一各项服务工作，以达到服务质量的标准化、服务过程的程序化和服务方式的规范化。下面是某酒店餐饮部制定的服务质量标准（部分）（见表8-1）。

表8-1 零点餐厅服务员工作程序与标准

工作项目名称：参加班前例会			
工作程序	标准	核查媒介	注意事项
1. 会前准备	(1) 按时上岗，及时签到 (2) 自查仪容仪表是否符合酒店规定	签到签退表	(1) 不允许代签 (2) 不允许弄虚作假
2. 参加班前例会	(1) 整齐列队，站立时保持自己的站姿规范 (2) 不交头接耳，认真聆听主管的讲话 (3) 注意当餐的工作内容、任务及酒店、部门例会内容和上一餐或头一天的工作总结 (4) 服从工作安排，并按照安排开展工作 (5) 了解当天供应品种及沽清菜品，牢记时令菜品价格	沽清表	

工作项目名称：餐前准备工作			
工作程序	标准	核查媒介	注意事项
1. 餐厅桌椅摆放	做到桌子前后为一条线，椅子前后为一条线，桌子上的花瓶等物在一条线上且清洁无水迹；桌椅稳固、光亮、无尘		
2. 卫生清洁	(1) 根据所分配的任务，按要求清理门、窗、墙面、装饰品、绿色植物等，做到无灰尘、无油渍 (2) 地面清洁，无杂物、无油迹 (3) 保证服务区域的设施、设备清洁卫生，检查运转是否良好，对问题立即解决或报领班解决 (4) 餐具清洁光亮，无油迹、无水迹、无毛絮、无指印、无破损 (5) 服务用具清洁，无油迹 (6) 工作台整洁，无杂物，无私人用品，橱内及抽屉铺有干净的垫布	餐厅卫生检查表	清洁不同质地的家具或设备应使用相应的清洁工具，避免表面受损
3. 备齐物品	(1) 根据工作台餐具配备表备齐充足的、干净的、无破损的骨碟、茶碟、茶杯、酒杯、汤碗、汤勺、筷子架、筷子、烟灰缸等用具 (2) 准备好足量的牙签、筷套、火柴、餐巾纸等低值易耗品 (3) 备好托盘、暖瓶、冰桶、酒起子、洗手盅、毛巾篮、分餐用具、点菜单、酒水单、菜牌、酒水牌等服务用品 (4) 备齐、备足桌布、口布、小毛巾等布草 (5) 工作台橱柜内及工作台台面所有物品分类、定位，摆放整齐 (6) 将暖瓶擦拭干净，打满水	工作台餐具配备表	

续 表

工作项目名称：餐前准备工作			
工作程序	标准	核查媒介	注意事项
4. 根据预订做准备工作	(1) 根据预订情况，整理餐桌，摆相应的餐位 (2) 了解来宾所在单位、姓名及用餐人数，如有客史档案，要了解情况，提供针对性服务 (3) 熟悉已预订好的菜单	当日预订一览表、客史档案	

工作项目名称：餐中服务			
工作程序	标准	核查媒介	注意事项
1. 站位迎宾	(1) 开餐前5分钟，在各自岗位上等候开餐，迎候客人 (2) 站位时注意姿势，女员工两手自然交叉相握于前腹；男员工两手交叉相握于体后，右手搭在左手上，肩平，挺胸收腹，不叉腰，不倚靠他物		
2. 点菜前服务	(1) 当迎宾员将宾客带到自己的服务区域后，应热情问候，主动上前协同迎宾员拉椅，安排客人就座，来宾中如有婴儿，应主动提供婴儿椅 (2) 了解用餐人数，根据来宾的实际人数调节餐椅及餐具，询问宾客用何种茶水 (3) 递巾：从客人右边递巾，并说"先生/小姐，请用香巾"，语句亲切，保持微笑 (4) 上茶：在客人右侧将茶杯连碟一起从餐桌下放于托盘上，斟茶至八分满，从客人右侧递上 (5) 撤筷套：拿起配有筷套的筷子，将筷子从出口抽出，注意用右手拿住筷子下端，筷子上的印花一致向上，摆在筷架上 (6) 铺口布：在客人右侧服务，拿起口布在客人身侧或身后轻轻抖开，右手在前，左手在后，为客人铺在腿上，如客人暂时离开，重叠餐巾为三角形，平放在餐位的右边 (7) 收香巾：手托托盘，用毛巾夹将香巾夹进盘中拿走		
3. 推销食品与饮品	(1) 注意观察客人，察觉客人有点菜意向时即主动上前询问客人是否点菜 (2) 主动为客人介绍菜单内容、特色菜及厨师特别推荐 (3) 要有推销意识，必要时向客人介绍菜品的主料、配料、制作方法及味道 (4) 如遇客人犹豫不决，应考虑菜量大小、食品搭配等情况，提出合理建议 (5) 如果客人所点的菜没有供应时，应向客人致歉，建议点别的菜肴或推荐类似的菜肴 (6) 为客人复述菜单内容，以获得客人确认 (7) 如客人点套餐，应立即将菜金标准、人数告知厨师长，菜单写好后，请客人过目 (8) 点菜完毕后，主动向客人推销饮品及香烟 (9) 在点菜单上注明下单时间、台号、日期、人数、服务员姓名，请收银员签字，以最快速度将订单送至备餐间 (10) 将客人所点酒水填好酒水单，交酒水员领取酒水	点菜单、酒水单、沽清单、宴会菜单	(1) 不可强行推销 (2) 积极协助客人点菜，提高服务速度

续 表

工作项目名称：餐中服务			
工作程序	标准	核查媒介	注意事项
4. 上菜	(1) 上菜之前，需核对菜品是否与点菜单记录相符，主料、配料是否齐全，是否符合质量要求 (2) 菜上桌后，再揭开菜盖，然后报出菜名 (3) 上汤时，主动为客人分汤，视情况在工作台或餐桌上操作，要求每碗分配均匀，然后从客人右侧递上 (4) 所上菜品需跟作料的，要先上作料后上菜 (5) 上铁板类菜品时，注意提醒客人用口布遮一下，以免汤汁溅到客人身上，铁板类菜肴2分钟后揭开 (6) 若客人等了很长时间还未上菜，要及时与备餐间沟通，并检查有无错单、漏单，如发现有错漏，及时让厨房为客人补烹 (7) 客人所点菜品若已卖完或暂时无料，应及时告知客人，并询问是否换菜，若客人表示可换菜，即刻帮客人写好换菜单，以最快的速度交厨房烹制 (8) 上最后一道菜时，要主动告诉客人菜已上齐，征询客人是否需添加，并问清楚何时可以上主食	点菜单	服务热情周到，使用礼貌用语
5. 餐中巡台	(1) 及时撤换烟灰缸（烟灰缸内烟头不超过两个） (2) 如上手剥的菜品时，应先上洗手盅，并讲明用途 (3) 及时为客人更换骨碟，撤走空盘、汤碗，桌面上不能有任何多余的餐具 (4) 及时为客人添加酒水、茶水 (5) 做好到位服务：客人起身、入座时要上前拉椅协助；客人吸烟时，提供点烟服务 (6) 若席间发生意外，要机动灵活，如客人不慎将酒碰洒，要及时在洒酒处铺一块干净的餐巾，并帮助客人擦拭；客人的餐巾、餐具掉在地上应马上为客人更换干净的 (7) 随时保持餐桌的清洁 (8) 若客人就餐基本结束，可替客人清理餐桌，顺序为：菜盘—汤碗—汤勺—筷子—筷架—骨碟，最后征询每位客人的意见，撤去杯具 (9) 清理桌面后，应为客人更换热茶，为客结账 (10) 送客：客人起身离座时，要上前拉椅，并为客取衣，感谢客人并表示欢迎客人再次光临		(1) 服务及时 (2) 服务时需征得客人同意 (3) 关注客人需求，将服务做到客人要求之前 (4) 加强与客人交流，征求意见 (5) 服务必须遵守先女宾后男宾、先主宾后主人的原则
6. 送客	(1) 当客人有意离开餐厅时，服务员应迅速到客人身后，帮助客人拉开椅子 (2) 送客时，服务员面带微笑，礼貌与客人告别 (3) 客人离开餐厅后，服务员方可撤台		

续 表

工作项目名称：餐中服务			
工作程序	标准	核查媒介	注意事项
7. 收尾工作	(1) 检查餐桌、地面：客人走后，及时检查桌面、地面是否有尚未熄灭的烟头，是否有客人遗忘的物品 (2) 清点布巾：仔细清点客人所用的餐巾、香巾 (3) 撤台：用托盘将桌面上的餐具、酒具撤至洗碗间洗刷，应遵循的顺序：杯具—小件餐具（筷子、筷架等）—瓷器 (4) 整理桌椅：将桌椅按规定要求摆放整齐，保持餐厅的协调 (5) 按要求摆台		

工作项目名称：结账			
工作程序	标准	核查媒介	注意事项
1. 核对账单	(1) 当客人要求结账时，应请客人稍等，立即去收银台为客人取账单，如有剩余未启封酒水，可退回吧台 (2) 核对账单是否与客人实际消费情况一致，包括台号、人数、茶水、酒水种类及数量，是否有取消或更换的菜品	客人结账单、点菜单、酒水单	
2. 递账单	将账单核对无误后夹在结账夹内走到客人左侧，打开结账夹，左手持结账夹上端，右手轻托结账夹下端，递至主人面前，请客人过目，注意不要让其他客人看见账单		
3. 住店客人签单挂账	(1) 住店客人要求签单挂账，请客人出示房卡，在为客人送上账单的同时为客人递上笔，并礼貌地提示客人写清房号、姓名 (2) 真诚感谢客人，并及时将账单交回收银台		
4. 协议单位挂账	(1) 在为客人送上账单的同时为客人递上笔 (2) 客人签字后即刻送到收银台核对是否为有效签单人，如果有误，则礼貌地请客人现金结账	协议书	
5. 信用卡结账	(1) 如客人使用信用卡结账，应请客人稍候，将信用卡和账单送回收银处 (2) 收银员做好信用卡收据，服务员检查无误后，将收据、账单及信用卡夹在账单夹内，送给客人 (3) 将账单夹打开，从左侧递给客人，并为客人递上笔，请客人在信用卡收据上签字，并检查签字是否与信用卡上的签字一致 (4) 将账单及信用卡收据送回收银台 (5) 将信用卡收据中的客人存根页及信用卡递给客人，同时真诚地感谢客人		

续 表

工作项目名称：结账			
工作程序	标准	核查媒介	注意事项
6. 现金结账	(1) 如客人付现金，应在客人面前清点钱数，并请客人稍候，将账单及现金送给收银员 (2) 收银员收款后，服务员将所找零钱夹在结账夹中递给客人，同时真诚地感谢客人 (3) 客人确定所找钱数正确后，服务员应再次表示感谢并迅速离开		
7. 支票结账	(1) 如客人支付支票，应请客人出示身份证及联系电话，然后将账单及支票证件同时送给收银员 (2) 收银员结完账并记录下证件号码及联系电话后，服务员将存根核对后送还给客人，并真诚地感谢客人 (3) 如客人使用密码支票，应请客人说出密码号，并记录在纸上，结账后，当服务员把支票存根交还客人时，在客人面前销毁密码号，并真诚地感谢客人		
8. 开发票	客人结账时如提出开发票，服务员应及时通知收银员，核对金额后夹在结账夹内，递给客人，并再次感谢客人在本餐厅消费		

工作项目名称：餐后工作			
工作程序	标准	核查媒介	注意事项
1. 班后卫生清理	(1) 清洁工作台及酒水车 (2) 将洗刷过的杯具及筷子、筷架、小勺、烟灰缸等餐具擦拭干净，按工作台餐具配备表要求，将其分类、定位、存放于工作台橱柜中 (3) 清洗并擦干托盘、冰桶，擦拭暖瓶等服务用品	工作台餐具配备表	
2. 易耗品的补充	(1) 将牙签、餐巾纸等易耗品补充至配备数，并定位摆放 (2) 检查筷套的清洁程度，不能重复使用的立刻更换	工作台餐具配备表	
3. 结束	(1) 将工作完成情况向领班汇报，接受检查 (2) 根据工作安排由领班通知后方可离开工作岗位		

注：以上资料来源于山东旅游职业学院"饭店餐饮管理"精品课程网站。

（二）收集质量信息

餐饮管理人员应经常对服务的结果进行评估，根据餐饮服务的目标、服务规程去收集质量信息。质量信息的收集主要来自三个方面：第一方面是管理人员依据餐饮服务质量标准，在走动管理的过程中发现问题，并通过与顾客交流、征求意见等方式来收集服务质量信息；第二方面的质量信息来源于一线服务人员；第三方面的质量信息来源于顾客。

有效的服务质量信息有助于企业采取针对性的措施，更好地提高餐饮服务质量水平。

（三）提高员工素质

企业之间的竞争实质是人才的竞争，是员工素质的竞争，员工素质对服务质量的影响很大。只有经过良好训练的员工才能提供高质量的服务。

随着餐饮业的不断发展，人才短缺问题越来越严重。员工整体素质下降，各个岗位，特别是一线的部分关键岗位缺少合格的、高素质的服务人员。没有经过严格有效培训的员工，不可能向顾客提供高效优质的服务。这就要求每一个管理人员必须重视员工培训，通过培训强化员工服务技能，改变员工心智模式，激发员工自身潜能，充分调动员工的积极性和创造性，不断提高员工素质。

实施培训的同时，还要通过建立有效的激励机制，使员工的个人发展与组织目标相结合。通过满足、引导或激发员工的内在需要，使工作成为满足需要的一种手段或途径，促使员工自觉学习和实践，不断提高服务质量。

二、餐饮服务质量控制阶段

根据餐饮服务质量全过程控制原则和餐饮服务特点，按时间顺序，通常将餐饮服务质量控制分为三个阶段，即预先控制、现场控制、反馈控制。

（一）预先控制

所谓预先控制，就是指为使服务质量达到预定的目标，在餐饮服务之前所做的一切管理上的努力和准备。其目的是防止餐饮服务中各种资源在质和量上产生偏差。预先控制的主要内容包括以下5个方面。

1. 人力资源的预先控制

根据预定信息及市场预测，合理安排员工班次、数量与岗位。安排人员时，要考虑工作量负荷的合理性、工作量的相对平衡、顾客对服务的要求等，同时从人性化管理的角度，还要充分考虑员工的服务技能技巧及服务特点，本着人尽其才的原则将合适的人安排在合适的岗位上。

2. 卫生质量的预先控制

根据餐厅卫生质量标准，开餐前要进行全面检查，其内容包括环境卫生，设施、设备卫生，餐具卫生等，发现问题，马上整改。

3. 物资资源的预先控制

要想服务过程顺利、高效，餐前准备是基础。根据所掌握的客人信息和菜单内容准备相应的布件、餐具、服务用具和调味品，并按规定整齐地摆放在固定位置以备用。

4. 服务信息的沟通

服务信息沟通不畅是造成服务质量下降的重要原因之一。比如，服务员热情地向客人推荐菜品，但当点菜单传入厨房后被告知所点菜品没有；客人订餐时讲明是回民，服务员仍向客人推荐红烧排骨。这些因信息沟通不畅而出现的质量问题应在预先控制阶段就予以解决。开餐前，服务人员要清楚地知道当天的特别推荐菜式及沽清菜品，了解掌握客人信息，管理人员应在餐前会上检查服务员对客情及菜品的掌握情况，以便提供更具个性的服务。

5. 员工的思想准备

员工的思想准备包括岗前培训，大型、重要接待任务前的思想动员等，其目的是使员工保持良好的服务状态。

（二）现场控制

现场控制是指现场监督正在进行的餐饮服务，使其规范化、程序化，并迅速妥善处理意外事件。现场控制的内容主要包括以下 5 个方面。

1. 服务程序的控制

开餐期间，餐厅管理人员通过观察、判断、监督、指挥服务员按标准服务程序服务，发现偏差，及时纠正。

2. 上菜时机的控制

根据菜单程式、宴会档次及顾客要求，掌握好上菜时机，既不要让客人等候，也不要让客人感到急促，特别是大型、重要宴会，应由宴会主管人员亲自指挥上菜。

3. 紧急突发事件的控制

餐饮服务是面对面的直接服务，加之服务人员素质及技能水平不一、服务环节众多、管理难度大等主、客观因素，容易引起宾客的投诉。一旦出现客人投诉，管理人员应迅速采取补救措施，消除顾客不满，以防止事态的扩大。

4. 主动征求意见

主动征求用餐顾客的意见，从中找到管理与服务存在的不足，及时弥补，提高顾客满意度。

5. 人力资源的控制

要注意人力资源的现场控制，根据各餐厅的客源情况，及时调配人手，保证服务效率，避免因人员问题造成服务质量的下降。

（三）反馈控制

反馈控制是指及时搜集各种信息，通过科学、客观的分析，找到出现质量问题的原因，采取措施，防止类似问题的再次发生。信息反馈主要来自内部系统和外部系统两方面。内部系统是指来自服务人员及管理人员的信息。外部系统是指来自就餐客人的信息。只有建立、健全两个信息反馈系统，才能准确地把握服务质量现状，以便"对症下药"，不断提高服务质量。

三、管理质量分析

餐饮服务质量分析的目的是找出存在的问题和引起这些问题的主要原因，使管理人员有针对性地对影响最大的质量问题采取有效的方法进行控制和管理。质量分析法很多，常用的有

ABC 分析法、圆形图分析法、因果图分析法等。

（一）ABC 分析法

ABC 分析法又称重点管理法、主次因素法，是意大利经济学家巴雷特分析社会人员和社会财富的占有关系时采用的方法。美国质量管理学家朱兰把这一方法用于质量管理并取得效果。运用 ABC 分析法，可以找出饭店服务存在的主要质量问题。

ABC 分析法的步骤：

（1）确定分析对象：如原始记录中的服务员工作记录、顾客意见记录、质量检查记录、顾客投诉记录等能如实反映服务质量问题的原始资料。

（2）根据质量问题分类、统计，制作服务质量问题统计表（见表 8-2）。

表 8-2　服务质量问题统计

质量问题	问题数量	比率/%	累计比率/%
菜肴质量	130	65	65
服务态度	36	18	83
外语水平	20	10	93
娱乐设施	8	4	97
其他	6	3	100
合计	200	100	100

（3）通过各类问题所占比例找出问题。如表 8-2，累计比率在 0%～70% 的因素为 A 类因素，即主要因素；在 70%～90% 的因素为 B 类因素，即次要因素；在 90%～100% 的因素为 C 类因素，即一般因素。找出主要因素就可以抓住主要矛盾。

（4）将分析结果总结出的问题分别采取措施并加以解决。

（二）圆形图分析法

根据饭店服务质量调查资料，根据问题分析将统计结果绘制成质量结构分析图，将会非常直观、形象地看到影响饭店服务质量的主要因素，这便于饭店有针对性地提出改进措施。其具体分析有以下 3 点。

1. 收集质量问题分析

管理者应通过各种原始记录、质量信息报表、质量检查结果、宾客意见调查表、客人投诉处理记录、质量考核表等方式多方收集饭店现存的质量问题。

2. 信息的汇总、分类和计算

对收集到的质量问题信息进行汇总，并根据不同的内容将其分类，然后计算每类质量问题的构成比例。

3. 画出圆形图

首先画一个大小适宜的圆形，并在圆心周围画一小圆圈（内填分析内容）；然后从最高点开始，按顺时针方向，根据问题种类及其构成比例分割圆形，并用直线与小圆圈相连；最后在分割的圆形中填入相应的问题种类及构成比例。至此，根据圆形图即可一目了然地掌握饭店存在的服务质量问题及其程度。

（三）因果图分析法

因果图分析法是指利用因果分析图对质量问题产生的原因进行分析的方法。影响质量的原因较多，有五大类：人、设施、材料、服务方法、服务环境。

（1）人。首先，餐饮服务工作与顾客的身心健康等有密切关系。其次，由于餐饮服务是面对面的服务，员工的服务工作质量高低对整个餐厅服务质量的好坏起着关键性的作用。因此，要特别重视人的因素。

（2）设施。设施是酒店向客人提供优质服务的物质基础，设施直接影响顾客需求的满意程度。

（3）材料。材料是指用于服务工作的所有材料，包括有形的物质材料（如食品原料）和无形的材料（如各种信息），这些材料也会对宾客需求满意度产生影响。

（4）服务方法。服务方法既有规律性也有灵活性，它包括服务技能、服务方式、服务程序、服务技巧及管理方法等，服务方法是影响餐饮服务质量的重要因素。

（5）服务环境。服务环境直接影响到顾客的需求满意程度。

因果图分析法分析步骤：

（1）找出质量问题，确定分析内容。

（2）发动员工共同寻找产生质量问题的原因。

（3）将找出的原因进行分析整理后，按原因大小画在图上。

任务三　餐饮服务质量的监督、检查

案例导入

一天，某饭店二楼中餐厅的一位厨师在厨房抽烟，被厨师长看到并按规定作了罚款处罚。两天后，该厨师又因上班前和朋友一起喝酒导致工作出错遭到了厨师长的严厉批评。在月度考核中，厨师长按规定扣发了该厨师的部分奖金及技术津贴。对此，该厨师感到非常不满。一星期后，对面新开张的一家个体饭店的老板得知此事，即找到该厨师做工作，表示可以在其原收入2 500元的基础上再加2 000元高薪聘请他。于是，第二天该厨师即向厨师长提交了辞职报告。厨师长在询问了辞职的原因后，即在报告上签了同意辞职的意见后交给了餐饮部经理。该厨师是一位技术骨干，在饭店的几次技术比武中名列前茅，平时也爱钻研业务，常有创新菜看推出，但缺点是自控能力较差。餐饮部经理接到报告后，当即找该厨师谈话，极力挽留。该厨师表示可以留在饭店，但提出了三点要求：一是补发上月扣除的技术津贴,二是在年底增资考核中不影响其增加一级工资,三是调离原厨房。餐饮部经理同意了该厨师的要求。

分析:

这是在餐饮业经常发生的事情。餐饮业人员流动频繁,留住好员工是件困难的事。饭店内的能人违反规章制度时该如何处理,值得思考。

问题:

1. 发生冲突时厨师长的处理方法是否正确?为什么?
2. 餐饮部经理的做法是否正确?为什么?

服务质量的监督、检查是餐饮管理工作的重要内容之一。其实施主要分部门和班组两个层次。部门将制定的具体质量目标分解到班组和个人,并通过现场督导、信息收集、定期检查等方法分析工作中的薄弱环节,提出提高服务质量的方案、措施和建议。

一、餐饮服务质量的监督

(1) 制定并负责执行各项管理制度和岗位规范,抓好礼貌待客和优质服务教育与培训,实现服务质量的标准化、规范化、制度化和程序化。

(2) 通过反馈系统了解服务质量情况,及时总结工作中的事例并及时处理投诉。

(3) 组织调查研究,提出整改和提高服务质量的方案、措施和建议,以促进餐饮服务质量和经营管理水平的提高。

(4) 分析服务及管理中的弱点,改革企业管理制度,整顿纪律作风,提高服务及管理水平。

(5) 定期或不定期组织现场检查,开展评比和创优服务活动。

二、餐饮服务质量的检查

根据餐饮服务质量内容及星级饭店考核标准,可将质量检查归纳为以下几项内容:仪容仪表、就餐环境、服务规范、服务技巧、工作纪律、安全意识。(见表8-3)

表8-3 餐厅服务质量检查

岗位:_____ 时间:_____ 检查人:_____

检查项目	检查细则	等级标准				
		5	4	3	2	1
仪容仪表	1. 服务员是否按规定着装并穿戴整齐 2. 制服是否合体、清洁,无有破损、油污 3. 工号牌是否端正地佩戴于左胸前 4. 是否留有怪异发型 5. 男员工是否蓄胡须、留大鬓角 6. 指甲是否修剪整齐,是否留长指甲,是否涂有色指甲油 7. 除手表、戒指外,是否还戴有其他首饰 8. 女员工是否按要求化淡妆上岗 9. 各种伤口是否会适当处理、包扎 ……					

续 表

检查项目	检查细则	等级标准				
		5	4	3	2	1
就餐环境	1. 地面有无杂物或污迹 2. 门窗是否清洁，有无灰尘、破损 3. 桌椅、工作台是否清洁，有无污迹、水迹 4. 绿色植物是否枯萎或带有灰尘 5. 通风口是否清洁，通风是否正常 6. 菜单是否清洁，有无油迹、缺页及破损 7. 餐具是否清洁，有无水迹、破损 8. 背景音乐是否符合就餐气氛，音量是否适中 9. 灯具照明是否正常，是否完好无损 ……					
服务规范	1. 客人进入餐厅是否主动问候，表示欢迎 2. 是否协助客人入座 3. 服务是否及时 4. 接受点菜时是否仔细聆听并复述所点菜品 5. 斟酒操作是否规范 6. 服务中是否用托盘操作 7. 上菜时是否报菜名 8. 是否及时撤换餐具，更换烟灰缸 9. 结账是否迅速、准确 ……					
服务技巧	1. 是否尽可能称呼客人的姓名 2. 是否避免与客人过于亲密 3. 是否能积极把握各种推销机会 4. 是否准确解释菜单 5. 是否与赶时间的客人密切配合 6. 是否对老弱病残给予特别关照 7. 能否灵活处理客人投诉 8. 能否为客人创造愉快的用餐环境 9. 是否及时处理醉酒等突发事件 ……					
工作纪律	1. 工作期间是否聚堆聊天 2. 上班时间是否接听私人电话 3. 有无吸烟、偷吃现象 4. 工作时间是否大声喧哗 5. 有无与客人争吵现象 6. 是否对客人品头论足 7. 值班时有无睡觉现象 8. 能否做到平等待客 9. 有无脱岗现象 ……					

续 表

检查项目	检查细则	等级标准				
		5	4	3	2	1
安全意识	1. 是否熟悉火灾、盗窃等紧急情况的处理程序 2. 是否熟悉紧急疏散的程序 3. 是否熟悉消防安全通道 4. 是否注意操作安全 5. 是否了解基本安全预防措施 6. 是否具备使用基本防火设备的能力 7. 是否保持服务区域消防通道通畅 8. 是否明确急救箱摆放位置及箱内物品 9. 是否了解紧急照明系统的安置 ……					
总计						

三、餐饮服务质量监督、检查的注意事项

（一）做好心理准备，把好情面关

质量监督、检查执行不到位，效果不佳，很多情况下是因为一个"情"字。部分管理人员和质检员想做"老好人"，有服务质量问题就大事化小，小事化了，执行力不够。

（二）要有明确的检查依据和内容

质量检查内容一般应以成文的有关规定为依据，如员工手册、企业管理制度等。这些规定都是员工所熟知的，这样在检查时就有据可依。但现在许多酒店服务质量检查时偏重于仪容仪表、清洁卫生等方面，而忽视了对服务过程中态度、技巧的监督和检查，而这些才是优质服务的核心内容。

（三）监督、检查不只是单纯找问题

发现问题固然重要，但如何激发员工工作的积极性更重要。在检查中，监督、检查者应该以一个帮助者和辅导员的身份，去帮助员工发现问题，找出解决问题的办法，从而提高服务质量。

任务四 餐饮业员工的培训

案例导入

某实习生小李在五星级酒店中餐的零点餐厅负责接待零散就餐的客人。有一天来了6个外宾,顿时,小李感觉分外紧张,感觉自己学的英语全忘光了,好不容易,脑海里冒出几个单词,算是把客人安排到了座位上。也巧了,客人点了一道菜是"铁板牛柳",上菜时需向客人解释一下,客人才知道该怎样做。情急之下,小李灵机一动,指着已放在桌上的铁板说:"It is too hot. Be careful.(太烫,请小心)"客人似乎明白了这一点,都向后坐了一下,但却没有一个人意识到用口布遮挡一下。小李又不知英语怎么说,心一急,再加上铁板的温度,小李的脸顿时涨得通红,既不能不管三七二十一就上,又不能这样愣着,铁板温度一降,菜肴的质量就不保了,且此菜的气氛就减了。这时小李拎起口布、展开,往面前一遮,说道:"Follow me(跟我做)!"外宾立即明白了,纷纷拿起口布遮挡,上完菜,小李已满头大汗。

问题:
1. 为什么小李服务前紧张,服务时无措,虽然最后还是服务到位了,可小李并不轻松?
2. 从案例中领悟餐饮业对员工实施培训的意义。

餐饮业员工培训是指企业为了实现组织自身和员工个人的发展目标,有计划地对全体员工进行培养和训练,使之提高与工作相关的态度、知识、技艺和能力等素质,以适应并胜任职位工作。

一、餐饮业员工培训的意义

对企业而言,员工培训可以增强核心竞争力,提高员工的整体素质,增加企业的效益。有关研究表明,物力投资增加4.5倍,利润相应增加3.5倍;人力投资增加3.5倍,利润将增加17.5倍。企业的一般员工的建议可使成本下降5%,经过培训后,员工的建议能使成本下降10.15%,而受过良好教育的员工建议能使成本下降30%。对员工而言,培训能增长本领,提高服务效率,继而增长收入,为晋升创造条件。培训能满足员工学习的需要,提高工作的自信心和安全感,能减缓其工作压力,有利于员工身心健康,有助于降低劳动力成本和生产高质量的服务产品。培训也可以增加班组成员之间的沟通和了解。

培训本身就是团队管理的有力支撑,好的管理制度、好的管理理念通过培训的方式传递给员工,员工得以成长,管理团队绩效也得到提升;通过培训获得员工的向心力,由此减少人员的流失,也节省了人力成本;培训后的员工及团队成员,能很好地把公司的理念,以及良好的服务质量、产品质量传递给顾客,这些方面都可以看出培训产生的重要意义。

二、餐饮业员工培训的特点和原则

（一）餐饮业员工培训的特点

（1）个体差异大，成员年龄、心理各异，但学习目的明确。
（2）教学内容上要以实用、够用、适用为度，学用结合。

针对工作的特点，对员工行为科学、沟通、礼仪、人际关系、职业道德、服务心理、处理投诉、团队精神等内容的培训显得尤为重要。对员工操作能力、应变能力、语言表达能力的培养也要贯彻执行，培养方式要求因材施教，依据员工的不同层次，用不同的形式来合理安排培训。总体而言，在培训方向上要对准企业与员工的需要，做到三主动：主动调研、主动适应、主动服务；在培训内容上要联系与员工的实际，做到三实：实际、实用、实效；在培训形式上要灵活多样，注意三结合：长短结合、业余脱产结合、集中分散结合，在培训的形式上要分层次，培训管理人员与一线员工，在时间、内容、形式上各异；在培训师资上要充分发挥本企业员工的作用，实行教学相长的原则。

（二）餐饮业员工培训的原则

（1）要确立"以用为本，以用论教"的培训观。用，就是实际、实践，培训要联系实际，为实践服务；用，就是要以学员为中心来开展培训教学活动。
（2）激励动力原则：让学员从"要我学"转化成"我要学"的态度。
（3）严爱结合原则：实行严密的培训制度、严格执行的作为、严肃的评价、严明的赏罚。
（4）工学结合原则：学以致用，按需施教，因材施教，教学相长，循序渐进。
（5）全员终身原则：培训落实到企业的每一位员工，且让员工树立终身学习的理念。

二、餐饮业员工需培训的时机和表现

（1）新员工加盟时。大多数的员工需要培训来熟悉工作所需的技能，通过培训他们可以更顺利地进入工作状态。
（2）员工晋升或换岗时。此时员工进入新的环境，担当新的职责。培训可以让员工明确工作内容，适应新的环境。
（3）由于环境的变化，培训老员工。为了适应环境的变化，企业都在不断地调整自己的经营战略，每次调整都要对员工进行培训。
（4）工作积极性下降。培训是调动员工积极性的有效办法。经过培训的人员，不仅提高了素质与能力，也改善了工作态度。
（5）工作职责、工作程序和标准变化之前。企业制定或调整了新的工作职责、工作程序和标准，员工有一个熟悉和掌握的过程，这就要进行针对新标准、新工作要求的培训。
（6）管理理念、管理思想、管理方法变化之前，企业需要进行管理学、组织行为学、管理艺术等方面的培训。

（7）新技术、新设备投入运用时。

（8）客人投诉增多或服务质量下降时。顾客是天然的监督者，顾客的不满说明了员工服务上的缺陷。质量问题又与人们的知识、技能、态度等有关，或者与设施、设备有关。因此，找出客人投诉的原因后，要对症下药，及时进行培训。

（9）经济效益下滑时。高成本、高消耗、经济效益下滑，原因可能是设备老化，也可能是员工的粗心与不重视带来的，这需要通过培训来提高员工的服务意识，培养严谨的工作态度。

三、培训的内容及方法

根据培训群体的划分，每个群体的有针对性的培训内容是不同的。

（一）针对入职培训

入职培训时间不少于3天，以7天内为宜，此过程对专人专职进行针对性训练，有以下4个重点：

（1）企业文化：企业理念、企业愿景、企业目标、分店情况、集团介绍等。

（2）基本制度：打卡制度、请假制度、基本福利情况、晋升考核制度等。

（3）基本服务礼仪及流程：服务礼仪要求、十大服务用语、基本服务流程。

（4）日常管理行为认可度：例会制度、会议制度等。

培训完毕随即考试，考核通过者即可正式入职上班，入职培训重点考核新员工对企业文化的认可度，这个过程是十分必要的，因为新员工往往对新企业、新环境充满企盼，学习的劲头也是最高的，而此时入职培训应当更加重视这个阶段的学习，让新员工能够适应日后的工作习惯，并努力营造高标准的服务要求，以及管理要求。试想每批新员工都进行如此高标准的培训，一批批延续下去，并由此形成良性循环，那这样的培训体系，乃至管理系统都从根部抓起，整个餐饮企业的运营自然会越来越顺畅，越来越良好。

（二）针对基层员工培训

基层员工是培训系统的主体，他们也是企业生存下来的财源，因为他们承担着直接对客服务的任务，他们的优秀表现，能向客人传达企业的服务理念、产品观念以及价值观念，所以对基层员工的培训是培训的重中之重。

（1）基层员工是指经过了入职培训，并通过了入职培训的考核后，在岗工作满两个月的员工。

（2）基层员工的培训分为三大块内容：餐饮知识、餐饮技能和餐饮处事技巧。

（3）授课方式有课堂、演练实操两个主要方式。

（4）考核方式有笔试、操作两项。

（5）晋升考核有笔试、桌边服务、甄选会三项。

（三）针对基层管理者培训

基层管理者培训指的是店铺组长/领班，或是主管/主任一级培训，如店铺自行组织的培训科目还可以涉及店铺即将提升的优秀员工。

基层管理者扮演着店铺主要的管理人员角色，他们也直接对客，他们的工作表现直接影响到了基层员工的工作情绪，所以，他们是餐厅的管理主力，也是餐厅员工心目中的标兵和榜样。

基层管理者主要涉及的培训内容有突发事件危机处理、点菜技巧、排班技巧、顾客关系维护技巧、仓库管理、设备维护、区域服务技巧、管理表格运用等。

授课方式有课堂、演练实操两个主要方式。

考核方式有笔试、操作两项。

晋升考核有笔试、桌边服务、甄选会三项。

方法：

（1）对于基层管理人员的培训以各项主题培训为主，如成本控制培训、顾客分析与维护培训、危机处理培训等，并且培训结束后，及时考核，每次的考核情况要做记录。

（2）基层管理人员的日常工作表现也是重要的考核内容。

（3）桌边服务作为基层管理人员最重要的服务技能，仍然是考核的重点项目，此时的考核会难度更高，中间涉及一些投诉的处理技巧，以及管理人员的反应能力测试。管理人员良好的实际工作能力是员工学习的重要榜样，也是形成良性管理循环的重要保障。

（四）针对餐饮企业高层管理培训

企业高层管理者是整个企业的运营保障，他们的工作表现直接关系整个企业的经营效益，所以企业的高层管理的培训更注重与团队的协作能力以及责任观念类的心态教育。

考核方式主要为：笔试及甄选会两种。

此时的笔试已经不是企业的基本知识或是管理技巧了，而更多的类似于大学的主题论文，少则4 000字，多则8 000字，主题内容一般可以为：

（1）如何提升企业的业绩？

（2）如何做好顾客关系维护？

（3）如何提升团队绩效？

（4）如何更有效地评估员工？

这样的过程是高层管理人员的深入学习过程，以及高层管理人员思想的再深造过程，同时企业直接高层管理人员的论文，也直接影响整个企业的管理水平，他们提供了更多的素材和更优秀的管理点子，为餐饮企业的长足发展提供保障。

附表

表1　某餐厅服务员上岗培训的日程安排

时　间	培训内容	培训方法
第1天	企业理念与经营方向	以讲授为主，提问、讨论为辅
第2天	标准站姿和面部表情	服务员相互学习、相互纠正
第3天	化妆方法和技巧	理论授课和实际操作示范相结合
第4~5天	目光巡视和托盘姿势	领班负责，分组练习
第6天	迎送宾客礼仪	角色扮演，分组练习
第7天	标准走姿和相遇礼仪	模拟练习
第8天	基本礼貌用语和忌语	讲授和实践相结合
第9~10天	推销菜品和酒水技巧	讲解实例，分析错误
第11天	处理不合理要求的技巧	结合实例讲解
第12天	餐厅菜品文化介绍	厨师长亲自讲解
第13天	口布折花方法	示范讲解法
第14~15天	摆台的要求和操作	示范讲解法
第16天	怎样处理客人投诉	角色扮演法
第17天	各岗位工作安排	讲解法
第18天	零点和宴会服务程序	讲解法
第19天	培训考核	书面（闭卷）考试
第20~30天	考核合格的服务员进入实习培训期，把培训中所学到的成果转化到实际中来，将培训成果与实际工作相结合	

表2　各种培训方法特点

方　法	特　点
课堂讲授	一人演讲，众人听讲，讲座形式
分组讨论	确定主题，集思广益，代表发言
案例分析	个人分析，集体研讨，导师点评
操作示范	现场讲解，现场示范，现场演练
角色扮演	模拟情景，扮演角色，动态感悟
管理游戏	选好主题，控制过程，讨论归纳
问卷方法	据题设卷，自照镜子，调整自我
视听教学	运用媒体，电化教学，直观形象
模拟训练	模拟现实，反复操练，解决知行

续表

方 法	特 点
参观考察	学习借鉴，取长补短，比较提高
现场培训	导师指导，实际学习，掌握运用
工作轮换	轮换岗位，考察优劣，多维培养
集体参与	共同努力，协作完成，解决问题
经营演示	电脑仿真，模拟对手，经营竞争
拓展训练	调整心态，培养进取，增强自信

项目小结

餐饮服务包括有形产品质量和无形产品质量两个部分，在有形餐饮产品同质化的今天，提高餐饮服务这种无形产品的质量已经成为当今酒店业的一个重要法宝。餐饮服务质量管理的内容包括餐饮软硬件环境质量，餐饮服务方式，餐饮服务人员的培训，餐饮服务质量的监督、检查等。餐饮企业只有重视服务质量管理，运用科学的质量管理方法和手段，对服务的全程进行跟踪和监控，才能达到企业的服务质量目标。

综合能力训练

1. 餐饮服务质量主要包括哪些内容？
2. 餐饮服务质量有哪些特点？
3. 餐饮服务质量控制一般分几个阶段？各自有哪些主要内容？
4. 餐饮服务质量监督、检查的内容有哪些？
5. 餐饮企业员工培训的原则和方法主要有哪些？
6. 案例分析：

佳节刚过，南方某宾馆的迎宾楼，失去了往日的喧哗，寂静的大厅，半天也看不到一位来宾的身影。客房管理员小张紧锁眉头，考虑着节后的工作安排。突然她喜上眉梢，拿起电话与管理员小王通话："目前客源较少，何不趁此机会安排员工休息？"管理员小王说："刚休了7天，再连着休，会不会休假太集中，而以后的二十几天没休息日，员工会不会太辛苦？"管理员小张说："没关系，反正现在客源少，闲着也是闲着。"两人商定后，就着手安排各楼层员工轮休。不到中旬，轮休的员工陆续到岗，紧接着客源渐好，会议一个接着一个，整个迎宾楼又恢复了昔日的热闹，员工们为南来北往的宾客提供着优质的服务。紧张的工作持续了十几天，管理员小张正为自己的"英明决策"感到沾沾自喜时，下午4点服务员小陈突然胃痛；晚上交接班时，小李的母亲心绞痛住院；小黄的腿在倒开水时不慎烫伤。面对接二连三突然出现的问题，管理员小张似乎有点乱了方寸。怎么办？姜到底是老的辣，管理员小张以这个月的休息日已全部休息完毕为由，要求家中有事、生病的员工，要休息就请假，而请一天的病、事假，所扣的工资、奖金是一笔不小的数目。面对这样的决定，小黄请了病假，小陈、小李只好克服各自的困难，仍然坚持上班。第二天中午，管理员小王接到客人的口头投诉：被投诉的是三楼的小李及四楼的小陈，原因均是面无笑容，对客不热情。管理员小王在与管理员小张交接班时，转达了客人对小李、小陈的投诉，管理员小张听后，陷入沉思。

问题：

1. 员工与客人的互动过程是饭店服务质量最主要的展示过程。确保员工在任何状态下保持职业素养是一项复杂的系统工作。就该宾馆而言，在这起投诉事件中，主要的质量管理责任应该由谁负责？

2. 从质量管理角度而言，应如何优化管理者的管理行为？

职业英语拓展

一、单词

service 服务
quality 质量
inspector 检查员
control 控制
communication 沟通
front desk 前台
train 培训

二、会话

1. I don't think I ordered this.
   我想我没有点这个菜。

2. Waiter, my food is a long time coming.
   服务员，为什么我的食物这么久还没来？

3. What have you ordered?
   您点了什么菜？

4. You know that I am very hungry now.
   你知道我现在饿坏了。

5. It is our busiest time, but we are preparing your food now.
   这是最忙的时候，不过我们正在准备您的菜。

6. Why does this dish taste so strange?
   为什么这个菜吃上去有点怪。

7. Would you hurry up?
   能不能快一点啊？

8. What do you think of the pork?
   您觉得这猪肉的味道怎么样？

9. I ordered the pepper steak without any onions.
   我点了黑椒牛排，不加洋葱。

10. Did you enjoy your meal?
    这菜还合您的口味吗？

项目九 餐饮服务投诉及其他问题的处理

学习目标

★ 了解餐饮服务中投诉处理的指导思想
★ 熟悉餐饮服务中处理问题的原则
★ 掌握餐饮服务中处理问题的方法
★ 能灵活处理餐饮服务中各种突发事件

案例导入

某天早上,某五星级饭店餐厅吃早餐的客人很多,服务员都在紧张地进行服务工作。这时,走来一对夫妇,丈夫是外国人,妻子是中国人。由于客人很多,服务员为这对夫妇找到了一张桌子,但是这张桌子还没有来得及收拾,服务员建议这对夫妇先回房间把行李取下来,然后再来吃早餐,这样避免等待又能节约客人的时间,客人觉得建议很好,于是就上楼去了。但是当这对夫妇取了行李再次回到餐厅的时候,刚才那个位置已经坐了其他客人了。

服务员很快又给他们安排了另一个位子,位子是解决了,但是,从开始吃饭到结束始终没有一位服务员来询问他们要喝咖啡还是茶,这是不符合五星级酒店餐厅服务程序的,同时他们本想喝点豆浆,但装豆浆的瓶子也始终是空的。

晚上,他们来到西餐厅吃晚餐。当他们发现点的蘑菇忌廉汤不对时,就询问服务员,服务员一口咬定那就是蘑菇忌廉汤,他们被迫接受了这道菜,结果事后处理才知道那是一份番茄忌廉汤。

饭后,这对夫妇写了一封书面的投诉信交给大堂副理。大堂副理在第一时间通知了餐饮部的总经理,总经理马上了解情况,带着一班人和一个果篮到了该夫妇住的房间,首先表示了歉意,然后表示要立即加大服务质量管理力度,保证避免此类事件的发生。接下来管理人员与客人进行友好的沟通和交流,宣传宾馆做得好的方面,转移他们的注意力,最后总经理希望客人继续把剩下的两天住完,并保证不会再发生以上不愉快的事情,客人接受了总经理真诚的致歉和建议,在接下来的两天里,他们确实感觉到自己受到了很大的重视,感受到了热情周到的服务,最终满意地离去。

分析:
以上案例说明服务员的业务技能还不够熟练,缺乏一定的观察能力,服务效率也不高,否则就不会出现餐桌没及时清理和豆浆瓶子空着的情况了。出现这种事故,不仅要追究服务人员的责任,更要追究当班领班和主管的责任。

针对这种情况,要加强员工培训和管理,同时还要加强管理人员的现场督导,要能及时发现问题,及时弥补,避免客人投诉。像本案例中的投诉是完全可以避免的。特别在客人多的时候,管理人员更要加强巡查,防止出现服务漏洞或死角。在服务员实在忙不过来的情况下,管理人员应主动充当"临时服务员"的角色,如主动询问这对夫妇要喝点什么,及时提醒服务员添加食品,那么也就不会有投诉产生了。

项目九 餐饮服务投诉及其他问题的处理

> 思考：
> 1. 企业应加强对员工实际操作能力和观察能力的训练。
> 2. 管理人员要监督到位，在繁忙期间积极地补位。

任务一 餐饮服务投诉的处理

一、餐饮服务投诉处理指导思想与原则

接待前来投诉的客人无疑是对酒店管理人员的一种挑战，要做到客人满意而归，自己又不过于紧张，就必须掌握处理客人投诉的一些程序、方法及艺术。

（一）投诉概述

简单地说，投诉就是指服务对象对服务工作表现出的不满。投诉不仅可以来自饭店的客人，还可以来源于社会舆论、工作中的合作者。

服务对象对服务管理工作的期望与他所产生的实际感受之间的差距是投诉产生的主要原因。当期望值大于实际感受值时，他就会产生不满，引发投诉。这种不满越大，投诉的级别越高。

根据服务对象的不满程度，投诉可以分为三种。

1. 建议性投诉

建议性投诉不是投诉人在心情不佳的情况下产生的，而是随着对服务工作的赞誉而发出的。例如："今天的菜很好，就是餐厅温度高了些。"餐厅温度高就是一种建议性的投诉。在日常工作中这种投诉很容易被我们所忽视，从而错过了改进工作的最佳时机。

2. 批评性投诉

投诉人心怀不满，但情绪相对平静，只是将这种不满告诉对方，不一定要对方做出什么承诺。例如，饭店常客王先生对营销部员工说："我早就说过，我不喜欢房间里放什么水果之类的东西，可这次又放上了。另外，我已经第十二次住你们饭店了，可还不能在房间内办理登记入住手续。你们现在生意好了，有没有我这个穷客人都无所谓了。"

3. 控告性投诉

服务对象已经被激怒，情绪激动，要求做出某种承诺。很明显，控告性投诉并不是由一个小小不满引起的，而是酒店对服务对象的建议性和批评性投诉没有引起足够重视并采取及时的补救措施，致其不断发展而成的。控告性投诉发生后，我们会花费更大的成本来补救。

（二）投诉处理指导思想

1. 树立主人翁意识和宾客至上的思想

服务人员要正确认识自己在餐饮服务工作中的地位，树立主人翁的意识，同时要尊重宾

客，坚持把宾客置于首要位置，处处为宾客着想，千方百计为宾客做好服务工作。

2. 具备良好的职业道德和公关意识

餐饮服务职业道德主要表现为诚实经营，礼貌待客。俗话说："诚招天下客。"服务人员要做到以"诚"待客，在服务过程中要坚持实事求是，不可欺诈宾客，维护宾客的合法权益，杜绝"宰客"现象的发生。

3. 注重语言艺术

服务语言是餐饮服务人员为宾客服务的工具。餐饮服务人员要注意服务用语的艺术性，注意言辞的礼貌性，做到彬彬有礼，热情细致，创造客我之间的和谐友好的关系，尽量避免投诉的发生。

4. 掌握丰富的社会及业务知识

餐饮服务人员面对各种各样的宾客，在服务过程中也会遇到各式各样的问题，要解决好这些问题就需要服务人员掌握丰富的社会知识和业务知识，只有具备这些知识，才能正确处理服务工作中发生的各种矛盾。

（三）客人投诉处理原则

正确认识投诉，更要正确处理投诉。这是能够真正做到化干戈为玉帛的重要环节。

1. 不争论原则

不争论原则是指即使客人错了，也应抱着宽容的态度，不与客人争辩。因为只要我们站在客人的角度想一想，就不难发现客人自有他的道理。

2. 隐蔽性原则

隐蔽性原则是指处理投诉时，不仅要尊重当事人，还要注意尊重其他客人，即处理客人投诉时应尽可能减少对其他客人的影响。

3. 及时性原则

及时性原则是指投诉的处理应注重效率，只有这样才能够使客人感到饭店对自己的尊重。重视客人的投诉，才能使客人看到饭店勇于改正自己错误的诚意。

4. 补偿性原则

补偿性原则，即给予客人适当的情感或物质补偿。特别应该指出的是，不是所有提出补偿要求的客人都只是希望从物质上得到赔偿的。作为饭店管理者应该清楚地认识到，对于那些由于我们的工作失误而受到利益侵害的客人来说，他们首先想要得到的是饭店给予他们精神上的慰藉，是想通过投诉的方式赢得饭店更多的尊重，而绝非只是经济上的补偿。

投诉的处理要坚持"宾客至上"的服务宗旨，对客人投诉持欢迎态度，不与客人争吵，不为自己辩护。同时，处理投诉要本着客人满意、酒店损失少的原则进行。

二、餐饮服务投诉分析

顾客投诉处理是每个餐饮部经理都会遇到的问题。从某种角度而言，顾客投诉是"坏事"，但是，如果投诉处理得好，可以让"坏事"变成好事。被投诉是任何从事服务业的人不可避免的一件事情,它不能完全杜绝,但是可以尽量减少,这首先需要从业人员正确地认识投诉。

(一)投诉原因分析

在餐厅服务运作中,虽然大家都力求使服务更加规范、标准和灵活多变,但顾客投诉却还是不可避免的。引起顾客投诉的原因有很多,归纳起来,主要有以下5类:

(1)出品质量:如菜品味道偏咸、偏淡,制作不熟、过熟,烹调不当等。
(2)服务质量:如服务态度不好,服务程序不对,上菜速度没有达到预期的要求,上菜操作不当,结账出差错等。
(3)顾客情绪:如顾客喝醉酒,或是顾客自己心情不好,没事找事,发泄不良情绪等。
(4)误会:如价格说明不详细,优惠规则不清楚等。
(5)发生意外:如顾客在餐厅丢失钱包或物品,发生摔伤、烫伤等事故。

(二)投诉利弊分析

没有投诉不等于顾客满意,一般情况下对服务不满意的顾客中,只有极少数会进行投诉。所以,顾客不满意却又不投诉要比直接投诉更麻烦,顾客不投诉,餐厅将得不到顾客对出品质量和服务质量的反馈,顾客带着不满和遗憾离开,必将造成顾客流失,减少市场占有率。从这个角度看,经营者应该感谢顾客的投诉。

只有对餐厅有情感忠诚度的顾客才会善意地提出改进建议,这就需要服务人员和管理人员对投诉及时进行正确处理,因为这是进行顾客关系管理,提高顾客忠诚度的极好切入点。

事实说明,餐饮管理者只要能够妥善处理好顾客的投诉,不仅可以将坏事变成好事,而且还可以为餐厅赢得更多的声誉。顾客投诉都会因时、因事、因人、因地而不同,因此处理顾客投诉最恰当的是灵活变通,它最能体现出一个餐饮管理者的应变能力和沟通技巧。

三、餐饮服务投诉处理

(一)投诉处理程序

(1)微笑地走到客人面前,认真倾听客人叙述。首先,要做好心理准备,树立"顾客就是上帝"的理念。客人叙述时,应集中注意力倾听,不打断或反驳客人,并适时地提出问题。如果客人情绪激动,请客人移步至不引人注意的一角,奉上茶水或其他不含酒精的饮料。

(2)记录要点。要在客人叙述的过程中将有关要点,如客人投诉的内容、客人的姓名、房号等记录下来,以备下一步解决问题。同时,这样做也是向客人表示自己代表酒店所采取的郑重态度。

(3)对客人表示理解。在客人叙述的过程中,要适时表示理解,用温和的语言安慰客人,但不要急于把问题往自己身上揽,只能以朋友的身份对客人的遭遇表示同情。

（4）做出处理意见，征得客人同意。根据所发生事情的性质，依照处理投诉的原则，迅速确定一个解决方案，并征询客人意见。

（5）向有关部门落实处理意见，监督、检查有关工作的完成情况。

（6）再次征求客人意见，对处理结果给予关注。对处理结果进行跟踪，给予关注，确定客人问题是否已解决。解决投诉问题以后，应该与客人再进行联系。周到的服务与关心会使客人感到酒店对其所投诉的问题十分重视，从而对酒店留下良好的印象。

（7）把事件经过及处理整理成文字材料，存档备查。

（二）投诉处理技巧

恰当的交流和沟通是处理投诉的润滑剂，掌握交流和沟通的技巧，可以让大事化小，小事化了。技巧掌握不当，也许会弄巧成拙。投诉处理中交流与沟通的技巧如下：

（1）微笑并倾听。微笑是餐饮服务的职业要求，微笑能表达真诚的欢迎，能传递友好之情。解决投诉时，微笑并倾听能缓解客人的情绪，能给客人以亲和的感觉。但是微笑并倾听也要分场合，把握客人的情绪。比如，客人在向你诉苦时，微笑也许会被误解为嘲笑、不认真、不重视，所以，倾听是必需的，而微笑是要因人、因事而异的。

（2）得理也让人。虽然有时犯错的是客人，但在解决投诉时，得理也要让人，要给顾客一个台阶下，维护客人的面子和自尊心，这样做，"上帝"心理舒服了，满意了，才能成为忠诚的客人。

（3）让客人感到是为他着想。急客人所急，想客人所想。为客人"出谋划策"，让客人知道你是站在他的角度，为他着想。这样一来，你的建议和意见客人都愿意接受了，也许在这个过程中，矛盾也就渐渐地被化解了。

（4）说话方式委婉而有理。在处理投诉时，从业人员应做到不卑不亢，处理态度要坚决，提出的解决方案要能让客人接受，说话语气要委婉、得体，要以理服人。

（5）巧妙转移注意力。客人虽在该餐厅提出了投诉，但他能选择到这个餐厅来消费，就说明餐厅还是有吸引他的地方。如果现在发生了不愉快，引起了客人的投诉，解决问题的时候，要引导客人回想本餐厅的好处，巧妙转移其注意力，把一些客人承认的亮点放大、强化，从而弱化投诉的问题，使之产生谅解和包容之心，减轻或消除怨气，这样更有利于投诉问题的解决。

（6）不断跟进，负责到底。这一点非常重要，如果客人投诉以后，问题迟迟得不到答复和解决，客人会再次感到不满，认为自己被敷衍、被随便打发了，心理会感到更加的委屈和不平衡。为了处理好投诉，负责处理投诉的管理人员必须让客人真正感到受到重视，要不断跟进，负责到底，及时向客人反馈处理的进展情况，让客人感受到企业的诚意和热情，感受到关怀，直至圆满解决问题为止。

项目九　餐饮服务投诉及其他问题的处理

任务二　餐饮服务其他常见问题的处理

案例导入

一家五星级宾馆的中餐厅迎来了12名客人，服务员很快向前招呼这些客人。客人入座后询问服务员菜品是怎么卖的，服务员礼貌地答道："我们的菜品是按例份来销售的，一般一份例份的菜品适合4～6人食用，你们是12个人，可能要加一些菜了。"客人想了想说："那你认为我们要多少菜合适呢？"服务员答道："估计要三份例份的菜才够吧。"客人也没有再多问，就答应了。

席间服务员的服务热情、规范，菜品的口味也不错，分量也足够，客人吃得比较满意，但是当他们结账时，问题出现了，客人问道："为什么价格多出了那么多？"服务员解释道："因为给你们上的是三份例份的菜品，所以价钱也要算三份的。"客人听后非常生气，认为服务员一开始就没有给他们说清楚，觉得这个钱花得有些不明不白，拒绝付那多出来的两例份的价钱。

这时，中餐部经理已听见客人的吵闹声，赶紧走了过来，了解了一下情况，然后面带微笑地与客人进行沟通。经理真诚地代表部门向客人道歉，表示这是员工一时大意，没有向客人说清楚情况，使得客人产生了误会。经理决定客人只付一份例份的价钱，其余部分由中餐部赔偿。客人听到经理的处理决定后解释道："既然我们选择到五星级酒店消费，也不是承受不了价格，只是觉得服务员在服务之前没有把收费办法讲清楚，我们消费后才知道，就有一种受骗的感觉。"经理表示完全理解，并强调都是员工的错，并再次向客人道歉。最后，由于经理的诚恳打动了客人，客人还是把账全部结清了。

分析：

在五星级宾馆，一般由于等级的原因，菜品本身被投诉的情况较少，投诉情况一般都发生在服务方面。人是最活跃和最不确定的因素，人要是管不好，那么投诉肯定少不了。

餐饮服务对员工的应变能力和表达能力的要求很高。客人是千差万别的，服务员需要随机应变，既要推销菜品，又要给客人以合理化的建议，同时一定不能忘了对敏感问题要交代清楚，如价格等，切记不能让客人有误解和不清楚的地方，否则产品再好，客人最后还是要投诉的。餐饮服务员考虑事情要全面，表达要清楚，介绍要仔细。

思考：

1. 对客服务的基本功之一就是表达和沟通能力。
2. 优质服务在一定程度上能够弥补物质上的不足。
3. 处理投诉要诚恳、果断，让客人觉得受到重视，尽快消除误解。

餐厅服务员的任务是要使成千上万个来餐厅就餐的客人吃得满意，而要做到这一点是不容易的。在餐厅里服务员会遇到各种各样的客人，会碰到形形色色的事情；而处理每一种情况，无论如何都要从诚恳的态度出发，用所掌握的为客人服务的最好方法去照应他们。这时服务员所做的每一点努力，都会得到客人的赞赏。

1. 对年幼客人的接待

（1）对小客人要耐心，帮助其父母让小客人坐得舒适。搬一张儿童坐的椅子来，并且尽量不要把小客人安排在过道一边的座位上。

（2）在不明显的情况下，把糖缸、盐瓶等易碎的物品移到小孩够不着的地方。

(3) 如果备有儿童菜单，应让小孩的父母为他点菜。

(4) 不要把小客人用的玻璃杯斟得太满，不要用高脚玻璃器皿，最好用较短小的甜食餐具。

(5) 尽可能地为小客人提供围兜儿、新的坐垫和餐厅送的小礼品，这会使其父母们更开心。

(6) 如果小客人在过道上玩耍或者打扰了其他客人时，要向他们的父母建议，让他们坐在桌边以免发生意外事故。

(7) 不要抱逗小孩或抚摸小孩的头，没有征得其父母同意，不要随便给小孩吃东西。

2. 对残疾客人的接待

在碰到有残疾的客人在无人照料下来到餐厅时，要理解他们的不便之处，恰当地、谨慎地帮助他们，使他们能够享受到为他们提供的美味佳肴。

(1) 应将坐轮椅来的客人推到餐桌旁，尽量避免将其安排在过道上；拐杖也要放好，以免绊倒他人。

(2) 盲人需要更多的照顾，但要适当，不要因过分的关照而引起客人的不愉快；要小心地移开桌上的用品，帮助他选择菜肴。上完饮料和菜肴后，要告诉他放在什么地方。

(3) 接待耳聋的客人时要学会用手势示意，上菜、上饮料时要轻轻地用手触碰一下客人，表示从这边或那边上菜。

(4) 对突然发病的客人要保持镇静，如果客人昏厥过去或摔倒，不要搬动他，应马上通知医生和经理来处理。

3. 对衣冠不整的客人的接待

(1) 引座员或餐厅经理应向客人解释餐厅有关衣着的规定，欢迎客人穿好衣服再次光临。

(2) 感谢客人的理解和支持。

(3) 如果客人仍感不满，应请示上级或由大堂副理协助解决。

4. 对带小动物进餐厅的客人的接待

(1) 引座员应礼貌地告诉客人餐厅关于小动物的规定。

(2) 如客人不满，应通知值班经理。

(3) 经理应认真听完客人的意见。

(4) 经理先向客人道歉，然后向客人解释关于禁止带动物进餐厅和有关健康的规定。

(5) 感谢客人的理解与支持。

5. 对醉酒客人的处理

(1) 值班的餐厅经理先要确定该客人是否确已喝醉，然后决定是否继续为其提供含酒精饮料。

(2) 如果客人确已喝醉，经理应该礼貌地告诉客人不可以再向他提供含酒精饮料，同时安排客人到不打扰其他客人的靠里面的席位上，或者安排在隔开的餐室内。

(3) 如果客人呕吐或带来其他麻烦，服务员要有耐心，迅速清除污物，不要抱怨。

(4) 如果该客人住在本酒店，而没有人搀扶又不能够回房间时，应通知保卫部门陪同客人回去。

（5）如果该客人不住在本酒店，也应交由保卫部门陪同他离开。

（6）事故及处理结果应记录在工作日记上。

6. 对服务员不慎弄脏客人衣物事故的处理

（1）迅速帮助客人清除衣服上的污点，学一点去污法。

（2）经理应对给客人造成的不便表示歉意。

（3）如果是住店客人，可免费为客人在洗衣房洗衣。

（4）如果是非住店客人，应由饭店付费为客人洗衣。这时餐厅经理可给客人一张名片，客人可将洗衣发票送来酒店报销。

（5）在工作日记中做好详细记录。

7. 对停电事故的处理

（1）餐厅经理立即询问工程部。

（2）尽快了解何时恢复供电，然后据此决定是否停止营业（或向餐饮部经理请示）。

（3）向客人解释正采取措施恢复供电，对给客人带来的不便表示道歉。

（4）如果很快就可以恢复供电而无须关闭餐厅，则迅速给各餐桌点上蜡烛。

8. 写错菜单或送错菜的处理

（1）首先向客人表示歉意，弄清原因并告诉客人，征求客人意见是否还需要。

（2）如若需要，应与厨房联系，以最快的速度将菜烹制出来，并由领班或餐厅经理再次致歉。

（3）如客人不需要，应给客人退掉，或赠送果盘或优惠九折以示歉意。

9. 客人按菜谱点菜，厨房没有，应如何处理

（1）表示歉意，征求客人意见，询问是否可以更换与这道菜价格、口味相似的菜品，如客人表示同意，以最快的速度将菜送上。

（2）如客人坚持要原来的菜品，应请客人耐心等候，马上与厨房联系，或从其他部门调拨或迅速外出采购，立即烹制。

（3）餐厅领班或经理再次向客人表示歉意。

10. 客人在菜里吃出苍蝇、玻璃等其他异物的处理

（1）首先向客人表示歉意，并经客人允许后将此菜撤回。

（2）由餐厅领班出面，征询客人意见，或重新为客人做一份，或更换一道有特色的菜，或赠送果盘，为客人打九折，向客人做出深刻检讨，确保今后不再发生类似情况。

（3）事后组织有关人员调查此事，并对责任人做出罚款处理。

11. 客人对菜品不满意时的处理

客人对菜品不满意有多种原因，可能菜肴过咸或过淡，可能是菜肴原料的质量问题，也可能是菜肴的烹调方法客人不够了解，也可能是客人自身的心情不好，影响就餐情绪。

（1）如果因菜肴过咸或过淡，应向客人道歉，将菜肴撤回厨房重新加工烹制，再端上请客人品尝。

（2）如果因菜肴原料的质量问题，服务员应立即撤下菜肴，并向客人道歉，并根据客人意见重新做一份或做一份与此菜相近口味的菜肴，请客人再次品尝，结账时应考虑减收此菜的费用。

(3) 如果是客人对烹调方法不了解，应详细而耐心地解释菜品的制作方法和特色口味，求得客人的理解，服务员应向客人表示歉意。

(4) 如果是客人心情不好而投诉菜品，这时应婉转地劝慰客人，冷静地给客人解释，通过良好的语言交流，来说服客人。

12. 客人对饭菜、酒水不满意而拒付款的处理

(1) 如客人对饭菜不满意，首先表示歉意，耐心问明情况。如客人所提要求是正当的，某菜肴有问题或不够实惠，或上菜不及时影响其进餐，则可以免收此菜的费用或适当打折以示歉意。

(2) 如客人对酒水不满意，认为酒水是伪劣产品，应告诉客人本店酒水是从正规酒水公司进的，经技术监督局认可的。如客人认为酒水价格太高，则应告诉客人本店酒水是经物价局核定的许可价格，要耐心而礼貌。

(3) 如客人对服务不满意，服务员应诚恳道歉，然后由领班更换一名服务员。

(4) 在处理以上问题时，餐厅经理或领班都应及时赶到现场，对客人表示歉意。当客人对服务和饭菜不满意拒付款时，应视情节轻重，尽量满足客人的合理要求，当客人结完账后再次表示感谢，事后召集有关人员认真总结经验教训，并对引发事故者做出相应的罚款或纪律处分。

13. 客人因服务不及时、上菜不及时而发牢骚的处理

(1) 因服务不及时，由经理或领班向客人道歉，再视情况做出补救措施。

(2) 因上菜不及时，首先向客人表示歉意，"请稍等，我马上与厨房联系"或"请再等十分钟，菜马上就来"，以稳定客人情绪，随即通知厨房以最快速度将菜端上来。

(3) 由领班或经理再次向客人表示歉意，最后可赠送果盘。

14. 客人不小心摔伤、烫伤的处理

(1) 如客人不小心摔伤或烫伤，首先应对客人进行急救处理，送药并进行安慰，绝不能取笑客人，如情况特别严重，应立即送医院。

(2) 客人用餐完毕，可以给客人适当优惠，并记下客人姓名、地址和电话，事后通过电话问候客人，必要时也可登门拜访，以示酒店诚意。

15. 客人因醉酒而行为不检点，出现破坏酒店设施的情况的处理

(1) 首先应通知经理，经理迅速赶到现场解决问题。

(2) 如果客人行为不检点，应将女服务员换为男服务员或同时让几名服务员前去服务。

(3) 停止对客人上酒水，改上浓茶或醒酒汤。

(4) 尽可能让醉酒者离开现场。

(5) 清点现场损坏的设施，并请席中清醒客人到吧台把账结清，视情况轻重可要求客人加倍赔偿。

(6) 根据情况，必要时通知保安做好准备。

项目小结

餐饮投诉是酒店常见的问题，接待前来投诉的客人无疑是对酒店管理人员的一种挑战，要做到客人满意而归，自己又不过于紧张，就必须掌握处理客人投诉的一些程序、方法及艺术。本项目对投诉的处理原则、指导思想，客人投诉分析，投诉的处理程序、方法及技巧进行了充分的阐述，并对顾客投诉案例进行评析；同时列举了部分酒店常见的突发事件的处理，使学习者能很好地掌握投诉的处理技巧及应对突发事件的处理办法。

综合能力训练

1. 餐饮服务投诉处理的指导思想是什么？
2. 餐饮服务投诉处理有哪些原则？
3. 简述餐饮服务投诉处理的程序。
4. 餐饮服务投诉处理有哪些技巧？
5. 顾客对菜品不满意如何处理？
6. 烫伤顾客如何处理？

职业英语拓展

一、单词

deal with 处理

complaint 投诉

skill 技术

complimentary 免费赠送的

apology 道歉

normal 正常的

problem 问题

take care of 处理

rude 无礼、粗鲁

二、会话

1. How to deal with the complaint.
   如何处理投诉。
2. I'll ask our manager to come and take care of your request.
   我去叫我们经理来处理您的要求。
3. I'm awfully sorry for that, sir. I'll see to it right away.
   先生，我对此非常抱歉，我会马上处理此事。
4. No problem, sir. We'll manage it.
   没有问题，先生。我们会解决的。

5. Could the ladies wear formal dresses?
   女士是否需着正式服装?
6. Well, I understand how you feel and we'll try to do our best to help you.
   我理解您的心情。我们会尽我们最大的努力帮助您的。
7. Would you mind coming with me to my office and telling me what exactly happened there?
   请您跟我到办公室里把事情的经过详细讲一下好吗?
8. I'm sure the waitress didn't mean to be rude to you.
   我敢肯定服务员不是故意对您无礼的。

附录一 一体化课程工作任务单

1. 托盘训练任务单（见表1）

表1 托盘训练任务单

任务一：托盘训练
专业班级：
项目释义： 托盘是餐厅服务人员在餐前摆台准备、餐中提供菜点酒水服务、餐后收台整理时必用的一种服务工具。使用托盘时，要讲究卫生，保持安全平衡、汤汁不洒、菜形不变等
工作目标： 要求学生能够熟练掌握轻托的操作技能，理盘、装盘、起托、行走、卸盘的方法正确，能够持续5分钟，托盘平稳，无翻盘、杯中水外溢等情况发生
原理及相关知识： 托盘使用的基本操作方法和技巧、托盘的种类及用途
实训用品： 托盘、酒瓶、各类餐具、砖块、服务巾/小方巾
实训方法： 1. 老师讲解、示范，然后学生操作，老师指导，实训考核 2. 按照托盘操作中各种行走步伐和餐厅服务中可能出现的场景设计训练内容 （1）轻托——托5千克以下的物品，训练站立、行走、避让、下蹲等 （2）重托——托5千克以上的物品，训练站立、行走、避让、下蹲等
考核内容和标准： 1. 理盘：将要用的托盘先洗净擦干，以避免托盘内的物品滑动 2. 装盘： （1）根据物品的形状、体积和使用先后顺序合理安排，以安全、稳当和方便为宜 （2）一般是重物、高物放在托盘里档，轻物、低物放在外档 （3）先上桌的物品在上、在前，后上桌的物品在下、在后 （4）要求重量分布均衡，重心靠近身体 3. 托盘： （1）左手五指分开，掌心向上 （2）小臂与大臂垂直于左胸前，平托略低于胸前 4. 起托： （1）起托时，应将左肘和左手放到与托盘同样的平面上，用右手慢慢将托盘移至左手上，托住盘底 （2）托稳后用右手扶住托盘起身，调整好重心后松开右手即可托盘行走

续 表

任务一：托盘训练
5. 托盘行走： （1）行走时要头正肩平，上身挺直，目视前方 （2）脚步轻快稳健，精力集中 （3）随着步伐移动，托盘会在胸前自然摆动，但以菜肴、酒水不外溢为标准 6. 卸盘： （1）到达目的地，要把托盘平稳地放到工作台，再安全取出物品 （2）用轻托方式给客人斟酒时，要随时调节托盘重心，勿使托盘翻倒
思考题： 某家四星级度假酒店的多功能宴会厅里刚刚举办完一场大型的商务宴会，准备进行收台。如果您是宴会厅的领班，想想该如何正确使用托盘进行收台作业？
教师签名：　　　　　　实训管理人员签名：　　　　　　日期：

2. 餐巾折花（杯花）任务单（见表2）

表2　餐巾折花（杯花）任务单

任务二：餐巾折花（杯花）
专业班级：
项目释义： 餐巾，又名口布、茶巾、席巾等，是餐厅经营中供宾客用餐时专用的卫生清洁用品，折成各种花形后，就成为餐台布置中的艺术装饰品。餐巾折花的灵活运用是使餐台造型设计趋于完美的重要手段。造型美观、技法熟练的餐巾折花，会大幅增加餐台的观赏价值。餐巾按折叠方法和摆设工具的不同，可分为杯花和盘花；按造型分类，可分为植物类造型、动物类造型和实物类造型三类
工作目标： 能够熟练掌握餐巾折花的基本技法，能够运用基本技法折叠20种杯花，包括动物造型、植物造型、实物造型，花形美观大方
原理及相关知识： 餐巾的作用与用途、餐巾折花的主要技法及注意事项
实训用品： 标准餐桌5张、消毒毛巾若干、餐巾每人10块、水杯每人10个
实训方法： 1. 老师讲解、示范，然后学生操作，老师指导 2. 按照杯花的各种手法要领依次训练 3. 按照杯花的基本类型——植物类、动物类、实物类的顺序进行训练 4. 同学之间分组训练，比质量，比速度，相互点评、纠正
考核内容和标准： 能在10分钟内完成不同造型的餐巾杯花，要求动物造型、植物造型、实物造型的餐巾杯花都有 1. 操作快捷，一次成形 2. 折叠规范，符合卫生要求 3. 花形挺拔，入杯深度适宜 4. 操作中不能用嘴咬或叼 5. 操作完成准确报花名 6. 不能超时

续 表

任务二：餐巾折花（杯花）
思考题： 1. 如何做到餐巾折花与餐台的环境保持一致并为之增色？ 2. 请您设计60、66、80、99四种寿宴的餐巾杯花，要求符合传统寿宴的礼制，又不失时代感
教师签名：　　　　　　　实训管理人员签名：　　　　　　　日期：

3. 餐巾折花（盘花）任务单（见表3）

表3　餐巾折花（盘花）任务单

任务三：餐巾折花（盘花）
专业班级：
项目释义： 餐巾，又名口布、茶巾、席巾等，是餐厅经营中供宾客用餐时专用的卫生清洁用品，折成各种花形后，就成为餐台布置中的艺术装饰品。餐巾折花的灵活运用是使餐台造型设计趋于完美的重要手段。造型美观、技法熟练的餐巾折花，会极大地增加餐台的观赏价值。餐巾按折叠方法和摆设工具的不同，可分为杯花和盘花；按造型分类，可分为植物类造型、动物类造型和实物类造型三类
工作目标： 能够熟练掌握餐巾折花的基本技法，能够运用基本技法折叠20种盘花，包括动物造型、植物造型、实物造型，花形美观大方
原理及相关知识： 餐巾的作用与用途、餐巾折花的主要技法及注意事项
实训用品： 标准餐桌5张、消毒毛巾若干、餐巾每人10块、每人30厘米以上平瓷盘1个（消毒干净）
实训方法： 1. 老师讲解、示范，然后学生操作，老师指导 2. 按照盘花的各种手法要领依次训练 3. 按照盘花的基本类型——植物类、动物类、实物类的顺序进行训练 4. 同学之间分组训练，比质量，比速度，相互点评、纠正
考核内容和标准： 能在10分钟内完成不同造型的餐巾盘花，要求动物造型、植物造型、实物造型的餐巾盘花都有 1. 操作快捷，一次成形 2. 折叠规范，符合卫生要求 3. 花形挺拔，入杯深度适宜 4. 操作中不能用嘴咬或叼 5. 操作完成准确报花名 6. 不能超时
思考题： 请您查阅不同国家或民族人们的风俗习惯，看看他们都有哪些不喜欢的物品，确保不让它们出现在我们的餐巾折花里
教师签名：　　　　　　　实训管理人员签名：　　　　　　　日期：

4. 铺台布任务单（见表4）

表4　铺台布任务单

任务四：铺台布
专业班级：
项目释义： 台布铺设是指将台布平整地铺在餐桌上的过程
工作目标： 要求学生懂得根据桌形合理选择台布；掌握三种铺台布的基本方式（推拉式、抖铺式、撒网式）和技巧，包括步骤、姿势等；掌握台布铺设后的整理方法和铺设标准
原理及相关知识： 1. 台布的分类 2. 台布铺设的三种基本方式：推拉式、抖铺式、撒网式 3. 台布定位知识和标准 4. 中西餐台布铺设的具体要求
实训用品： 1.8米直径的圆桌、1.2米×0.6米长方形餐桌、2.4米圆形或方形台布、1.8米×1.2米长方形台布
实训方法： 1. 老师讲解、示范，然后学生操作，老师指导 2. 学生分组练习，根据分好的小组，组长负责轮流进行练习并记录成绩
考核内容和标准： 要求学生掌握台布的铺法，能在1分钟内迅速完成台布的铺设 一、台布的准备： 1. 选择平整、清洁、无破损的台布 2. 将台布按要求折好，放于主人位前的桌面上 二、铺台布的操作步骤及标准： 1. 撤主人位的餐椅：双手抓住椅背下半部分，轻轻将椅搬出，放于身体右侧 2. 站在主人位置铺，双脚一前一后 3. 操作要领： （1）将折好的桌布向两边打开，以中线为中心，向两边均匀用拇指和食指捏住第一层布边，面朝上，其余三指抓住剩余部分，大把握住 （2）双臂尽量打开，用力向前抛出，使桌布一次性打开 （3）台布下落过程中利用空气浮力调整台布位置，使台布中线对准正、副主人位 （4）台布落下后，慢慢将台布拉回，使"十"字居中，四角下垂均匀，盖住桌腿 4. 主人位餐椅归位：同样双手抓住椅背下部，轻轻放回原位
思考题： 如何区分台布的正反面？
教师签名：　　　　　　　　　实训管理人员签名：　　　　　　　　　日期：

5. 中餐宴会摆台任务单（见表5）

表5 中餐宴会摆台任务单

任务五：中餐宴会摆台
专业班级：
项目释义： 摆台，就是指为宾客就餐摆放餐位，确定席位，提供必要的就餐用具，包括布置餐桌、铺台布、安排席位、准备用具、摆放餐具、美化席面等。摆台是餐厅服务中一项要求较高的基本技能，它摆得好坏直接关系到服务质量高低和餐厅的面貌好坏
工作目标： 要求学生在10分钟内能够独立摆完10人餐台，操作手法卫生，餐具配套齐全，位置摆放合理、均匀，整体美观大方，摆放顺序正确，餐具无落地，对餐具轻拿轻放
原理及相关知识： 1. 中餐摆台的种类和用途 2. 中餐摆台及撤台的操作程序与操作要领 3. 中餐宴会座次安排要领 4. 中餐餐具定位、摆放标准知识
实训用品： 托盘2个，花瓶1个，公用勺2把，公用筷架2个，骨碟12只，口汤碗10个，调味碟10个，调羹10个，水杯、红酒杯、白酒杯各10个，筷子12双，牙签10根，烟灰缸4个，筷架10个
实训方法： 1. 先按6人一组由老师进行示范，然后按摆台的种类、顺序，分步骤进行训练，每人分别进行实际操作 2. 分组进行综合摆台训练
考核内容和标准： 要求学生能在20分钟内完成中餐宴会摆台 1. 铺台布： （1）站在主人位一侧，将椅子拉开，一次铺成 （2）台布中心凸缝朝上，且对准正、副主人 （3）台布四周下垂部分均等，十字居中，铺台布动作规范 2. 放转台、花瓶： 转台位于餐桌中心，花瓶位于转台中心 3. 放餐碟： 从主人位开始，按顺时针方向摆放；餐碟距离桌边1厘米；餐碟间隔距离均等；操作时手拿边缘部分 4. 放味碟： 味碟置于餐碟正上方，与餐碟相距1厘米，操作时手拿边缘部分 5. 放筷子、牙签： (1) 筷架与味碟中心线在同一水平线上 (2) 筷子与餐碟中心线平行 (3) 筷子尾部距离桌边1厘米，正面朝上 (4) 牙签位于筷子右侧1厘米处，距桌边5厘米 (5) 商标图案向上，中文说明面对客人 6. 放酒杯： 手拿杯柄将红酒杯摆放在味碟正上方，与味碟相距1厘米

续 表

任务五：中餐宴会摆台
7. 放白酒杯： 白酒杯摆放在红酒杯右侧，两杯相距 1 厘米，两杯中心成一横直线 8. 放水杯： 水杯摆放在红酒杯左侧，两杯相距 1 厘米，两杯中心成一横直线 9. 公用物品： (1) 公用勺、筷子摆放在正、副主人的正上方 (2) 公用勺在下，筷子在上，公用勺、筷子尾部向右，勺和筷子中心点在台布中线上 10. 拉椅： (1) 从主人位开始按顺时针方向进行 (2) 椅子前沿距下垂台布 1 厘米 (3) 椅子之间距离均等
思考题： 请问各种餐具撤换的规定和要求分别有哪些？

教师签名：	实训管理人员签名：	日期：

6. 西餐宴会摆台任务单（见表 6）

表 6　西餐宴会摆台任务单

任务六：西餐宴会摆台
专业班级：
项目释义： 摆台，就是指为宾客就餐摆放餐位，确定席位，提供必要的就餐用具，包括布置餐桌、铺台布、安排席位、准备用具、摆放餐具、美化席面等。摆台是餐厅服务中一项要求较高的基本技能，它摆得好坏直接关系到服务质量高低和餐厅的面貌好坏
工作目标： 通过对台布、西餐摆台以及撤台的基础知识的讲解和操作技能的训练，学生可以了解台布及其铺设，西餐摆台的种类和用途、方法，掌握铺台布、西餐摆台及撤台的操作程序与操作要领，达到操作规范、技能娴熟，并能够设计美化不同类型台面的训练要求
原理及相关知识： 1. 西餐摆台的种类和用途 2. 西餐摆台及撤台的操作程序与操作要领 3. 西餐宴会座次安排要领 4. 西餐餐具定位、摆放标准知识
实训用品： 西餐长方桌、餐椅、展示盘、主菜刀、主菜叉、汤勺、鱼刀、鱼叉、开胃品刀、开胃品叉、面包盘、黄油盘、黄油刀、点心叉、点心勺、水杯、红葡萄酒杯、白葡萄酒杯、花瓶、胡椒瓶、盐瓶、烛台、烟灰缸、托盘、台布、插花器皿、鲜花或干花

续　表

任务六：西餐宴会摆台
实训方法： 1. 先按 6 人一组由老师进行示范，然后按西餐摆台的种类、顺序，分步骤进行训练，每人分别进行实际操作 2. 分组进行综合摆台训练
考核内容和标准： 要求学生能在 8 分钟内完成西餐宴会摆台 1. 铺台布： 台布正面朝上、中线对正，台布下垂均匀 2. 摆放餐具： (1) 装饰碟摆放在每个餐位的正中位置，并与桌边相距 1 厘米 (2) 使用长台时，主人一般多安排在长台正中央或长台的顶端 (3) 肉刀位于装饰碟右边，垂直放置。刀口朝向装饰碟，刀把与桌边相距 1 厘米 (4) 肉叉位于装饰碟左边，垂直放置。叉口向上，叉把与桌边相距 1 厘米 (5) 鱼刀、汤勺、沙拉刀位于肉刀的右边依次摆放，汤勺凹口向上 (6) 鱼叉、沙拉叉位于肉叉的左边依次摆放 (7) 面包碟位于沙拉叉左边，碟边与桌边相距 2 厘米 (8) 黄油刀位于面包碟内右边 1/3 处，刀口向左，并与其他刀叉平行 (9) 甜点叉位于装饰碟正前方适当位置，横向放置，叉口向上，叉把向左 (10) 甜点勺位于甜点叉之前，凹口向上，勺把向右 (11) 水杯位于肉刀尖前方，相距 2 厘米 (12) 红酒杯位于水杯左上方位置，与水杯相距 1 厘米 (13) 白酒杯位于红酒杯左上方位置，与红酒杯相距 1 厘米。三只玻璃杯成一直线，并与台边约成 45° 3. 餐巾折花： 将折好的餐巾折花摆放在装饰碟内，摆放时要突出正、副主位，并按餐巾花样张开修整 4. 摆台面用品： 盆花摆放在长桌中央，两个烛座分别摆在盆花左右对称适当的位置，烟灰缸（有的地方不用）和胡椒、盐瓶摆放在烛座两边适当的位置上 5. 围椅： 餐椅对位摆放，餐椅与下垂台布间距 1 厘米
思考题： 中餐婚宴的摆台有哪些要求？中西合璧的婚宴的摆台该怎样设计？
教师签名： 实训管理人员签名： 日期：

7. 酒水服务任务单（见表 7）

表 7　酒水服务任务单

任务七：酒水服务
专业班级：
项目释义： 酒水服务是餐厅服务工作中一项基本的服务技能，由于酒水的品种繁多，饮用要求的温度、盛载的杯具和服务都不尽相同，因此服务员只有熟练掌握餐厅酒水服务技能，才能真正向客人提供优质服务

续 表

任务七：酒水服务
工作目标： 通过对斟酒服务的基础知识的讲解和操作技能的训练，学生可以了解斟酒服务的方式、方法，斟酒的顺序和时机，斟酒前酒质的检查与冰镇和温热，掌握托盘的操作程序与操作要领，达到熟练操作、不滴不洒、不少不溢的训练要求
原理及相关知识： 1. 斟酒前的准备工作 2. 酒水服务的方式、方法，斟酒的顺序和时机，以及斟酒量等注意事项
实训用品： 红葡萄酒 1 瓶，白酒 1 瓶，餐巾 1 块，红酒杯、白酒杯各 10 个
实训方法： 先按 8 人一组由老师进行示范，然后每人分别进行实际操作
考核内容和标准： 1. 斟酒的姿势与位置： 从主宾开始，按顺时针方向从客人右侧斟倒 2. 斟酒量： (1) 中餐斟倒各种酒水，一律 8 成满为宜 (2) 西餐斟酒不宜太满，红葡萄酒斟至杯的 1/2，白葡萄酒斟至杯的 2/3 (3) 斟香槟酒分两次进行，先斟至杯的 1/3，待泡沫消失后，再斟至 2/3 3. 斟酒顺序： (1) 中餐斟酒顺序 宴会开始前将烈性酒和葡萄酒斟好，斟酒时，从主宾位置开始，按顺时针方向依次斟倒 (2) 西餐斟酒顺序 女主宾—女宾—女主人—男主宾—男宾—男主人 4. 斟酒注意事项： (1) 斟酒时，瓶口不可搭在杯口上，相距 2 厘米为宜 (2) 斟啤酒时，因为泡沫较多，速度要慢 (3) 在宴会进行中，讲话开始前要将酒水斟齐，以免祝酒时杯中无酒 (4) 宾主讲话时，所有服务员要停止一切操作，站在适当位置。讲话结束，负责主桌的值台员要将讲话者的酒水送上供祝酒之用
思考题： 1. 西餐用酒与菜点如何进行搭配？ 2. 哪些酒适宜加热？哪些酒适宜冰镇？
教师签名： 实训管理人员签名： 日期：

8. 上菜和分菜服务任务单（见表8）

表8　上菜和分菜服务任务单

任务八：上菜和分菜服务
专业班级：
项目释义： 上菜和分菜服务是餐厅服务工作中一项基本的服务技能，由于菜肴的品种繁多，不同菜肴的上菜和分菜的要求不同，因此服务员只有熟练掌握餐厅上菜和分菜服务技能，才能真正向客人提供优质服务
工作目标： 通过对上菜和分菜服务的基础知识的讲解和操作技能的训练，学生可以了解上菜和分菜服务要求，掌握上菜的操作程序与操作要领、服务技巧，达到熟练端托、运用自如的训练要求
原理及相关知识： 1. 中餐上菜原则、顺序 2. 西餐派菜的顺序、方法 3. 几种代表性菜肴的上菜方法 4. 中餐分菜的工具和使用方法 5. 中餐分菜的方式
实训用品： 骨碟10个，分菜叉、勺各1把，托盘1个，菜肴1份，餐桌1张，工作台1个
实训方法： 1. 老师讲解、示范，然后学生操作，老师指导，实训考核 2. 分为不同的餐饮形式，每一个小组模拟划单员、传菜员、上菜服务员和客人角色进行操作训练，学生之间相互点评，老师进行点评并总结
考核内容和标准： 1. 上菜、报菜名： 双手将菜肴端至转盘上，示菜并倒退一步报菜名，介绍特色，语言表达准确，语音、语速适中，语态自然大方 2. 上菜位置： 上菜点选择在非主要宾客之间，或选择在副主人位右侧上菜 3. 菜肴摆放： （1）冷盘一般应均匀地摆放在转台边缘 （2）菜的荤素、颜色搭配均匀 （3）造型菜正面朝向主人，盘饰一律朝向转盘中央 （4）上新菜时，先清理台面，将新菜转到主人和主宾之间 （5）对于特殊菜品，遵循"鱼不献脊，鸭不献掌，鸡不献头"，将最鲜、最嫩、最好吃的部位朝向主宾和主人之间 （6）上菜时要做到不推、不拉、不摞、不压，随时留意将大盘换成小盘 4. 上菜时间： （1）零点菜品中第一道凉菜须在5分钟之内上，第一道热菜须在15分钟之内上，全部热菜通常在40分钟之内上齐 （2）宴会中每一道热菜须在15分钟之内上，全部热菜在45分钟之内上齐 （3）具体上菜速度视客人具体要求由服务生与厨房协调 5. 分菜： 从主宾左侧开始，按顺时针方向绕台进行，动作姿势为左脚在前，右脚在后，上身微前倾，呼吸均匀

续 表

任务八：上菜和分菜服务
6. 余菜上桌： 分菜时做到一勺准、数量均匀，分完后盘中剩1/3，放至转盘，转到主人和主宾位置之间 7. 分菜方法： （1）桌上分让式。服务员站在客人的左侧，左手托盘，右手拿叉与勺，将菜在客人的左边派给客人。这种方法一般适用于分热炒菜和点心 （2）二人合作式。由两名服务员配合操作，一名服务员右手持公用筷，左手持长把公用勺，另一名服务员将每一位客人的餐碟移到分菜服务员近处，由分菜服务员分派，另一位服务员从客人左侧为客人送菜 （3）旁桌分让式。先将菜在转台向客人展示，由服务员端至备餐台，将菜分派到客人的餐盘中，并将各个餐盘放入托盘中，托送至宴会桌边，用右手从客位的右侧放到客人的面前。这种方法一般用于宴会 8. 分菜的基本要求： （1）将菜点向客人展示，并介绍名称和特色后，方可分让。大型宴会上，每一桌服务人员的派菜方法应一致 （2）分菜时，留意菜的质量和菜内有无异物，及时将不合标准的菜送回厨房更换。客人表示不要此菜，则不必勉强。此外，应将有骨头的菜肴，如鱼、鸡等的大骨头剔除 （3）分菜时，要胆大心细，掌握好菜的份数与总量，做到分派均匀 （4）凡配有作料的菜，在分派时要先蘸上作料再分到餐碟里
思考题： 1. 中餐不同菜系的宴会上菜基本规范和顺序各有什么要求？请搜集相关资料 2. 西餐不同类别的上菜规范分别有哪些？请搜集资料，进行讨论和模拟
教师签名： 实训管理人员签名： 日期：

附录二 中级餐厅服务员职业资格鉴定考核要求

一、物品准备

1. 中西餐午餐摆台考核物品准备（见表1）

表1 中西餐午餐摆台考核物品准备

西餐午餐摆台考核准备清单				
序号	名称	规格	数量	备注
1	工作台		1张	
2	西餐桌	240厘米×120厘米	1张	
3	靠背椅		6把	
4	黄油刀		6把	
5	西餐台布		1块	与餐桌配套
6	展示盘		6个	
7	面包盘		6个	
8	黄油碟		6个	
9	餐刀		6把	主菜刀

续 表

西餐午餐摆台考核准备清单				
序号	名称	规格	数量	备注
10	餐叉		6 把	主菜叉
11	花瓶		1 个	
12	烛台		2 个	
13	胡椒筒		2 个	
14	盐筒		2 个	
15	牙签筒		2 个	
16	餐巾		6 块	
17	汤勺		6 把	
18	水杯		6 个	
19	托盘		2 个	
20	消毒用品		1 份	

中餐午餐摆台考核准备清单				
序号	名称	规格	数量	备注
1	工作台		1 个	
2	圆台	直径180厘米	1 张	
3	转台	直径80厘米	1 个	
4	靠背椅		10 把	
5	台布		1 块	与圆台相配套
6	花瓶		1 个	
7	骨碟		10 个	
8	口汤碗		10 个	
9	汤勺		10 把	
10	味碟		10 个	
11	水杯		10 个	
12	红酒杯		10 个	
13	白酒杯		10 个	
14	筷架		10 个	
15	筷子		10 双	装入筷套
16	公架、公筷、公勺		2 套	
17	盐椒筒		1 套	
18	酱醋壶		1 套	
19	托盘		2 只	圆托盘
20	消毒用品		1 份	

续 表

餐巾折花准备清单				
序号	名称	规格	数量	备注
1	餐巾		12块	全棉
2	水杯		8个	
3	餐盘		4个	
4	筷子		1双	
5	操作台面		1张	
6	消毒盘		1个	

考核场地：中餐厅、西餐厅。

2. 迎领项目考核物品准备（见表2）

表2　迎领项目考核物品准备

序号	名称	规格	数量	备注
1	迎宾台		1张	
2	餐厅预订簿		1本	
3	迎宾台电话		1部	
4	留座卡		1个	
5	餐桌		1张	大小视引领人数而定
6	餐椅			视引领人数而定

考核场地：中餐厅。

3. 中餐斟酒服务考核物品准备（见表3）

表3　中餐斟酒服务考核物品准备

序号	名称	规格	数量	备注
1	餐桌		1张	方桌
2	餐椅		5张	
3	黄酒		1瓶	
4	黄酒杯		5个	
5	温酒工具		1套	
6	热水			
7	开瓶器		1个	与黄酒瓶盖配套
8	工作台		1张	
9	餐巾		1块	

考核场地：中餐厅。

4. 西餐分菜考核物品准备（见表4）

表4　西餐分菜考核物品准备

序号	名称	规格	数量	备注
1	西餐桌	240厘米×120厘米	1张	
2	台布		1块	与餐桌配套
3	餐椅		6张	
4	大菜盘		1个	里面装有分菜的菜肴（三种不同刀工与色彩组成）
5	餐盘		6个	西餐餐盘
6	服务叉、匙		各1把	分菜用
7	餐巾		1块	
8	托盘		1个	
9	工作台		1张	

考核场地：西餐厅。

5. 收银结账考核

项目：结账收银。

笔试题：如何接受信用卡结账服务？操作过程有哪些注意事项？

二、考核项目及内容

1. 西餐摆台（含餐巾折花）（见表5）

表5　西餐午、晚餐6人席便餐摆台评分表

序号	考核内容	考核要点	配分	评分标准	扣分	得分
1	餐巾折花	（1）折六朵皇冠花，折法正确。注意餐巾的正反面，要求一次成形；造型形象逼真，餐巾挺括，符合每朵花的最后成形要求 （2）操作卫生，不能用嘴咬餐巾，摆花时将餐巾花放在展示盘中央，最佳观赏面正对客人	12	（1）餐巾反折，每朵花扣0.5分 （2）造型形象不逼真，每朵花扣0.5分 （3）摆放位置不正或观赏面不正对客人，每朵花扣0.5分 （4）操作手法不卫生，每朵花扣0.5分		
2	台布	站在餐桌的长侧边铺台布，台布正面朝上，中凸线居中，四周下垂均匀	5	（1）站立位置不正确扣1分 （2）台布反面朝上扣1分 （3）台布中线不居中扣3分		
3	拉椅定位	动作规范，两椅中心对准台布中心线；侧椅间距均匀，两两相对；椅面的前边与下垂台布相切	6	椅子位置不正确，每椅扣1分		

续 表

序号	考核内容	考核要点	配分	评分标准	扣分	得分
4	展示盘	(1) 餐盘放在餐位正中间，手势规范 (2) 盘边距桌边1厘米，一次到位	12	(1) 餐盘位置不正确，每盘扣1分 (2) 手势不规范，盘边距桌边距离不正确，每餐盘扣1分		
5	刀、叉、勺	展示盘左右两侧1厘米处各放一把餐叉和餐刀，刀口朝盘，餐刀右侧1厘米处放汤勺；刀、叉、勺柄端距桌边1厘米	12	(1) 刀、叉、勺距离不正确，每套扣1.5分 (2) 刀口方向反，每件扣0.5分		
6	面包盘、黄油刀、黄油碟	(1) 叉左侧1厘米处放面包盘，盘心与展示盘心在同一直线上 (2) 黄油刀放在面包盘中轴线右侧1/3处，黄油碟放在距面包盘上方3厘米且与面包盘垂直中心线相切	12	(1) 面包盘放置位置错误，每盘扣1分 (2) 黄油刀放置位置错误，每件扣0.5分 (3) 黄油碟放置位置错误，每件扣0.5分		
7	水杯	水杯放在餐刀尖上方2厘米处	18	水杯位置不正确，每杯扣3分		
8	公用物品	花瓶放在餐桌中心；沿台布中凸线，在花瓶左右两侧20厘米处各放一烛台；烛台外侧10厘米处放牙签筒；盐筒、胡椒筒并排垂直于中凸线，字分别朝向正、副主人，与牙签筒呈三角形，间距为1厘米	10	(1) 花瓶不在餐桌中心扣2分 (2) 烛台放置位置不正确，每件扣1分 (3) 盐筒、胡椒筒和牙签筒放置位置不正确，每件扣1分		
9	操作顺序	从主位开始，顺时针依次摆放	4	(1) 如位置错误扣2分 (2) 行走方向错误扣2分		
10	托盘姿势	托盘姿势正确，不搁臂、不碰胸、腰，操作时托盘要拉开，端稳，行走轻松自然	3	托盘姿势不正确扣1~3分		
11	仪容仪表和卫生	着装、化妆、饰物和头发等符合要求，操作时动作、神态自然，手法卫生	4	(1) 仪表仪容不规范扣1分 (2) 操作动作不正确扣2分 (3) 手法不卫生扣1分		
12	整体效果	清洁卫生，布局合理，美观大方	2	如整体效果不协调最多扣2分		
		合计	100			

说明：
1. 操作使用圆形和方形托盘各一个，中间有一次装盘过程
2. 失落一件餐具扣总分3分
3. 每次不消毒扣总分2分

否定项：
在操作过程中出现翻盘，该成绩按零分计

评分人： 　　　　年　月　日　　　　　核分人： 　　　　年　月　日

2. 中餐宴会摆台（见表6）

表6 中餐10人席宴会摆台评分表

序号	考核内容	考核要点	配分	评分标准	扣分	得分
1	餐巾折花	（1）折法正确，注意餐巾的正反面，要求一次成形；造型形象逼真，餐巾挺括，符合每朵花的最后成形要求 （2）操作卫生，不能用嘴咬餐巾，摆花时要突出主位，花的最佳观赏面朝向客人，植物花与动物花相间，高低错落有致	20	（1）餐巾反折，每朵花扣0.5分 （2）造型形象不逼真，每朵花扣0.5分 （3）主位花没突出扣1分 （4）摆放不正确扣5分 （5）操作手法不卫生扣4分		
2	台布	站在主位铺台布，台面中心线居中，十字交叉点居桌中心，台布平整，四脚下垂相等	3	（1）站立位置错误扣1分 （2）台布中心不居餐桌中心扣2分		
3	转台、花瓶	转台居中，花瓶放在转台中心	2	（1）转台位置不正确扣1分 （2）花瓶偏扣1分		
4	骨碟	骨碟离台边约1厘米，相互间距相等，定位准，店徽对准客人	10	（1）骨碟离桌边距离不正确，每碟扣0.5分 （2）骨碟间隔不均匀，定位不准，每碟扣0.5分		
5	汤碗、汤勺、味碟	（1）汤碗放在骨碟的左上侧，间距1厘米左右，汤勺放在汤碗内，勺柄向左 （2）味碟在骨碟的右上侧，与汤碗在一条直线上并相距1厘米左右	10	（1）汤碗位置不正确扣4分 （2）汤勺柄方向不正确扣3分 （3）味碟位置不正确扣3分		
6	筷架、筷子	筷架放在味碟的右侧相距1厘米处，筷头对准中心，筷尾距桌边1厘米	20	（1）筷架位置不正确扣10分 （2）筷子位置不正确扣10分		
7	三杯	三杯成一线，红酒杯正对骨碟的中心线，三杯间距约1厘米，水杯与汤碗间距约1厘米	15	（1）红酒杯位置不正确扣5分 （2）白酒杯位置不正确扣5分 （3）水杯位置不正确扣5分		
8	公用羹筷与调味具	（1）公筷架放在正、副主人前面中心线左侧3厘米处，公筷与公勺平行放在公筷架上，与中心线垂直并两边对称，公筷靠转台而公勺靠水杯 （2）酱油、醋壶和盐筒、胡椒筒分别放在主人左侧和右侧小位中心线两旁，间距1厘米左右；公用羹筷与调味具均离转台约2厘米	4	（1）公用筷、勺摆放不正确扣2分 （2）调味具摆放不正确扣2分		

续 表

序号	考核内容	考核要点	配分	评分标准	扣分	得分
9	拉椅	从主宾拉椅，把椅子拉成圆形，椅子间距相等，椅背中心对骨碟，椅子边缘与下垂的台布相齐	5	椅子位置不正确，每张椅子扣0.5分		
10	操作顺序	摆台从主位开始，顺时针依次摆放	2	(1) 站立位置错误扣1分 (2) 方向错误扣1分		
11	托盘姿势	托盘姿势正确，不搁臂，不碰胸、腰，操作时托盘要拉开，托稳，行走轻松自然	4	(1) 托盘姿势不正确扣2分 (2) 托盘不平稳扣2分		
12	仪容仪表与卫生	着装、化妆、饰物和头发等符合要求，操作时动作、神态自然，手法卫生	3	(1) 仪表仪容不规范扣1分 (2) 手法不卫生扣2分		
13	整体效果	清洁卫生，布局合理，美观大方	2	如整体效果不协调最多扣2分		
		合计	100			
说明： 1. 操作使用圆形托盘两个，中间有一次装盘过程 2. 失落一件餐具扣总分3分 3. 没洗手消毒扣总分2分						
否定项： 在操作过程中翻盘、折花偷换他人作品，该项成绩按零分计						

评分人：　　　　　年　月　日　　　　　核分人：　　　　　年　月　日

3. 餐巾折花（见表7）

表7　餐巾折花评分表

序号	考核内容	考核要点	配分	评分标准	扣分	得分
1	折叠	折法正确，注意餐巾正反面，一次成形	36	折叠方法错误，每花扣3分		
2	造型	造型形象逼真，餐巾挺括，符合每朵花的最后成形要求	60	(1) 造型形象不美观，每花扣3分 (2) 插入杯中深度或摆放在餐盘中位置不正确，每花扣2分		
3	卫生	操作卫生，不能用嘴咬餐巾	4	操作不注意手法、卫生或用嘴咬餐巾，每次扣1分，最多不超过4分		
		合计	100			
说明：在折花开始前双手没消毒扣总分5分						
否定项：偷换他人折花作品，该子项目操作成绩按零分计						

评分人：　　　　　年　月　日　　　　　核分人：　　　　　年　月　日

4. 团队客人引领入座（见表8）

表8　团队客人引领入座

序号	考核内容	考核要点	配分	评分标准	扣分	得分
1	微笑并欠身行礼	按规定着装，站于指定位置，站姿优雅，向客人行30°鞠躬礼，并向客人问好	20	（1）着装不规范、不整洁扣5分 （2）站立位置与姿势不正确，脸部表情不自然各扣5分 （3）行礼姿势不正确扣5分 （4）不主动问好扣5分		
2	礼貌询问	礼貌询问团队人数、团队负责人（领队）姓名，了解团队的就餐需求和细节	20	（1）不主动询问团队人数、团队负责人（领队）姓名扣10分 （2）不主动了解团队用餐需求与细节扣10分		
3	引领入座	引领时要配合团队行走的速度，关注团队中的老人、儿童等特殊宾客	30	（1）不能配合好团队行走的速度扣20分 （2）没有关注团队客人中的特殊宾客的意识扣10分		
4	配合分位	主动配合领队或负责人分配座位，并尽可能为客人拉椅让座，优先为主宾拉椅让座	20	（1）没有主动配合领队分配座位扣10分 （2）不能主动为主要客人拉椅扣10分		
5	迎宾结束	向客人说祝福语，与服务员交接	10	没向客人说祝福语扣10分		
		合计	100			
否定项：考生若出现举止行为不文明礼貌，该操作项成绩按零分计						

评分人：　　　　　年　月　日　　　　　核分人：　　　　　年　月　日

5. 黄酒侍酒服务（难度：难　权重35%）（见表9）

表9　黄酒侍酒服务

序号	考核内容	考核要点	配分	评分标准	扣分	得分
1	准备	规范着装上岗，准备工作有条不紊，物品摆放规范，温酒方法正确	15	（1）着装不规范扣5分 （2）准备工作乱，物品摆放不规范扣5分 （3）温酒方法不正确扣5分		
2	示瓶	服务员站在点酒客人的右侧，左手托瓶底，右手扶瓶颈，酒标朝向客人，向客人介绍此酒的产地、特点等，征求客人意见	25	（1）站立位置错误扣5分 （2）示酒姿势不正确扣5分 （3）没向客人介绍酒品、产地、特点或介绍不正确扣10分 （4）没征求客人意见扣5分		

续 表

序号	考核内容	考核要点	配分	评分标准	扣分	得分
3	开瓶	用布巾擦拭瓶口，检查酒水质量，开瓶方法与动作正确，减少瓶身晃动，开瓶后嗅闻气味再次确认酒水质量，开瓶后保持桌面卫生	20	(1) 开瓶后没有擦拭瓶口扣2分 (2) 开瓶方法不正确扣10分 (3) 开瓶后没有再次确认酒水质量扣5分 (4) 开瓶后工作台面物品乱扣3分		
4	品酒	在斟酒之前，应取品酒杯，先斟少许黄酒，双手呈递主人（点酒客人），请客人品鉴，在客人没有异议的情况下，开始斟酒服务	10	(1) 没让客人品酒就开始斟酒扣4分 (2) 让客人品酒，但操作不规范扣3分 (3) 让客人品酒后没征得客人意见就斟酒扣3分		
5	斟酒	用徒手斟酒的方法为客人斟酒，从主宾开始顺时针绕台进行，不滴不洒，不碰杯、不溢酒，斟酒量均匀，每斟一位要有礼貌敬语	30	(1) 斟酒方法不正确扣10分 (2) 斟酒顺序错误扣2分 (3) 斟酒时没有按顺时针方向进行扣3分 (4) 斟酒量不均匀每杯扣0.5分 (5) 斟酒过程中如碰杯、滴洒、溢酒每次扣0.5分 (6) 每斟一杯酒如没有礼貌用语每次扣0.5分		
		合计	100			

说明：考试时间5分钟，到时即停

否定项：考生若出现酒瓶落地，该项操作成绩按零分计

评分人：　　　　　　年　月　日　　　　　　核分人：　　　　　　年　月　日

6. 俄式上菜、分菜的操作（6人席）（难度：较难　权重：35%）（见表10）

表10　俄式上菜、分菜的操作（6人席）

序号	考核内容	考核要点	配分	评分标准	扣分	得分
1	仪表仪容	规范着装，仪表仪容端庄	2	着装不规范或仪表仪容不规范扣2分		
2	上菜	菜肴用大托盘送到辅助服务台上	8	托盘动作不规范扣8分		
3	分菜顺序	分菜从主宾开始，顺时针绕台将餐盘从右边摆在客人面前，动作规范，手法卫生	20	(1) 分菜顺序不正确扣5分 (2) 上餐盘位置及方向不正确每位扣1分 (3) 动作不规范，手法不卫生每次扣1.5分		

续　表

序号	考核内容	考核要点	配分	评分标准	扣分	得分
4	分菜操作	服务人员站立在客人的左侧，从主宾开始，左手托大菜盘向客人展示菜肴，然后再用服务叉、勺配合分菜至客人面前的餐盘中，各餐盘中菜肴的分量要均匀，分菜动作规范，且菜肴装盘图案相同	50	（1）分菜站立位置不正确扣6分 （2）分菜不从主宾开始扣5分 （3）服务叉、匙配合不协调扣6分 （4）分菜动作不规范，每位扣2分 （5）分菜量不均匀，每盘扣2.5分 （6）装盘图案不相同扣6分		
5	分菜方向	逆时针的方向进行分菜服务	10	行走方向错误扣10分		
6	礼节礼貌	分菜时要有敬语	10	没有礼貌用语，每位扣1分		
		合计	100			

说明：考试时间2分钟，到时即停，在规定时间未完成的，从总分中每位扣5分

否定项：考生分菜时，若出现餐具掉地，或菜肴滑落出盘，该项操作成绩按零分计

评分人：　　　　　　年　月　日　　　　　核分人：　　　　　　年　月　日

7. 结账收银（难度：中等　权重10%）

（1）操作程序。（6分）

① 确认应收金额并制作账单：确定客人消费金额并制作账单，将账单交给客人过目。(1分)

② 告知消费金额并收取客人信用卡：告知客人消费金额，收取客人信用卡。(1分)

③ 检验信用卡：核对持卡人，检验信用卡是否在本餐厅使用范围，卡身有否损坏，磁带有否磨损，是否在有效使用期内，持卡人有否签名，信用卡是否为持卡人本人所有。(1分)

④ 信用卡结账：申请授权，操作机器，刷卡成功后，收款员请持卡人在信用卡纸的规定范围内签名，并核对卡纸和信用卡的签名和金额是否相符。(1分)

⑤ 顾客授权：礼貌地请客人在签付单上签字，待客人核实签字后，把卡纸的第三联持卡人存根和信用卡交回客人，注意核对签付单上的顾客签名与信用卡上的名字和签名是否一致。(1分)

⑥ 结账结束，道谢：将发票交给客人，向客人道谢，并欢迎客人再次光临。(1分)

（2）注意事项。（4分）

① 检查客人信用卡的安全性。（3分）

a. 辨别信用卡的真伪，检查信用卡的整体状况是否完整无缺，有无任何挖补、涂改的痕迹；检查防伪反光标记的状况，检查信用卡号码是否有改动的痕迹。(1分)

b. 检查信用卡的有效日期及适用范围。(1分)

c. 检查信用卡号码是否在被取消名单之列。(1分)

② 检查持卡人的消费总额是否超过该信用卡的最高限额，如超过规定限额，应向银行申请授权。(1分)

评分人：　　　　　　年　月　日　　　　　核分人：　　　　　　年　月　日

三、考核注意事项

（一）本试卷依据餐厅服务员国家职业标准命制。
（二）请根据试题考核要求，完成考试内容。
（三）请服从考评人员指挥，保证考核安全顺利进行。

1. 中西餐摆台（含餐巾折花）

（1）本题分值：100分。
（2）考核时间：总考核时间为35分钟，其中，西餐午、晚餐6人席便餐摆台6分钟，中餐10人席宴会摆台17分钟，餐巾折花12分钟。
（3）考核形式：实际操作。
（4）具体考核要求：
① 在规定的时间内完成西餐午、晚餐6人席便餐摆台。
a. 操作使用圆形和方形托盘各一个，中间有一次装盘过程。
b. 按照西餐便餐摆台的要求操作。
② 在规定的时间里完成中餐10人席宴会摆台。
a. 按评委抽取的任一组花形折花。

A组	花背鸟　彩蝶纷飞　大鹏展翅　海鸥　鸵鸟　仙人掌　双芯结蒂　冰玉水仙　马蹄莲　曲院风荷
B组	彩蝶纷飞　和平鸽　四尾金鱼　鸵鸟　白鹤　冰玉水仙　迎宾花篮　单荷　枫叶　松花结蒂

b. 按照中餐宴会摆台的要求操作。
③ 在规定的时间里完成A组餐巾折花操作。
a. 按餐巾折花的要求完成以下餐巾折花折叠。
b. 杯花：彩蝶纷飞　四尾金鱼　鸵鸟　白鹤　迎宾花篮　冰玉水仙　枫叶　水上睡莲
c. 盘花：皇冠　一帆风顺　主教帽　三部曲
（5）否定项说明：
在操作过程中出现以下情况，操作成绩按零分计。
① 操作过程中翻盘。
② 偷换他人折花作品。

2. 团队客人引领入座

（1）本题分值：100分（权重20%）。
（2）考核时间：3分钟。
（3）考核形式：实际操作。
（4）具体考核要求：
① 引领行程中要有直道与转弯道。
② 引领路程不得少于15米。
（5）否定项说明：
考生若出现举止行为不文明礼貌，该项操作成绩按零分计。

3. 黄酒侍酒服务（难度：难　权重35%）
（1）本题分值：100分。
（2）考核时间：5分钟，到时即停。
（3）考核形式：实际操作。
（4）具体考核要求：
在5分钟时间内完成4个餐位的黄酒侍酒服务，用水为媒介加热方法。
（5）否定项说明：
考生若出现酒瓶落地，该项操作成绩按零分计。

4. 俄式上菜、分菜的操作（6人席）（难度：较难　权重：35%）
（1）本题分值：100分。
（2）考核时间：2分钟，到时即停。
（3）考核形式：实际操作。
（4）具体考核要求：
按俄式服务方式完成6个餐位的上菜、分菜服务。
（5）否定项说明：
考生分菜时，若出现餐具掉地或菜肴滑落出盘，该项操作成绩按零分计。

5. 结账收银（难度：中等　权重10%）
项目：结账收银。
笔试题：如何接受信用卡结账服务？操作过程有哪些注意事项？（10分）

参考文献

1. 李任芷. 旅游饭店经营管理服务案例［M］. 上海：中华工商联合出版社，2000.
2. 封秀霞. 餐饮服务与管理［M］. 山东：山东大学出版社，2007.
3. 王天佑. 饭店餐饮管理［M］. 北京：北京交通大学出版社，2007.
4. 傅启鹏. 餐饮服务与管理［M］. 北京：高等教育出版社，2006.
5. 余炳炎. 饭店餐饮管理［M］. 北京：旅游教育出版社，2004.
6. 何丽萍. 餐饮服务与管理［M］. 北京：北京理工大学出版社，2010.
7. 姜红. 餐饮服务与管理［M］. 辽宁：大连理工大学出版社，2009.
8. 赵庆梅. 餐饮服务与管理［M］. 上海：复旦大学出版社，2011.